博雅英华

博雅

陈来著作集

陈来 著

宋明理学

北京大学出版社
PEKING UNIVERSITY PRESS

图书在版编目（CIP）数据

宋明理学 / 陈来著. —北京：北京大学出版社，2020.4
（博雅英华·陈来著作集）
ISBN 978-7-301-30366-5

Ⅰ. ①宋… Ⅱ. ①陈… Ⅲ. ①理学—研究—中国—宋代 ②理学—研究—中国—明代 Ⅳ. ①B244.05 ②B248.05

中国版本图书馆 CIP 数据核字（2019）第 034674 号

书　　　名	宋明理学 SONGMING LIXUE
著作责任者	陈　来　著
责 任 编 辑	田　炜
标 准 书 号	ISBN 978-7-301-30366-5
出 版 发 行	北京大学出版社
地　　　址	北京市海淀区成府路 205 号　100871
网　　　址	http://www.pku.cn　新浪微博:@北京大学出版社
电 子 信 箱	pkuwsz@126.com
电　　　话	邮购部 010-62752015　发行部 010-62750672 编辑部 010-62750577
印 　刷　 者	北京中科印刷有限公司
经 　销　 者	新华书店
	880 毫米×1230 毫米　A5　15.875 印张　329 千字 2020 年 4 月第 1 版　2022 年 10 月第 4 次印刷
定　　　价	98.00 元

未经许可，不得以任何方式复制或抄袭本书之部分或全部内容。
版权所有，侵权必究
举报电话：010-62752024　电子信箱：fd@pup.pku.edu.cn
图书如有印装质量问题，请与出版部联系，电话：010-62756370

目　次

序 ……………………………………………………………… 1
引　言 ………………………………………………………… 1
　宋明理学的正名 …………………………………………… 1
　宋明理学的内容 …………………………………………… 9
　宋明理学的定位 …………………………………………… 17

第一编　宋明理学的先驱

第一章　中唐的儒学复兴运动 ………………………… 23
　一　韩　愈 ………………………………………………… 24
　二　李　翱 ………………………………………………… 32
第二章　北宋前期的社会思潮 ………………………… 38
　一　困穷苦学 ……………………………………………… 39
　二　崇道抑文 ……………………………………………… 40

三　尊　经 …………………………………………… 43
　　四　排　佛 …………………………………………… 44

第二编　北宋理学的建立与发展

第三章　周敦颐 ………………………………………… 49
　　一　孔颜乐处 ………………………………………… 50
　　二　太极动静 ………………………………………… 55
　　三　主静与无欲 ……………………………………… 61
第四章　张　载 ………………………………………… 67
　　一　太虚即气 ………………………………………… 69
　　二　两一与神化 ……………………………………… 72
　　三　性与心 …………………………………………… 76
　　四　穷理与尽心 ……………………………………… 80
　　五　民胞物与 ………………………………………… 83
第五章　程　颢 ………………………………………… 87
　　一　天理与道 ………………………………………… 89
　　二　浑然与物同体 …………………………………… 94
　　三　定性说 …………………………………………… 97
　　四　诚敬与和乐 ……………………………………… 99
　　五　性与心 …………………………………………… 101
第六章　程　颐 ………………………………………… 105
　　一　理与气 …………………………………………… 107
　　二　动静与变化 ……………………………………… 111
　　三　性理与气质 ……………………………………… 117

四　持　敬 …………………………………………… 120
　　五　涵养与致知 ……………………………………… 127
第七章　邵　雍 …………………………………………… 134
　　一　元会运世 ………………………………………… 135
　　二　以物观物 ………………………………………… 139
　　三　阴阳体性 ………………………………………… 142
第八章　谢良佐 …………………………………………… 147
　　一　穷　理 …………………………………………… 148
　　二　求　仁 …………………………………………… 151
　　三　尧舜气象 ………………………………………… 153

第三编　南宋理学的发展

第九章　杨　时 …………………………………………… 161
　　一　体验未发 ………………………………………… 162
　　二　反身格物 ………………………………………… 164
　　三　行止疾徐之间 …………………………………… 166
第十章　胡　宏 …………………………………………… 168
　　一　心为已发 ………………………………………… 170
　　二　性立天下之大本 ………………………………… 173
　　三　性善不与恶对 …………………………………… 175
　　四　天理人欲同体异用 ……………………………… 177
　　五　心主乎性，心以成性 …………………………… 178
　　六　察识涵养，居敬穷理 …………………………… 180

第十一章 朱 熹 …………………………………… 184
一 理气先后 …………………………………… 186
二 理气动静 …………………………………… 190
三 理一分殊 …………………………………… 192
四 未发已发 …………………………………… 196
五 心统性情 …………………………………… 198
六 天命之性与气质之性 ……………………… 201
七 主敬涵养 …………………………………… 203
八 格物穷理 …………………………………… 206
九 道心人心 …………………………………… 210
十 知先行后 …………………………………… 212

第十二章 陆九渊 …………………………………… 215
一 本 心 ……………………………………… 217
二 心即是理 …………………………………… 219
三 论格物与静坐 ……………………………… 224
四 尊德性而后道问学 ………………………… 227
五 收拾精神，自作主宰 ……………………… 230
六 义利之辨 …………………………………… 236

第十三章 杨 简 …………………………………… 240
一 神明妙用 …………………………………… 240
二 不起意 ……………………………………… 243
三 天地万物通为一体 ………………………… 246

目次

第四编　明代前期理学的发展

第十四章　曹端 …………………………………………… 251
　一　太极之动 …………………………………………… 252
　二　敬与乐 ……………………………………………… 254

第十五章　薛瑄 …………………………………………… 257
　一　理气说 ……………………………………………… 258
　二　格物穷理论 ………………………………………… 264
　三　心性工夫 …………………………………………… 266
　四　心之虚明 …………………………………………… 269

第十六章　胡居仁 ………………………………………… 271
　一　因气以成理 ………………………………………… 272
　二　明理与养气 ………………………………………… 273
　三　静而操持 …………………………………………… 275
　四　主敬无事 …………………………………………… 278
　五　论无事与放开 ……………………………………… 281

第十七章　陈献章 ………………………………………… 284
　一　静坐见心体 ………………………………………… 285
　二　求之吾心 …………………………………………… 287
　三　自然为宗 …………………………………………… 289

第五编　明代中后期的理学

第十八章　王守仁 ………………………………………… 297
　一　心外无理 …………………………………………… 299

二　心外无物 …………………………………… 304
　　三　格物与格心 ………………………………… 308
　　四　知行合一 …………………………………… 312
　　五　致良知 ……………………………………… 316
　　六　四句教 ……………………………………… 320
　　七　本体与工夫 ………………………………… 322
第十九章　湛若水 ……………………………………… 325
　　一　随处体认天理 ……………………………… 326
　　二　心包万物 …………………………………… 329
　　三　执事敬 ……………………………………… 333
　　四　初心与习心 ………………………………… 337
　　五　知行交进 …………………………………… 339
第二十章　罗钦顺 ……………………………………… 342
　　一　理气一物 …………………………………… 344
　　二　理一分殊 …………………………………… 349
　　三　道心人心 …………………………………… 352
　　四　论格物 ……………………………………… 355
第二十一章　王廷相 …………………………………… 358
　　一　元气实体 …………………………………… 359
　　二　理与气 ……………………………………… 362
　　三　性有善恶，出于气质 ……………………… 366
　　四　论作圣之功 ………………………………… 369
　　五　知识与见闻 ………………………………… 372

第二十二章　王　畿 …… 376
　一　顿悟与四无 …… 377
　二　一念之几 …… 384
　三　良知异见 …… 387
　四　格物与致知 …… 393
　五　论神、气、息 …… 396

第二十三章　王　艮 …… 400
　一　现成自在 …… 402
　二　学　乐 …… 405
　三　淮南格物——安身 …… 408
　四　万物一体 …… 413

第二十四章　罗汝芳 …… 417
　一　赤子之心 …… 418
　二　当下即是 …… 421
　三　顺适自然 …… 426
　四　天明与光景 …… 428
　五　格物与孝慈 …… 431

第二十五章　刘宗周 …… 435
　一　意念之辨 …… 436
　二　独　体 …… 440
　三　诚意与慎独 …… 442
　四　四德与七情 …… 444
　五　义理之性即气质之本性 …… 448
　六　道心即人心之本心 …… 451

七　心性一物，即情即性 ……………………… 453
　　八　格物穷理 …………………………………… 456
附　李滉 ……………………………………………… 460
　　一　理自动静，理有体用 ……………………… 463
　　二　四端理之发，七情气之发 ………………… 467
　　三　物格理到 …………………………………… 471
结束语 ………………………………………………… 476
"博雅英华·陈来著作集"后记 ……………………… 478

序

宋明理学又被称为"新儒家"或"新儒学",在日本也有时被称为"新儒教"。"儒家""儒学""儒教"都是古代文献中使用过的概念。这三个概念在中文世界的使用,往往有互相重合之处;而就其分别而言,大体上可以说,"儒家"的用法可强调其与道家、墨家等其他学派的分别,"儒学"的用法强调其作为学术体系的意义,而"儒教"的用法往往注重其作为教化体系的意义。近代以来的中国学术界所习惯使用的"儒家""儒学",一般都是指"儒家思想"而言,换言之,"儒学""儒家"是指称孔子所开创的思想传统。如冯友兰说过,在历史上,"儒家是中国封建社会的正统思想"[①],反映出中国学者注重把儒家作为其学术思想体系的主流趋向。

[①] 冯友兰:《中国哲学史新编》第五册,《三松堂全集》第十卷,河南人民出版社,2000年,第9页。

一

"新儒家"或"新儒学"的提法,就现在所知的早期用例是冯友兰的著作。冯友兰在其《中国哲学史》上册"荀子及儒家中之荀学"一章中言:"战国时有孟荀二派之争,亦犹宋明时代新儒家中有程朱陆王二学派之争也。"② 卜德(Derk Bodde)后来的英译,即将新儒家译为"Neo-Confucianism"乃本于此。不过,近代汉语学术中所谓"新儒家"之用不一定始于冯友兰,如他在其《中国哲学史》下册"道学之初兴及道学中二氏之成分"一章中曾说:"宋明道学家即近所谓新儒家之学。"③ 这里的"近所谓"表示,以"新儒家"指称宋明理学应当开始于20世纪30年代初期以前的一个时期。据陈荣捷的看法:"十七世纪天主教传教士来华,见宋明儒学与孔孟之学不同,因仿西方哲学历史之进程而称之为新儒学(Neo-Confucianism)。近数十年我国学人大受西方影响,于是采用新儒学之名,以代理学。"④ 不过,现在并没有证据表明20世纪20—30年代中文学界的"新儒家"的用法是直接来源于西方的。

其实,"新儒家"或"新儒学"的这一用法,在当时并不流行,陈荣捷曾说:"我在抗战前到檀香山去,那时新儒学这名词

---

② 冯友兰:《中国哲学史》上册,中华书局,1984年,第352页。
③ 冯友兰:《中国哲学史》下册,第800页。
④ 陈荣捷:《宋明理学之概念与历史》,台湾"中央研究院"中国文哲研究所,1996年,第286页。

非但外国人不懂，中国的教授也不懂。"⑤ 可见，在30年代中期，新儒家的提法，对大多数人仍然相当陌生。虽然，从冯友兰以来，以"新儒家"指称宋代以后的儒家思想的用法渐渐增多，但多数学者仍然习惯用"道学"或"理学"来指宋明时代主流的儒家思想。冯友兰自己在其晚年的《中国哲学史新编》中也是以"道学"为主要的关键词，而把"新儒学"看成"西方"的习惯用法。

这种关于"儒家""儒学"的用法，在一定程度上，体现出中国学者的研究态度和认知取向。中国的儒家思想有两千多年的历史，有思想体系的儒家学者为数众多，故对于中国学者而言，儒学首先是哲学思想，是对宇宙、道德、知识的知性探究（intellectual inquiry），也是对人心、人生、人性的内在体验，又是对理想人格和精神境界的追寻与实践，当然也是对社会、政治和历史的主张和探索。儒学的这种特点，不仅体现于孔子、孟子、荀子、朱子、王阳明、王船山这些著名思想家，也体现于中国各个历史时代的儒学，特别是宋明理学的众多思想家。只要翻阅《宋元学案》和《明儒学案》，从其中充满着宋明理学有关道体、性体、心体、有无、动静的详尽讨论中，就可了解，中国新儒学思想体系具有很强的哲学性和思辨性，宋明理学的思想家对宇宙、人心、体验、实践有一套相当系统的理论化思考和细致入微的辨析分疏。因此，不可否认，理学既是一种具有普遍性的知性探究，又是精神生命的思考体验，当然也是通

---

⑤ 陈荣捷：《新儒学研究的时代趋势》，台湾"中央研究院"中国文哲研究所，1995年，第31页。

向终极意义的道德实践。基于这样的理解，在中国学界的研究中，始终注重在哲学思想意义上的儒学研究。

上面所说的这种中国学术界的研究特点，固然与中国儒学自身包含着普遍性的哲学思考有关，同时，这种偏重可能也与现代中国的教育及研究的制度设置有关。在中国的教育和研究体制中，对儒家和儒家思想的研究，多设在大学哲学系和哲学研究所。在中国，综合性大学都设有哲学系，所有的哲学系都有包括儒学研究在内的中国哲学研究。而除了中国社会科学院历史研究所和一两所大学的历史系有"中国思想史"专业之外，包括北京大学在内的大多数大学的历史系都没有"中国思想史"的专业设置。这可能在相当程度上妨碍了从社会历史的方面对儒学进行研究。在中国的师范院校中，中国教育史专业也从事古代儒学的教育思想和教育实践的研究；此外，在中国史领域的研究也有与儒学相关的研究，但这些研究在整个儒学研究的格局中所占地位较轻。由此可见，中国的儒学研究和对"儒学"的理解，在内容上是以注重"思想"为主流，在方法上是以"哲学"的取径为主导的。甚至可以说，中国的儒学研究是"哲学史的研究"主导的，而不是"思想史的研究"主导的。

二

事实上，在 20 世纪以来中国学术的研究之中，有很长一个时期是没有把宋明儒学作为一个整体的对象来进行研究的。对宋明理学的研究只是体现为若干断代哲学史或专题史的研究。

序

受1915—1920年"新文化运动"的影响，大力引进西方近代文化的文化启蒙主义，和强烈批判儒家思想的文化批判思潮，在20世纪20年代以后，一度主导了研究者的眼界。20年代末至40年代末，对宋明儒学的研究主要有三个方向：一是利用西方哲学的范畴、问题，对新儒家的哲学进行逻辑分析的哲学史研究，分析宋明儒学的概念、命题、理论特色，如冯友兰《中国哲学史》的下册，可谓此种研究的代表。二是不注重用西方哲学的理论为研究方法，而以古典实证的方法对人物和文本做历史的研究，如容肇祖早期关于《朱子实纪》和《朱子年谱》的研究，此可谓文献学研究。三是批判思潮和启蒙思想的思想史研究，这里又分为两支，侯外庐、嵇文甫从马克思主义出发，着力于明清以降有关个性解放、个人意识觉醒和批判思潮的启蒙思想史的研究；容肇祖则从新文化运动的启蒙主义出发，撰写了大量反抗、批评程朱理学的明清儒学思想家的论文，特别注重明代后期的泰州学派和清初批评朱学的思想。⑥ 这些研究虽然都取得了引人注目的成绩，但都没有对整个宋明理学进行全面的、内在的研究。所谓全面就是对整个宋明理学体系及其发展历史进行周全的研究；所谓内在，是指注重研究宋明理学自己所重视的问题和讨论，而不是从西方哲学的问题意识或社会变革的要求出发去决定研究的方向和问题。

---

⑥ 侯外庐这个时期的著作是《中国早期启蒙思想史》；嵇文甫的著作有《晚明思想史论》《左派王学》《船山哲学》；容肇祖的论文是这一时期所写的关于黄绾、吴廷翰、何心隐、焦宏、方以智、潘平格、吕留良、颜元的论文。可参看《容肇祖集》，齐鲁书社，1989年。

在20世纪的后50年里，中国的研究者对宋明理学的研究以"文革"的结束为界限，经历了前后两个不同的时代。在"文革"以前（1976年以前）的时代，教条主义的马克思主义把儒学历史化、意识形态化，并把儒家思想看成现代革命的阻碍，对儒家思想和宋明理学采取了严厉的批判态度。虽然从历史唯物论的角度对宋明理学所作的批判是有意义的，特别是从政治、经济、制度、阶级等不同的社会历史背景揭示理学的历史特质，对以往完全忽视社会历史的研究是一种矫正，但由于学术受到政治的干扰，总的来说，教条主义的态度大大削弱了这一时期宋明理学的学术性研究。如辩证唯物论的研究方法，在传统的"理学""心学"之外，注重确立"气学"的地位，在哲学史研究上很有意义，但日丹诺夫式的"唯物－唯心"的绝对框架终究难以深入理学的内在讨论。

所谓把儒学历史化，是"五四"新文化运动以来中国启蒙主义思潮和社会主义思潮的共同主张，也是受韦伯影响的西方学者列文森（Joseph Levenson）的主张。这种主张认为儒学是历史的产物，儒学所依赖的历史基础已经不复存在，儒家已经死亡，儒学已经成为历史，所以儒学已经变为博物馆中的事物。所谓意识形态化，是指把儒学或宋明理学仅仅看成为对于当时某种制度或统治集团的辩护，或历史上某些特定阶级的代表，完全抹杀宋明儒学在思想、知识上的相对自主性。

另一方面，由于受到苏联的教条主义的马克思主义研究方法的影响，20世纪30年代以来的一直占主流地位的"哲学史研究"本身遭到扭曲，外在而来的唯物与唯心的问题成了最重要的基本问题，成了研究者不可偏离、不容怀疑的根本框架，忽略了对中国哲学的本来特点的客观呈现。

后"文革"时代以来，儒学的研究出现了根本的转变，即从对儒学的全面批判转变到对儒学的辩证肯定，对儒学从注重"外在的把握"深入到"内在的了解"，对儒学的"哲学的研究"扩大到"文化的研究"，对儒学的学术性的研究取得了显著的成绩，对宋明理学的全面研究取得长足的进步。

后"文革"时代儒学研究的转变，首先表现为对"哲学史研究"的客观性的诉求，和对中国哲学固有特色的探究的学术性研究的全面恢复。这一方向基本上是努力在吸收马克思主义的有益营养的同时，回到老清华、老北大注重哲学分析与文献考证的研究传统，我国哲学史学者在 20 世纪 80 年代的朱子哲学研究、有关理学范畴体系和思维模式的研究，都可以看作在这一方向上的努力。在思想史研究方面，侯外庐、邱汉生等的《宋明理学史》，是以宋明理学的整体为对象的第一部全面性研究著作，这部书既受到哲学史研究的影响，也体现出谋求"客观的理解"的转变；同时又发展出"理学与反理学"的模式，继续表彰反理学的思想家，以高扬启蒙思想和批判思潮的意义。经过了 80 年代，以朱子学研究为代表的新儒学研究，在哲学史研究、文献学研究、思想史研究三个方面都在客观性、学术性、全面性方面达到了新的水平。

90 年代，宋明理学的研究更加深入，在哲学史研究方面，如果说 80 年代的宋明理学研究主要体现为朱子学研究的进步，90 年代的宋明理学研究则特别表现在阳明学研究的进展。90 年代中国阳明学的研究,以 20 世纪西方哲学为参照,更加深入阳明学内部的哲学分析。同时,对明清之际的思潮的思想史研究分解为两个方向,一个是所谓"明清实学思潮",一个是"明清启蒙学术"。而这两个方向都是注重明清之际的启蒙和批判思潮,特别是后者,其所追问的问题是中国思想资源中有没有自己的启蒙理性,中国有没有自己的近代性的根芽,这些问题仍然是侯外庐 40 年代以来注重追问的问题。

这一时期也出现了一些新的研究方向和成果,如朱伯崑先生倡导发展的"经学哲学史"研究,其基本思想认为,中国的哲学家自汉代以来,都是以经学的注释和诠释提出哲学问题,发展哲学思维。根据此种看法,宋明理学的哲学讨论,都是从经学诠释中转出来的。根据此种看法,宋明理学的历史,亦是一部经典解释史,其中的问题都是内在地来自《周易》等元典。这是与一般所谓经学和经学史研究不同的一种新的研究。

80 年代以来最重要的儒学研究的进步,主要表现在深度的、学术性的研究成果的大量出现。这些专人、专题、专书的儒学研究,致力于深入儒学的内在讨论,即力图深入和平实地理解历史上的儒家思想家他们自己最重视的问题、议题、课题是什么,把他们的讨论用现代的哲学语言还原出来,在现代哲学的视野中加以分析和把握。当代中国的儒学研究者,更加注重对"思想"本身的细致研究,更加注重思想家的精神追求、价值理想、哲学思考、人生体验,注重儒家作为经典诠释的传统,注重儒家作为德性伦理的传统,注重儒家与社群伦理、全球伦理的关系,并谋求在这些研究的基础上与西方哲学家、神学家展开对话。

20世纪80年代以来，中国有关宋明理学的研究日益深入，研究的范围更加宽广，宋明理学的人物的思想现在已经都有了专门的研究，在宋明理学的研究领域，已经形成了一个十分完整的学科研究格局。在这个发展过程中，学位制度的建立也起了重要的作用。

三

儒学究竟是活的传统，还是死的文化？从"五四"后到"文革"前，温和的历史唯物论倾向于把儒学看成是过去时代的产物，是既无超越时代的内容，也无关现代的思想课题，故对待儒学只是一个对待历史遗产的问题。但激进的改革者和革命者，则把儒家思想视为革命或改革的根本障碍，不断地发起批判儒学的文化运动。在这个意义上，"五四"以来启蒙主义中的激进派和马克思主义中的激进派都不是把儒学仅仅看成历史遗产，而是把儒学看成仍然活着的、在发生着作用的东西。

不过，激进派和自由派虽然把儒学看成仍然活着的东西，但似乎相信儒学渐趋死亡。如在某些激进的马克思主义者看来，儒学产生的经济基础和社会阶级基础已不复存在，从而，儒学及其残留影响经过批判之后将退出历史的舞台。然而，从80年代的"新文化研究"的立场来看，儒学并不是已经过去的"传统文化"，而是仍然存活的"文化传统"（庞朴），李泽厚更把儒学心理化，认为所谓儒学就是中国人的"文化心理结构"。因此，儒学并不会死亡，儒学也不会变成与现代无关的历史文物，对于中国人来说，儒学是积淀在世代中国人内心的文化心理。这种文化心理说，实际上是从一种文化的观点和视角，对儒学所作的新的审视。这种"新"的审视表现为，在文化心理结构说里面，"传统和现代"的问题被一个特别的角度联结起来了。

"传统和现代"视野中的儒学问题，在80年代中期的"文化热"中被极大地张扬起来。由于现代化理论、韦伯（Max Weber）理论、工业东亚的文化解释受到广泛注意，使得"儒学的文化研究"大大超越了过去的"儒学的哲学研究"。在这样的视野之下，不仅"儒学与现代化"的问题受到集中关注，以儒学的价值观为中心，还引发了一系列相关的讨论，如：儒家对民主的回应；儒家对科技问题的态度；儒家伦理与经济伦理；儒家与马克思主义；儒家与自由主义；儒家与人权；以及儒家与基督教的对话；等等。80年代初期以来由杜维明所提倡的"儒学第三期的发展"以及"儒学与文化中国"的论题也吸引了不少讨论。由于宋明理学是在时间上最接近近代的传统，所以所有有关儒家思想与现代性的讨论，都以宋明理学为主要素材，文化研究视野的扩大也促进了宋明理学的研究。

四

中国的理学（新儒学）习称宋明理学，这是因为理学是在宋代建立，经元代至明代而发展起来的。然而，新儒学运动的发端，在唐代已经开始。

序

　　中唐以后，门阀士族遭到无情打击，社会经济由贵族庄园制转变为中小地主和自耕农为主的经济。中小地主和自耕农阶层出身的知识人，通过科举考试制度，进身于国家政权和文化机关，成为国家官吏和知识精英的主体，亦即中国社会传统所谓的"士大夫"。与魏晋以来的贵族社会相比，中唐以后社会发展的总趋势是向平民社会发展。在文化上，中唐出现了三大动向，即新禅宗运动（六祖慧能为开始）、新文学运动（古文运动）、新儒家运动（韩愈、李翱），这三个运动共同推动了中国文化的新发展，这三个运动的发展持续到北宋，形成了主导宋以后中国文化的主要形态。

　　有关唐宋以来中国社会历史的特质及其与宋明理学的关联，历史学家的看法并不一致。我个人倾向于认为，中唐以后，贵族庄园制经济转变为中小地主及自耕农为主的经济，中小地主和自耕农阶层出身的知识人通过科举制度，而成为"士大夫"的主体，这种社会变迁与中唐开始的文化转向相关联，新儒家的出现以此为历史背景。虽然，内藤湖南以来的学者把唐宋的社会历史变迁概括为"近代化"，即认为中国自唐宋之交已进入近代化，这一提法可能失之过急，因为，一般所理解的近代化的经济基础——工业资本主义尚未出现；但唐宋之交中国社会历史的变化确实相当深刻，思想文化上的宗教改革、古文复兴、儒学重构，表明这的确是一个与新的时代相符合的文化景观。它虽然不是以工业文明和近代科学为基础的近代化，但可以将其理解为摆脱了类似西方中世纪精神的一个进步，一种"亚近代的理性化"，中唐开始而在北宋稳定确立的文化转向乃是这一亚近代过程的有机部分。这个亚近代的文化形态，如果以西方为比照的话，似可看作一种介于西方中世纪和近代文明的一个中间形态。其基本精神是突出世俗性、平民性、合理性。在这个意义上，理学不应像以往那样被看作封建社会后期的国家意识形态，而可以看作摆脱了中世纪精神的亚近代的文化和精神表现。

进而言之，通过"道统"的设立和"道学"的创立，新儒学把这一时代儒学知识分子对"儒学"的认同明确化和强化，他们对宇宙秩序、人伦秩序和社会价值的重新安排，他们的精神追求和政治理想，也都反映出面对成熟强大的佛教、道教的挑战，儒学新的自我意识的勃兴，和重构儒学的宏愿。同时，不可否认的是，新儒学与其所在的社会制度具有某种互动的联系。

不过，经历过机械的历史唯物论在解释历史上的失败，在新儒家的研究方面，中国学者大多数已放弃对宏观的社会历史的"大叙述"(grand narratives)的追求，以避免大而无当的讨论。也由于这个原因，当代中国学者对这一类方法颇抱怀疑的态度：即不重视文献和文本，而热衷于追求外在的解释，缺乏充分根据而想当然地把新儒家思想整体或其某些学派归结为特定时代的特定阶层、宗族、制度的背景，或特殊的社会构造。当代中国的儒学研究者，之所以更倾向于注重对"思想"本身的细致研究，更注重思想家的精神追求、价值理想、哲学思考、人生体验，注重儒家作为经典诠释的传统，注重儒家作为德性伦理的传统，注重儒家与社群伦理、全球伦理的关系，并谋求

序

在这些研究的基础上与西方哲学家、神学家展开对话，这不仅因为研究的对象本身如此，也都是与过去盲目、庸俗地采用历史唯物论的经验教训有关。

但是，对机械唯物论的警觉并不等于对社会科学的排拒。事实上，在整个儒学研究中已经出现吸收社会科学方法的例子。只是，由于中国宋明理学的哲学思想家数量庞大，对哲学思想的基础研究必先完成，故其他方法的引进较少而慢。展望未来的发展，也许可以这样说，过去的对思想本身的客观、细致、内在、深入的研究，为未来研究的多样化奠定了良好的基础；而哲学思想研究的成熟也为其他研究的开展准备了条件。如前所说，到目前为止，中国的新儒学研究以哲学史研究为主流，对社会历史的大叙述不感兴趣；但随着哲学思想研究的成熟和中国史研究的进步，未来的新儒学研究可能会在思想史的研究方面进一步发展。这种思想史的研究，虽然不会盲目追求大叙述，但会更多注意理学的实践层面，理学与当时社会的各种具体制度的互动联系，并在具体的研究上发展政治思想史、社会思想史的研究。

五

在出版了几部有关朱子学与阳明学的著作之后，我出版了《宋明理学》。此书以二十几位理学思想家为主，叙述了宋明理学的产生、发展和演变，以求展示出宋明理学的基本人物、学术派别、概念命题和理论特色，着力揭示宋明理学发展的固有脉络和内在讨论。在该书的结尾我写道："事实上，把文化的视野进一步扩大来看，则理学不仅是11世纪以后主导中国的思想体系，而且是前近代东亚各国（朝鲜、越南、日本）占主导地位或有重要影响的思想体系。因而，说宋明理学是近世东亚文明的共同体现，是不算夸张的。从而，要展现理学体系所有的逻辑环节的展开、所有实现了的可能性，就需要把整个东亚地区的理学综合地加以考察。遗憾的是，限于篇幅和学识，本书还不能完成这一任务，只在明代理学中设了李滉（退溪）一节，对读者了解朝鲜朝的朱子学发展可能略有帮助。真正站在东亚文明的角度了解理学，还有待进一步的研究。"

我在当时写下这些话时，并没有意识到其中的不妥之处，似乎以为是理所当然的。这个不妥之处，就是中国学者往往不自觉地把"宋明理学"等同于"新儒学"。这种意识在中国研究的范围内并无问题，但超出中国研究的范围就会发生明显的问题。如果我的书名为《新儒学》或《朱子学与阳明学》，我自然可以在其中叙述韩国和日本的朱子学及阳明学。但是"宋明"不仅是某种时间的标尺，而且是中国历史的朝代。在这个意义上，把李退溪列在宋明理学中叙述是不合理的。从这里可以看出，"新儒学"的概念是有其优越性的，因为它对整个东亚文明更具有普遍的涵盖性。也由于此，我们可以说"新儒学是东亚文明的共同体现"，但不能说"宋明理学是东亚文明的共同体现"。

把上面所引的那段话中的"宋明"两字去掉，这一段文字应该是没有问题了。把李退溪的一节作为参看的附录，这部书

序

也应该是没有问题了。但这个问题说明，中国学者往往缺少对"东亚"的清晰的、有分辨的意识。我在《宋明理学》中加入李退溪一节，其原因是我意识到，"理学"不仅是中国的思想，也是韩国的思想，亦是日本的思想，韩国以及日本的新儒学都曾在理学思想上做出了创造性的贡献，应当把这些贡献展示出来；这样才能把理学体系所有的逻辑环节和思想发展的可能性尽可能地揭示出来。但是，朝鲜朝和德川时代的朱子学与阳明学，在广义上可以称为理学或新儒学，却不能称为宋明理学。

虽然中、日、韩等东亚国家在历史上都曾有儒学，有朱子学和阳明学，但各个国家的儒学可能有相当大的差别，各个国家儒学在该社会所居的地位也各有不同，需要做细致的比较研究。研究日本儒学和韩国儒学，而不充分了解中国儒学，就不能了解——相对于中国的儒学——日本、韩国的儒学真正的特点和发展。同样，只了解中国的儒学而不了解日韩的儒学，也难以真正认识中国儒学的特质。例如，不全面了解朱子哲学的各个方面，而只就李退溪研究李退溪，就无法了解李退溪的著作中，哪些是朱子讲过而退溪复述的，哪些是退溪对朱子思想的发展。又如，只有全面了解中国宋元明清儒学内部对朱子哲学的各种批评，才能真正了解德川时代儒学对朱子的批评中，哪些是与宋明儒学的批评相同而一致的，哪些是与宋明儒学的批评不同而反映了日本思想的特色。反过来说，只研究朱子的思想，而不研究李退溪、李栗谷、伊藤仁斋的思想，就不能了解朱子哲学体系所包含的全部逻辑发展的可能性，不能了解朱子思想体系之被挑战的所有可能性，从而，这样的朱子哲学的研究就是不完整的。

20世纪80年代中期以来，中国学者渐渐加强了对韩国朱子学和日本德川儒学的研究，但研究的成果相当有限。与日本学者对东亚文化的广泛研究相比，中国学者对日本和韩国历史上的儒学研究很不够，需要大力加强。

《宋明理学》这本书原为"国学丛书"首批十种之一，"国学丛书"是1990年在北京开会规划的，但是在开始时，我并没有对安排给我的这本《宋明理学》表示兴趣，相反，我对主事者明确表示希望他们能另请高明。后来张岱年先生还是要我写，我只好接受了。第一版出版于1991年12月，在北京举行了发布会；但大量印行，则始自1992年6月，以后又印行了若干次。

我原来不想写，是想避免重复劳动。既然接受，我就立意想把这个选题写得更有意义些。于是我决定把这部书作为教材来写，对象是大学文科学生和研究生，以及对了解宋明理学有兴趣的其他读者。此书出版后，我在北京大学也开过"宋明理学"的课，即以此书作为教材。我们有的学者在美国大学讲课，也以本书为教材。香港公开大学的"中国宋元明哲学史"课程也是使用本书作为教科书。根据学界同行和同学的反映，本书应当说是内容比较全面，叙述简明准确，比较适宜作教学和自学使用的教材。

本书所以得到大家的肯定，除了叙述的教科书方式而外，主要是由于，与其他同名的著作相比，本书的作者是专门从事宋明理学研究的学者。在本书之前，我已经出版过朱子和王阳

序

明的学术专著,在北京大学讲授过宋明哲学的课程。

原第一版中有些错字,还有一段引文有遗漏,这次一并改正过来。友人朱杰人教授,热心祖国学术,承他的催促和安排,这部在坊间已告售罄的书有了新的再版机会,这是我要特别感谢他的。

陈来
2003年6月于北京大学

引 言

宋明理学的正名

至少自辛亥革命以来，儒家思想由于社会的急剧变化而迅速没落，尽管近百年来的社会变革几经嬗变，但儒学及其价值受到来自先进知识分子的批判却持续不断，而在儒学中宋明时期的"理学"更是首当其冲。毫无疑问，与历史的近代化或现代化进程相适应的文化批判有其健康的合理性，但这不等于说每一具体的批判必然拥有文化和历史研究意义上的理性与客观。特别是，当现代批判家与他们的批判对象之距离较之民国初或"五四"愈来愈远的时候，批判中的人云亦云与不求甚解也就更为突出，更不用说心态的不平衡与运思的片面性给批判自身带来的损害了。

从"五四"洋溢浪漫激情的伦理革命到"文革"充满荒诞与严峻的政治批判，戴震的所谓"以理杀人"成了知识阶层与社会公众用以鄙弃宋明理学的口头禅，"存天理、去人欲"在洋溢着感性冲动和情欲爱意的文学家看来毫无疑问地是属大逆之论。一位有影响的作家曾理直气壮地面质哈佛大学讲授中国哲学并重视儒学传统的教授："难道我们今天还要存天理、去人欲吗？"这充分表明，"五四"以来知识分子高昂的批判热情与历史、哲学素养的缺乏纠结一体、难解难分。然而，且不涉及理学包含的多方面的人文精神课题，仅就理欲之辨而言，如果我们不能了解宋明理学"存天理、去人欲"的本来意义何所指，更对康德为代表的强调理性主体的义务论伦理学一无所知，文化的启蒙与批判就永远只能停止在宣传意义之上，而经不起任何理论的、历史的考验，更无法提升到高水平的人文反思了。

康德在《实践理性批判》中一开始就提出，用什么原则来决定意志的动机呢？就是说什么原则能够作为社会普遍道德法则而成为指导我们一切行为的动机？康德肯定地说，用感性的经验和欲望作为这种原则是不行的，因为基于感性欲望的原则只能引导到快乐主义。如果人用以指导行为的原则是基于对快乐或痛苦的感受性，那么，尽管这个原则可以成为他自己的人生准则，但绝不可能成为社会的普遍性道德法则。康德举例说，如一个人为了满足自己的私欲而否认曾向别人借过钱，适合于他的"借钱不还"的准则却不可能成为一条普遍法则，因为它如果成了普遍法则，就不会再有人借钱给别人。因此康德认为，一切从欲望官能的愉快与否来决定道德法则的动机永远不能成为普遍的道德法则。决定人的意志动机的只能是理性法则，而不能是感性法则。康德强调，真正的道德行为必须是服从理性的命令，而不能有任何感性冲动掺杂其间，不能有利己的好恶之心，整个康德伦理学的基调就是用理性克抑感性。

很明显，从孔子的"克己"，孟子的"取义"到宋明理学的天理人欲之辨，与康德的基本立场是一致的。宋明儒者所说的"存天理、去人欲"，在直接的意义上，"天理"指社会的普遍道德法则，而"人欲"并不是泛指一切感性欲望，是指与道德法则相冲突的感性欲望，用康德的话来说，天理即理性法则，人欲即感性法则。理学所要去除的"人欲"并非像现代文学家过敏地理解的那样特指性欲，更不是指人的一切自然生理欲望。因此把理学叫作禁欲主义是完全不恰当的。站在理学的立场上，夫妇之间的性关系不仅是人伦的正当表现，甚至具有天地合德的本体含义；而为满足自己的私欲引诱已婚的异性并破坏他人的家庭便是人欲，这个界限是不言而喻的。把克除私欲歪曲为禁遏一切欲望，不是望文生义便是虚荣逞强。事实上，即使在极端道德主义的"文革"中，正当的性关系也是被视为"个人问题"，而不是"破私立公"的"私心"。当然，康德的伦理学虽然最有影响，但并非绝对真理；在公-私的紧张中如何界定"私"的范围以肯定人的生命需要与社会发展活力尚需研究，但道德的本质是对感性冲动加以限制，其限制的具体程度与范围随社会变迁而变化，而伦理学中理性与感性的张力是永恒的，这也正是人之高于鸟兽而为万物之灵的地方。

"五四"以来对理学的另一强有力的批判是抨击北宋理学家

程颐的"饿死事小，失节事大"一句话，诚然，从近代以来的社会道德规范来说，传统的贞节观念早已发生根本改变，妇女因离婚或丧偶而再婚，从观念上到实践上都已属合理，对妇女的解放有重要意义。但是从历史性的立场和伦理学的眼光来看，问题并不是像通常了解的那么简单。当社会的发展要求冲破传统道德规范的束缚，对传统道德规范的猛烈批判无疑有力地促进社会的变革与发展，而从历史的角度来说，这只能表示既有规范与当前社会的发展不适合，并不表示这些规范在一开始就不应出现。一定历史时期的社会规范是与当时的社会结构与发展水平相适应的，离开了这一点，站在现代人的立场批评古代社会中维护当时社会通行的道德原则的人而毫无分析，这是非历史主义的观点，我们都知道，马克思曾在他的晚年"以最严厉的语调"批评瓦格纳对原始时代性道德的嘲笑与非难，指出在原始时代这是合乎道德的。① 因此，20 世纪的"五四运动"应不应当批判旧的贞节观与 11 世纪的程颐对当时的贞节观应不应当肯定是两个不同的问题，它们之间有着近十个世纪的距离。

从伦理学的角度看，平实地说，程颐论失节这句话是依照儒家伦理的基本原则而对当时既有的某一规范所作的强势肯定。孔子指出："志士仁人无求生以害仁，有杀身以成仁。"② 孟子

---

① 《马克思恩格斯选集》第四卷，人民出版社，1972 年，第 32 页注①。本书引用原文出处，只在第一次出现时注明版本或出版社、出版日期。

② 《论语·卫灵公》。

说:"以身殉道,未闻以道殉乎人者也。"③ 又说:"鱼我所欲也,熊掌亦我所欲也,二者不可得兼,舍鱼而取熊掌者也。生亦我所欲也,义亦我所欲也,二者不可得兼,舍生而取义者也。生亦我所欲,所欲有甚于生者,故不为苟得也。死亦我所恶,所恶有甚于死者,故患有所不辟也。如使人之所欲莫甚于生,则凡可以得生者,何不用也?使人之所恶莫甚于死者,则凡可以辟患者,何不为也?"④ 孔孟的这些说法体现了儒家伦理的基本原则,这个思想认为,人生中有比生命、生存更为宝贵的价值,这就是道德理想。人不应为生存而牺牲道德理想与道德原则,在生命与理想原则冲突时应勇于为理想原则献身,也就是说道德理想原则才是行为的终极原理。这个"舍生取义"的原则是中华民族以文天祥为代表的志士先烈的精神凭借,激励出无数可歌可泣的业绩,因而一般人至少在理论上都会认为"舍生取义"是理所当然的。如果进一步看,"节"本来亦指气节、节义,即指道德操守,因而如果把节理解为道德操守的意义,而不仅仅把节限定为贞节,则"饿死事小,失节事大"正是孟子"舍生取义"的另一种形式的说法。特殊地看,在贞节的意义下,程颐的这句话是从儒家舍生取义的一般原理中引申出来的。贺麟早在抗战中就指出:"他(程颐)所提出的'饿死事小,失节事大'这个有普遍性的原则,并不只限于贞操一事,若单就其为伦理原则论,恐怕是四海皆准、百世不惑的原则,我们似乎仍不能根本否认。因为人人都有其立身处世而不可夺的大节,

---

③ 《孟子·尽心上》。
④ 《孟子·告子上》。

大节一亏，人格扫地。""今日很多爱国之士，宁饿死甚至宁被敌人迫害死而不失其爱国之节，今日许多穷教授，宁贫病致死，而不失其忠于教育和学术之节，可以说是都在有意无意间遵循着伊川'饿死事小、失节事大'的遗训。"他还指出："伊川（程颐）的错误，似乎不在于提出'饿死事小、失节事大'这一概括的伦理原则，只在于误认妇女当夫死后再嫁为失节。……不过伊川个人的话无论如何有力量，亦必不能形成宋以后的风俗礼教。"⑤贺麟的这些分析充分显示出哲学家分析问题的深刻性。当然，"义"或"节"是可以有层次的，在义或节代表的准则体系中有高下主次之别，因而一般地并不绝对要求人在生命欲望与每一道德准则相冲突时都选择后者。然而，从儒家伦理的立场上看，道德哲学只能强调法则（如舍生取义）形式上的纯粹性，如果强调准则本身的高下之分，确认对某些义应当舍生而对某些义可以不舍生，就会鼓励人们寻找借口不履行道德义务。从"不食嗟来之食"的故事可知，社会需要表彰那些虽然不是为了国家大义而只是为了坚守自己某种信念而不惜舍弃生命的行为。为了保持人格不受侮辱，宁饿死，不食嗟来之食或蹴与之羹。因而，从儒家的立场看来，一切社会公认的道德准则，都适用于"舍生取义"的选择模式。另一方面，从道德观念产生与发展的历史来看，程颐或理学其他思想家并没有发明守节这一规范，程颐本人也只是在其门人将"守"与"饿"的选择提出来的时候，从舍生取义的普遍原理出发对既有的守

---

⑤ 贺麟：《宋儒的新评价》，《文化与人生》，商务印书馆，1988年，第192—193页。

节规范作了一种伦理学上的强势的肯定。事实上，许多理学家（如朱子）就并不绝对反对孀妇再嫁。

儒家或理学面临的矛盾在于，它自身最多只能保持伦理学原理的一般纯粹性，而无法判定"义"所代表的准则体系中哪些规范应当改变以适应社会发展，因而可能会把规范僵化。另一方面，儒家伦理必须褒扬那些不食嗟来之食的义士或自愿守节的烈女，但这种崇褒中隐含着一种危险，那就是有可能导致在不断的褒扬中把道德的最高标准当成了道德的最低标准，给一般人造成较大的道德心理负担。这种崇褒中不仅会有丧失理性的平衡的危险，还有可能在相对承担义务的准则体系中使统治的一方利用这种现象把原本正常的道德规范变成一种片面强调对方义务的压迫手段，而这才可以被上纲为"以理杀人"，决不能把讲"理"的思想家当成以理杀人的凶手。

戴震那句在近代以来反复为人引用的名言"酷吏以法杀人，后儒以理杀人"，"人死于法，犹有怜之者，死于理，其谁怜之"，⑥也是一个需要加以分析的论断。"人死于理，其谁怜之"的说法实际上是一个适用一切社会的现象描述，是指人的过失与道德舆论相背离的程度而言。如某人为复杀母之仇而杀人抵命，不一定会受到舆论的谴责，而卖国求荣的小人即使未受法律的制裁也会遭到万众的唾骂。因此，问题并不在于不容于道德舆论的人是否应得到怜悯，而在于，一方面，道德舆论借以评价的原则"理"应随社会发展而改变。另一方面，即使道德

---

⑥ 《孟子字义疏证上》，《戴震集》，上海古籍出版社，1980年，第187、275页。

评价的原则本身是合理的,如果在实践上把"理"与合理的欲望对立起来,特别是统治者冒充为"理"的化身,片面强调被统治者的义务而抹杀其权利,其后果就会表现为普遍的道德压抑。事实上,戴震的控诉正是指向统治者的,在他看来,"今之治人者"把理与欲完全对立起来,利用长者尊者的地位,压制下者卑者的正当要求,他还明确指出,问题不在于是否讲"理",而在于长者尊者以自己的"意见"为理。戴震抗议的本质在反对传统准则体系中维护等级制度的一面,而不是整个反对宋明以来的道德体系,所以在他的《文集》中也有为节妇烈女所作的传铭,表彰巷曲妇女"处颠覆,甘冻饿,傥不获终,直身死成仁而已"⑦的节操,在这一点上与程颐的原则在精神上并无二致。这鲜明地表明,戴震并没有整个地反对新儒家的价值系统,而是特别批判统治者片面地借用道德准则体系中有利于自己的一面、抹杀准则的相互制约性而造成对被统治者的压迫。

我不准备在这里讨论现代社会中的理欲问题,我只是强调,在我们讨论理欲之辨的时候首先要正确地理解古人的讨论,才能由此而对理学有比较公正的了解。至于现代社会的问题,我只想指出一点,在任何社会,被社会肯定为正面原则的伦理价值体系中,"理"总是对于"欲"有优先性,而鼓吹感性法则的主张永远不会成为一个伟大民族的精神传统。

---

⑦ 《戴节妇家传》,《戴震集》,第257—258页。

引 言

宋明理学的内容

1. 宋明理学的名称

宋明理学，有人又称为宋明道学。⑧ 其实，道学之名虽早出于理学之名，但道学的范围比理学要相对来得小。北宋的理学当时即称为道学，而南宋时理学的分化，使得道学之称只适用于南宋理学中的一派。至明代，道学的名称就用得更少了。所以总体上说，道学是理学起源时期的名称，在整个宋代它是理学主流派的特称，不足以囊括理学的全部。根据明清以来特别是现代学术划分的用法，我们在本书中仍然采用宋明理学这一称谓。

南宋时学者指出："道学之名，起于元祐，盛于淳熙。……其所读者止四书、《近思录》、《通书》、《太极图》、《东西铭》、语录之类。"⑨ 这个说法只是大略言之，并不是经过详细考证的历史判断。事实上，元祐之前，张载就曾说过："朝廷以道学、政术为二事，此正自古之可忧者。"⑩ 程颐也说："家兄学术才行，为时所重，……其功业不得施于时，道学不及传之书。"⑪ 当然，在张载、程颐这里，道学二字虽连用，实际上是指道与

---

⑧ 冯友兰：《中国哲学史新编》第五册。
⑨ 周密：《癸未杂识续集》卷下，四库全书本。
⑩ 《答范巽之书》，《张载集》，中华书局，1978年，第349页。
⑪ 《上孙叔曼侍郎书》，《二程集》，中华书局，1981年，第603页。

学,并不是特指某一学术系统或学派。就是说,元祐前后的道学还不是用以特指某一学术系统的定称。这种用法也广泛见于程氏门人。

但在程颐后来的说法中,渐渐赋予了道学以较为确定的含义,他说:"自予兄弟倡明道学,世方惊疑。"在这个说法中,已经使道学这一概念具有了"传圣人之道的学问"的意义。而在二程死后,道学成了二程所倡导的学问的名称。从北宋后期到南宋前期的一个时期内,程氏之学受到了执政者的压制,影响未能扩展。至南宋乾道淳熙年间,因朱熹等人的大力提倡,程氏之学开始盛行。朱熹在乾道中所作《程氏遗书后序》中说:"二先生倡明道学于孔孟既没千载不传之后,可谓盛矣。"[12] 在朱熹那里,道学已经是一个有确定含义以指特定学术系统的定名了。

朱熹所用道学也有广狭二义的不同,广义上道学是指他们所理解的孔子开创的儒家传统,如朱熹说"子思子忧道学之失其传而作也"[13],就是以道学指孔孟的精神传统。狭义上则指继承了孔孟道统的以洛学为主干的思想体系。洛学即二程之学,他们的老师为周敦颐,他们的表叔和讲友张载与这个学派关系密切,所以朱子所说的道学多指周张二程之学,认为他们代表了儒学道统发展的新阶段。由于道学强调程氏之学真正继承了孔孟的道统,无形之中带有排他性,这使得当时其他思想体系

---

[12] 《程氏遗书后序》,《朱文公文集》卷七十五,商务印书馆四部丛刊初编缩本,第1387页。

[13] 《中庸章句序》,《四书章句集注》,中华书局,1983年,第14页。

的儒者难以接受。同时,这种排他性使得道学学者在复杂的社会、政治、人事的矛盾中受到他们的对立面的激烈批评。朱熹生时三次遇到道学的危机,淳熙十年(1183)郑丙上疏攻道学。称"近世士大夫有所谓道学者,欺世盗名"⑭,陈贾也说:"近世士大夫有所谓道学者,其说以谨独为能,以践履为高,以正心诚意,克己复礼为事。"⑮淳熙十五年(1188)林栗上疏,攻击朱熹"本无学术,徒窃张载、程颐绪余,谓之道学"⑯。这都提示出,道学在当时是以张载程颐学说为主、注重正心诚意等修养的学术派别。后来之人作《宋史》,特立《道学传》一门,以周敦颐、程颢、程颐、张载、朱熹为主,其着眼也在程朱派。由此可知,宋代道学之名,专指伊洛传统,并不包括心学及其他学派的儒家学者。

理学一名始称于南宋,朱子曾说"理学最难"⑰,陆九渊也说"惟本朝理学,远过汉唐"⑱,黄震说"自本朝讲明理学,脱去训诂"⑲。但在这些说法中,理学是指义理之学,与辞章考据训诂相对待。明代,理学成为专指宋代以来形成的学术体系的概念,包括周程张朱的道学,也包括陆九渊等人的心学。明末黄宗羲说"有明文章事功皆不及前代,独于理学,前代之所不

---

⑭ 《道学崇黜》,《宋史纪事本末》卷八十,中华书局,1977年,第869页。
⑮ 同上。
⑯ 引自《朱子年谱》卷三下,商务印书馆丛书集成初编,第143页。
⑰ 《朱子语类》卷六十二,中华书局,1986年,第1485页。
⑱ 《与李省幹》,《陆九渊集》,中华书局,1980年,第14页。
⑲ 《读论语》,《黄氏日抄》卷二,四库全书本。

及也"[20],他所说的理学就是既包括程朱派的"理学",又包括陆王派的"心学"。这个用法一直沿至今天。

由以上所述,我们可以有以下结论,今天我们称之为理学的是指宋明(包括元及清)时代占主导地位的学术体系。按传统的分类,这个体系中主要有两大派,一派是宋代占统治地位的道学,其中以洛学为主干,至南宋发展到高峰,在明代仍有很大影响,并维持着正统地位。因其主要代表为二程朱熹,故常称为程朱派。由于二程与朱熹皆以"理"为最高范畴,所以后来习惯于用"理学"指称他们的思想体系。另一派是在宋代产生而在明中期后占主导地位的以"心"为最高范畴的思想体系,代表人物为陆九渊、王守仁,故又称为陆王派或陆王"心学"。因此,广义的理学包括道学与心学。本书中不带引号的理学为广义的(理学),带引号的理学("理学")则狭义地专指程朱学派而言。

2. 宋明理学的流派及代表人物

《宋史·道学传》说:

> "道学"之名,古无是也。三代盛时,天子以是道为政教,大臣百官有司以是道为职业,党、庠、术、序师弟子以是道为讲习,四方百姓日用是道而不知。是故盈覆载之间,无一民一物不被是道之泽,以遂其性。于斯时也,道

---

[20] 《发凡》,《明儒学案》,中华书局,第14页。

引 言

学之名，何自而立哉。

文王、周公既没，孔子有德无位，既不能使是道之用渐被斯世，退而与其徒定礼乐，明宪章，删《诗》，修《春秋》，赞《易象》，讨论《坟》《典》，期使五三圣人之道昭明于无穷。故曰："夫子贤于尧、舜远矣。"孔子没，曾子独得其传，传之子思，以及孟子，孟子没而无传。两汉而下，儒者之论大道，察焉而弗精，语焉而弗详，异端邪说起而乘之，几至大坏。

千有余载，至宋中叶，周敦颐出于舂陵，乃得圣贤不传之学，作《太极图说》《通书》，推明阴阳五行之理，命于天而性于人者，了若指掌。张载作《西铭》，又极言理一分殊之旨，然后道之大原出于天者，灼然而无疑焉。仁宗明道初年，程颢及弟颐寔生，及长，受业周氏，已乃扩大其所闻，表章《大学》《中庸》二篇，与《语》《孟》并行，于是上自帝王传心之奥，下至初学入德之门，融会贯通，无复余蕴。

迄宋南渡，新安朱熹得程氏正传，其学加亲切焉。大抵以格物致知为先，明善诚身为要，凡《诗》《书》六艺之文，与夫孔、孟之遗言，颠错于秦火，支离于汉儒，幽沉于魏、晋、六朝者，至是皆焕然而大明，秩然而各得其所。此宋儒之学所以度越诸子而上接孟氏者欤。㉑

传统上对宋明理学流派的说法有其合理性，如把宋代理学按地

㉑ 《宋史》卷四百二十七，中华书局标点本，1985年，第12710页。

域分野分为濂（周）洛（程）关（张）闽（朱），基本上反映了宋代理学主流发展的情况。又如把整个理学分为"理学"和"心学"也是符合宋明理学内主要矛盾冲突的情况。

然而，传统的学术划分，从今天的角度来看，还不能充分反映出宋明理学内各种流派的分化，如宋代所说的道学主要指二程与张载，而张载的思想就与二程有很大不同。他的学说很少谈到理，也不以理为最高范畴，他的学说不能归为"理学"是显然的。所以，按照现代学术界的通常做法，我们可以把宋明理学体系区分为四派：气学（张载为代表）、数学（邵雍为代表）、"理学"（程颐、朱熹为代表）、心学（陆九渊、王守仁为代表）。气学—数学—"理学"—心学，历史地、逻辑地展现了宋明理学逐步深入的发展过程。气学针对隋唐盛行的佛教与道教崇尚虚空的学说，提出虚空即气，气为宇宙的终极实在，以从根本上打击佛老，为儒家学说建立一种宇宙论的论证。数学则进而研究实在的宇宙过程和历史过程的规律性，从而较气学进了一步。但数学致力寻找宇宙、社会演进规律的努力未能摆脱象数学的神秘色彩，"数"最多只能反映宇宙历史演化中兴衰的周期，无法真正揭示世界的规律性。气学与数学的另一问题是，他们在宇宙实体与宇宙规律方面的学说都未能与儒家的核心伦理原则紧密结合起来。"理学"则正是把这些伦理原则上升为宇宙本体和普遍规律，又吸收、结合了气学、数学的一些重要成分，使儒家思想有了更为坚实的本体论基础。然而，"理学"把伦理原则提高为宇宙本体和普遍规律，虽然使古典儒学获得了强有力的本体论基础，但在道德实践上，把伦理原则更多地作为外在的权威,忽视了人作为道德实践主体的能动性。因此,心学反对"理学"的实践论,认为人的本心作为道德主体,其自身就决定道德法则,突出了道德实践中的主体性原则。气学、数学、"理学"、心学在宋代的历史的展开,显示出了理学发展的内在逻辑。元明时代,四个学派仍各有发展,相互斗争、相互融合。当然,"理学"和心学是其中占主导地位的流派。

宋明理学的代表人物,北宋有周敦颐、张载、程颢、程颐及邵雍,传统上称为北宋五子;南宋时主要为朱熹、陆九渊;明代最有影响的是王守仁。由于"理学"、心学是宋明理学的主导思潮,所以也有不少人习惯上把理学的代表人物概括为"程朱陆王"。

3. 宋明理学的特点

宋明理学虽然可以分为理论及实践的几个不同派别,而这些不同派别的学者都被称为宋明理学家,是由于他们具有一些共同的性质和特点,共同承担并体现了这一时代的民族精神。这些特点包括:

(1) 以不同方式为发源于先秦的儒家思想提供了宇宙论、本体论的论证。

(2) 以儒家的圣人为理想人格,以实现圣人的精神境界为人生的终极目的。

(3) 以儒家的仁义礼智信为根本道德原理,以不同方式论证儒家的道德原理具有内在的基础,以存天理、去人欲为道德实践的基本原则。

（4）为了实现人的精神的全面发展而提出并实践各种"为学工夫"即具体的修养方法，这些方法的条目主要来自"四书"及早期道学的讨论，而特别集中于心性的工夫。

4. 宋明理学的主要问题和概念范畴

理学所讨论的问题随不同时期、不同流派而有所不同。与唐代以前儒学的一个重要不同之点是，"四书"即《论语》《孟子》《大学》《中庸》是理学尊信的主要经典，是理学价值系统与工夫系统的主要根据，理学的讨论常与这些经典有关。大体上，理学讨论的主要问题有理气、心性、格物、致知、主敬、主静、涵养、知行、已发未发、道心人心、天理人欲、天命之性气质之性等。其中还可以衍生出其他许多问题，如理气问题又可衍生出理气先后、理气动静、理气同异、理气强弱等。这些问题中，格物致知出自《大学》，知行出于《论语》，心性见于《孟子》，人心道心出于《尚书》，天理人欲出于《礼记》，已发未发出于《中庸》，这些经典的问题经过新的不同诠释获得了新的意义。理学道德实践中的各种修养工夫如存心养气、戒慎恐惧、必有事焉、勿忘勿助等也都联系着不同的经典来源。此外，理学中的一些问题直接出自北宋以下道学传统自身，如主静、主敬、主一及天命气质等。

理学讨论的问题是通过概念范畴来表达的，如理气问题是通过对"理"和"气"的讨论来表达的，因而构成上述主要问题的概念范畴亦即是宋明理学的主要范畴。在宋明理学中最重要而又比较容易引起理解上混乱的概念是理、气、心、性。这不仅因为不同思想家的用法有所不同，同一思想家也常在不同意义上使用同一概念，因而总体上看，理学的这些概念都包含着不同的意义。比如，一般地、笼统地说，我们可以说理指法则，气指物质材料，心指意识，性指本质；若细致地分析起来，就比较复杂了。如理学家讲的性有时或有的地方是指本然之性，有时或有的地方则指气质之性。心既指意识主体，又指意识活动，而心学则以心为先验的道德理性。气虽在多数场合指连续性物质材料，但也用以指某种生理-心理状态，如浩然之气等。理的意义则更可分析为五种：宇宙的普遍法则，这个意义的理可称为天理；作为人性的理，可称为性理；作为伦理与道德规范的理，可称为伦理；作为事物本质与规律的理，可称为物理；以及作为理性的理，如理学讨论的理气相胜问题所表现的，可称为理性。理学家在使用诸如理这样的概念时，并不预先说明其使用的特定立场，虽然，在理学的范畴结构中，理的这五种意义可以在某种方式下具有统一性，但对具体讨论而言，这些不同意义的理是不能随便替代的，所以对于具体讨论中的理，我们需要在上下文中具体地理解其意义。其他概念亦然。

宋明理学的定位

宋明理学虽然是发展、流行于宋代与明代的学术思想体系，但它的一些基本倾向在唐代中期已经有所表现。唐代文化与宋代文化的关联是一个十分引人注目的文化现象。从社会史的观点来看，唐代的贵族庄园制与宋代的平民地主制有根本区别；

从政治史的观点看，唐代的藩镇割据与宋朝的中央集权也有很大距离，而中唐后的文化却与北宋文化有着一种亲缘的联系。

从整个中国文化的发展和学术潮流的演变来看，中唐的中国文化出现了三件大事：即新禅宗的盛行、新文学运动（即古文运动）的开展与新儒家的兴起。宗教的、文学的、思想的新运动的出现，共同推动了中国文化的新发展。三者的发展持续到北宋，并形成了主导宋以后文化的主要形态，也是这一时期知识阶层的精神表现。

有些学者认为唐代的中国已进入"近代化"，这个说法虽然有失准确，因为一般理解的近代化的经济基础——工业资本主义尚未出现，但从文化上来看，这个提法对于唐宋之交的历史演变的深刻性实有所见。与魏晋以来的贵族社会相比，中唐以后总的趋势是向平民社会发展。中唐以后的"文化转向"正是和这种"社会变迁"相表里。的确，禅宗、古文运动和新儒家所代表的宗教的改革、古文的复兴、古典思想的重构，表示这确实是一个与新的时代相符合的文化运动，它在许多方面与西欧近代的宗教改革与文艺复兴有类似的特点。它虽然不是以工业文明和近代科学为基础的近代化体现，但可以认为是摆脱了类似西方中世纪精神的一个进步，我们可以把它称为"近世化"。也有学者称之为"亚近代"："十世纪到十一世纪后半叶北宋鼎盛时期是近代型高速经济增长与合理精神充溢的'东洋文艺复兴'，甚至是超越它的'亚近代'。"㉒ 这些学者特别强调，

㉒ 堺屋太一：《知识价值革命》，三联书店，1987年，第151页。着重号为引者所加。

引 言

以北宋为典型的政府组织、军队及新儒家的合理精神完全是一种近代式的。

中唐开始而在北宋稳定确立的文化转向正是这个"近世化"过程的一部分。这个近世化的文化形态可以认为是中世纪精神与近代工业文明的一个中间形态，其基本精神是突出世俗性、合理性、平民性。对整个宋明理学的评价应当在这样一个背景下来重新进行。在这个意义下面，理学不应被视为封建社会后期没落的意识形态或封建社会走下坡路的观念体现，而是摆脱了中世纪精神的亚近代的文化表现，它正是配合、适应了社会变迁的近世化而产生的整个文化转向的一部分，并应在"近世化"范畴下得到积极的肯定与理解。有了这样一个定位，我们对理学可能会有一种平实的同情了解。

当然，精神文化的发展有其内在的逻辑与课题，古典儒家的复兴是适应于整个合理化的近世化过程的，而建立一种什么形态和特质的新儒学则不能离开思想的内部渊源与外部挑战。基本上，新儒家的努力一方面是强化社会所需要的价值系统，并将其抽象为"天理"，同时将其规定为人性的内涵，体现为强烈的价值理性的形态。另一方面，努力在排斥佛道二教出世主义的同时，充分吸收二教发展精神生活的丰富经验，探求精神修养、发展、完善的多方面课题与境界，建立了基于人文主义的并具有宗教性的"精神性"。

最后，关于本书的下限需略加说明。严格地说，理学在清代仍有延续，但习惯上因为清初有成就的理学家多为明代遗民，而康熙后的理学家又没有创造性的新发展，加之考据之学成了清代占主导地位的学术形态，所以，习惯上都接受"宋明理学"的说法，写理学史的人对康熙之后的理学也就不再提起。

值得注意的是明清之际的学术思潮和思想家群体，如黄宗羲、王夫之、陆世仪等都是明末清初带有总结性的理学思想家，这些思想家分别从心学、气学、"理学"的不同立场对11世纪以来的理学进行了批判性的反思和总结。他们以及这一时期其他活跃于学术思想领域并有重要影响的孙奇逢、顾炎武、李颙等构成了中国学术思想史的一个特定阶段。由于"国学丛书"中另设有明清之际学术思潮的专目，故本书对这些思想家就不再论述，而以刘宗周为终结。这个做法并不见得十分合理，但就传统来看也还可以成立，明代理学史的经典之作《明儒学案》最后止于刘宗周，算是给了本书下限处理一个可资凭借的依据。

为了方便读者查阅资料，本书所引述的理学思想家的材料尽可能取自经过校点排印的"理学丛书"的版本，个别思想家资料尚未收入"理学丛书"或未印出的，也尽量引用校点排印的《宋元学案》《明儒学案》中的材料。此外，本书中有些地方引用了著者已出版的关于朱熹、王阳明的著作及著者在张岱年先生主编的《中华的智慧》一书中撰写的章节的个别提法和表述，就不一一注明了。书中有些地方沿用了历来学术界对某些思想家的称谓，如称朱熹为朱子，称王守仁为王阳明等，而并没有对所有理学家全部采用传统的称号，这只是基于习惯，并不表示对某些思想家有特别的褒尊。

我以此书献给我的妻子杨颖，以感谢她多年来给予我学术事业上的关怀和支持。

第一编

宋明理学的先驱

第一章　中唐的儒学复兴运动

　　理学的正式诞生虽然在北宋中期，但理学所代表的儒学复兴运动及它所由以发展的一些基本思想方向，在中唐的新儒学运动及宋初的思潮演变动向中可以找到直接的渊源。中唐的韩（愈）李（翱）与宋初三先生（胡瑗、孙复、石介）被公认为理学的先导和前驱，宋前期对理学后来的产生发生过直接影响的不止是三先生，范仲淹、欧阳修的影响可能更为重要，范、欧在气质上也更接近于韩愈。在文化的"近世化"过程中，中唐到北宋前期学术之间看上去似乎超历史的联结十分引人注目。古文运动中"唐宋八大家"的提法，最好地说明了北宋前期文化与中唐的嬗延关系。新儒家运动也是同样，韩愈和他的弟子李翱提出的复兴儒家的基本口号与发展方向，确乎是北宋庆历时期思想运动的先导。而庆历时期思想运动又恰为道学的产生奠定了基础。

一　韩　愈

前人说治宋学"必始于唐,而昌黎韩氏为之率"①。韩愈(768—824),字退之,今河南南阳人。他出身寒微,三岁时父母双亡,就养于伯兄家,由嫂郑氏抚养,后来伯兄故去,依寡嫂长大成人。由于"家贫不足以自活",他自幼刻苦学儒,他自己曾说:"性本好文学,因困厄悲愁,无所告语,遂得究穷于经、传、史记、百家之说,沉潜乎训义,反复乎句读,砻磨乎事业,而奋发乎文章。"②他的出身与思想历程是一个典型的平民知识分子的历程。韩愈是古文运动的领袖,诗文对后世影响很大。他的代表作"五原"(《原性》《原道》《原毁》《原仁》《原鬼》)体现了他的思想。

1. 宣扬道统

在韩愈看来,儒家有一个核心传统,而这个传统所代表的精神、价值(道)是通过圣贤之间的传承过程(传)而得以成其为一个传统(统)的。因而精神传统的延续及其作用在相当程度上依赖于一个授受者之间口授亲传的接递过程和系统。一般认为,韩愈这个说法是受到佛教的传法世系及士族族谱的影响。

韩愈认为,儒家的道的传递过程如下:

---

① 钱穆:《中国近三百年学术史》,中华书局,1987年,第1页。
② 《上兵部李侍郎书》,《昌黎先生集》卷十五,四部丛刊本。

第一章　中唐的儒学复兴运动

> 尧以是传之舜，舜以是传之禹，禹以是传之汤，汤以是传之文、武、周公，文、武、周公传之孔子，孔子传之孟轲。轲之死，不得其传焉。③

根据韩愈这一说法，圣人之道的传延有两种方式，一种是尧、舜、禹式的亲传口授，另一种则是周公之于孔子，孔子之于孟子式的精神传承。他认为，在孟子以后，不仅已经中断了亲传口授的系统，而且后来者根据精神理解为基础的承续也没有出现。因而传至孟子的儒学道统在孟子之后的思想家中并未延续。他自己显然表示出了一种意愿，即由他来把中断了近千年的道统发扬起来，传接下去。

韩愈所理解的"道"不仅是一种精神价值，它包含着一整套原则。其中包括仁义代表的道德原则，《诗》《书》《易》《春秋》代表的经典体系，礼乐刑政代表的政治制度，以及儒家所确认的分工结构（士农工贾）、伦理秩序（君臣父子夫妇）、社会仪俗（服、居、食）乃至宗教性礼仪（郊庙）。这实际是韩愈所了解的整个儒家文化-社会秩序，用以区别于佛教，并向佛教徒施加压力。

韩愈说："博爱之谓仁，行而宜之之谓义，由是而之焉之谓道，足乎己无待于外之谓德。仁与义为定名，道与德为虚位。"④ 他用"博爱"规定"仁"的内涵，成为儒家仁学中有代

---

③ 《原道》，《昌黎先生集》卷十一。
④ 同上。

表性的理解之一。这种对仁的理解着重点还是在人对于外部环境（个人或群体）的施爱的行为，还不是着重于精神的内在品格。他认为，义是指行为合于适于一定情境的准则。他还认为，仁与义有确定的伦理内涵，而"道"与"德"是不同思想体系共用而分别赋予不同内涵的概念，因而"道"与"德"这两个概念不像仁与义那样具有确定的伦理内涵。他所理解的古圣相传的"道"是儒家文化的系统，所以说"斯吾所谓道也，非向所谓老与佛之道也"⑤。这个"道"不仅是反佛老斗争所需要澄清的一个概念，也是"文以载道"所要载负的"道"。

韩愈对儒学道统的说法后来为北宋道学所继承，使承续孟子后失传的圣人之道成为对知识分子的一种有吸引力的理想。韩愈所说的"学所以为道"，也隐含了"道学"的观念，至少在某一意义上是如此。

2. 推尊孟子

唐以前孟子的地位与诸子无分高下，与荀子、扬雄、董仲舒并称。韩愈在他的道统传承的说法中把孟子说成孔子的继承人，并认为圣人之道在孟子以后失传，使孟子在道统中具有了与孔子同等的地位，这就大大提高了孟子的地位。

韩愈虽然推崇孟子，但是与后来理学从精神修养方面吸收孟子思想不同，他主要是出于与佛老斗争的需要。在韩愈看来，佛老是当时儒家面对的主要异端，为了与异端进行斗争，在战

---

⑤ 《原道》，《昌黎先生集》卷十一。

国时期与被儒家视为异端的杨墨作坚决斗争的孟子就成了儒家与异端之学斗争的典范。他认为"杨墨行、正道废",秦以下大道不明,正是由于"其祸出于杨墨肆行而莫之禁故也","故愈尝推尊孟氏,以为功不在禹下者,为此也"。他努力以孟子为榜样,激烈排斥佛老,他认为,虽然"释老之害,过于杨墨,韩愈之贤,不及孟子",但他与异端斗争到底的决心"虽灭死万万无恨"。⑥

3. 排击佛教

韩愈在唐代以排佛著称,唐宪宗时欲迎佛骨入宫,引起了一场宗教狂热,王公奔走施舍,百姓破产供养,韩愈挺身而出,写下了激烈排佛的《论佛骨表》。

韩愈反佛从两个方面立论,第一是文化的,他说:

> 夫佛本夷狄之人,与中国言语不通,衣服殊制,口不言先王之法言,身不服先王之法服,不知君臣之义、父子之情。⑦

韩愈认为,佛教是一种异族文化,其教义又与中国社会的伦理秩序相冲突,对于这样一个与中国固有文化体系相冲突的外来宗教只应排斥,而不应扶植。他要求皇帝把佛骨"投诸水火,永绝根本"。

---

⑥ 《与孟尚书书》,《昌黎先生集》卷十八。
⑦ 《论佛骨表》,《昌黎先生集》卷三十九。

唐代统治者自开国之初即大力鼓励佛教的发展，认为佛教以慈悲为主，教人积善而不致丧乱，在这种情况下寺院经济得到了空前发展，寺院不仅拥有大量土地与劳动力，而且享有免役免税特权，成了富户强丁逃避徭役的合法特区。加上藩镇地方势力强大，中央财政收入减少，转移到世俗平民地主身上的负担日益加重。这一切使得有识之士往往从国家经济利益出发提出排抑佛教的主张。韩愈批佛的第二方面也是从经济的角度立论。他说："古之为民者四，今之为民者六。古之教者处其一，今之教者处其三。农之家一，而食粟之家六；工之家一，而用器之家者六；贾之家一，而资焉之家六；奈之何民不穷且盗也？"⑧ 他抨击佛教的发展破坏了原有的分工结构，使非生产性人员过度增加，激化了阶级矛盾。

在从文化上、经济上抨击佛教之后，他要求朝廷对佛教应"人其人，火其书，庐其居"，强迫僧侣还俗，焚毁佛教经典，没收寺院财产，这些主张是十分激烈的。

4. 阐扬《大学》

《大学》本为《礼记》中的一篇，汉唐时期未受到儒者的重视，宋代后《大学》被尊为"四书"之一，获得了儒家重要经典的地位，而阐扬《大学》在韩愈业已开始。他在《原道》中引用了《大学》的主要论点：

---

⑧ 《原道》，《昌黎先生集》卷十一。

> 传曰："古之欲明明德于天下者，先治其国；欲治其国者，先齐其家；欲齐其家者，先修其身；欲修其身者，先正其心；欲正其心者，先诚其意。"然则古之所谓正心而诚意者，将以有为也。今也欲治其心而外天下国家，灭其天常，子焉而不父其父，臣焉而不君其君，民焉而不事其事。⑨

韩愈对《大学》的重视主要是把《大学》作为政治伦理哲学来考虑的，《大学》维护社会的宗法秩序与伦理纲常，强调齐家治国平天下的社会义务，这对任何要在中国社会立足的宗教出世主义体系都是一种有力的、具有实在压力的思想。韩愈正是利用《大学》的这种特质作为排击佛教的有力武器。

由于韩愈所注意的是政治社会问题，他在引证《大学》的条目时没有列举"格物""致知"，而"格物""致知"恰恰是宋明理学诠释《大学》时最为注意的观念。这显然是由于，在儒学复兴运动的初期，主要的任务是首先在政治伦理上抨击佛教，恢复儒学在政治社会结构中的地位，还未能深入到如何发展儒学内部的精神课题。在这一点上，韩愈的学生李翱及宋明理学补充、继续了儒学复兴中精神发展方面的研究。

5. 论所以为性情

韩愈关于性情品类的看法是中国人性学说史上有特色的观

---

⑨ 《原道》，《昌黎先生集》卷十一。

点之一。他首先认为:"性也者,与生俱生也。情也者,接于物而生也。"⑩ 这就是说性是先验地本有的,情是后验地与事物接触后才发生的。

韩愈认为性有三品,他说:

> 性之品有上中下三:上焉者,善焉而已矣。中焉者,可导而上下也。下焉者,恶焉而已矣。其所以为性者五:曰仁、曰礼、曰信、曰义、曰智。上焉者之于五也,主于一而行于四;中焉者之于五也,一不少有焉,则少反焉,其于四也混;下焉者之于五也,反于一而悖于四。⑪

韩愈的性三品说与两汉以来董仲舒等的三品说没有本质的不同,他认为上品人性纯善无恶,下品人性恶而无善,中品人性则由环境与教育影响他们的善恶。他认为每个人生来属于何种品类是一定而不可变的,所以下品的人可以也只能用刑法的威严摄制其为善不为恶,但不能改变其品性。

韩愈人性论中值得注意的是关于"所以为性者五"的说法。他认为,"所以为性"即判定性之品级的参照标准,这个标准就是仁义礼智信。从这个标准来看人性,上品人性以其中一德为主,兼有其他四德。中品的人性,对其中一德往往只具有一些而不充足或者有所违反而不严重,对其余四德也都杂而不纯。以仁义礼智信的标准来看下品人性,一般情况是突出地违反一

---

⑩ 《原性》,《昌黎先生集》卷十一。
⑪ 同上。

德,而对其他四德也都是背离的。后来宋明理学接过了韩愈"所以为性者五"的说法,发展为性即理说,认为每个人心中都具有仁义礼智信五德,五德是一切人性之所以为人性者,与韩愈本来的说法有所不同。

韩愈用同样的方式讨论了情的问题:

> 情之品有上中下三,其所以为情者七:曰喜、曰怒、曰哀、曰惧、曰爱、曰恶、曰欲。上焉者之于七也,动而处其中。中焉者之于七也,有所甚,有所亡,然而求合其中者也。下焉者之于七也,亡于甚,直情而行者也。情之于性视其品。⑫

这是说上品之性即有上品之情,七情之发无不中节。中品之性即发为中品之情,七情中有些过度,有些缺乏,但可努力使之合于中道。下品之性即发下品之情,七情或者过度或者缺乏,这类人放纵此种偏缺的情感,无法合乎中道。

从以上的看法出发,韩愈批评了孟子、荀子、扬雄的性善说、性恶说、性善恶混说,也反对把人的善恶完全归于外在环境和教育。韩愈的性情论,主要是为了反对佛教人性论及对汉唐人性论进行总结,他的看法后来被扬弃到宋明理学中,并成为许多理学家讨论人性的出发点,具有一定的影响。

宋代理学家都认为韩愈对"道"实有所见,但只是才高达

---

⑫ 《原性》,《昌黎先生集》卷十一。

到的识见,而没有践履工夫,仍把时间精力消磨于诗文饮酒,未脱文人之习。尽管如此,他们仍对韩愈及其《原道》《原性》有较高的评价。从宋代理学对韩愈的评论可知,是否有"践履工夫"是区别传统儒林文士与理学思想家的重要标准。

二 李 翱

韩愈的学生李翱是唐代儒学中的另一重要人物。

李翱(772—841),字习之。史称"翱始……文章,辞致浑厚,见推当时"(《新唐书》)。

他是韩愈的学生,也是韩愈倡导的儒学复兴与古文运动的积极参与者。贞元十四年(798)登进士第,官至山南东道节度使。李翱在散文方面的成就远不及韩愈,但在儒学思想特别是心性之学方面对韩愈作了补充和发展,故后人往往以韩李并称。李翱的主要著作为《复性书》,这部著作是儒家思想在唐代发展的一个代表,也是新儒学运动从中唐到北宋的重要环节。

1. 性情说

李翱相当深入地讨论了性情关系的问题,他认为:

> 性与情不相无也。虽然,无性则情无所生矣,是情由性而生,情不自情,因性自情;性不自性,由情以明。[13]

---

[13] 《复性书上》,《李文公集》卷二,四库全书本。

在他看来，性是情的根据，情是性的表现，两者之间虽然不能用先后来描述，但两者之间，性无疑是根本。没有性，情就根本无法产生。

李翱进一步认为，在伦理学善恶的问题上，性是善的根源，情是恶的根源，他认为：

> 人之所以为圣人者，性也。人之所以惑其性者，情也。喜怒哀惧爱恶欲七者，皆情之所为也。情既昏，性斯匿矣。[14]

李翱这个看法与韩愈不同，在他看来，人之性并无差别，人之性都是善的，这是人所以可能成为圣人的内在根据。而人所以会有恶，会流于不善，是由于情迷扰了性的表现。他作了一个比喻，性如水，本来是清明的；情如沙，沙造成了水的浑浊，使水的清明无法表现。

根据这样的立场，他认为，"性无不善"，"人之性犹圣人之性"，不善者乃情所为，"情者妄也，邪也"，"妄情灭息，本性清明"，正如把沙子澄清，水可以恢复本来的清明一样，人能灭息邪妄之情，性就可以恢复，这也就是"复性"。

李翱的性情论虽较韩愈精细，但也有不少未说清的地方，如情为何产生；如果情有善有不善，便应去其不善而保其善，而李翱却屡次笼统地又把情都说成是邪是妄，这个矛盾无法解

---

[14] 《复性书上》，《李文公集》卷二。

决;又如,如果说情者性之动,作为性之表现的情为何有邪妄,等等,这些问题李翱都未能一一解决。

2. 有情无情

李翱说:

> 圣人者岂其无情邪?圣人者,寂然不动,不往而到,不言而神,不耀而光,制作参乎天地,变化合乎阴阳,虽有情也,未尝有情也。⑮

这是说,性之动为情,故圣人也有情,但圣人的境界是"寂然不动、广大清明",因此虽然有情,却似无情。李翱所说的圣人"虽有情而未尝有情"指的就是一种"不动心"的精神境界,用《易传》的话来说,就是"寂然不动"的境界。所以,他由此提出了一个有别于韩愈的道统说。他认为圣人之道传于颜子、曾子、子思而传之孟子,秦汉以后"于是此道废缺"。与韩愈把"博爱之谓仁"作为道统的主要内容不同,他认为,从孔子的寂然不动,到颜回的屡空,到子路的结缨而死,曾子的得正而毙,直至《中庸》的慎独与孟子的"不动心",这个道统相传的核心都是"虽有情也,未尝有情也"。李翱所要表达的思想,虽没有后来程颢"情顺万物而无情"的提法那么清楚,但他以不动心为道统之传,是值得注意的。

---

⑮ 《复性书上》,《李文公集》卷二。

3. 复性之方

李翱推崇寂然不动的不动心境界，与他对佛老精神生活的吸收有关。在这方面，显示出他比韩愈更为关切人的精神修养的问题。他还进一步讨论了复性和达到寂然不动之境的工夫：

> 或问曰：人之昏也久矣，将复其性者，必有渐也，敢问其方？曰：弗虑弗思，情则不生，情既不生，乃为正思。正思者，无虑无思也。……方静之时，知心本无思者，是斋戒也。知本无有思，动静皆离，寂然不动者，是至诚也。⑯

李翱把修养的工夫归结为"弗思弗虑"，并要求把这一原则贯穿到动静不同状态中去。静时不思不虑，他称为斋戒其心；动时不思不虑，他称为至诚无为。他没有说清无虑无思就是正思，还是正当的思虑仅指没有不必要的思虑，他的这些说法，不管他的原始动机是什么，显然过分受到了佛教灭情及不思善恶思想的影响。

李翱也指出，人不可能不接触外部事物，对外部事物不可能没有反应，所以"本无有思、动静皆离"并不是指废弃一切感官知觉，他说："不睹不闻，是非人也，视听昭昭，而不起于见闻者，斯可矣。"⑰ 他把"不起于见闻"作为一个基本的修养

---

⑯ 《复性书中》，《李文公集》卷二。
⑰ 同上。

方法，就是说，人虽然对外物有闻有见，但心灵并不追逐外物，并不受外物的影响。他还提出了韩愈所忽略的格物致知问题：

> 敢问"致知在格物"何谓也？曰：物者万物也。格者来也，至也。物至之时，其心昭昭然明辨焉，而不应于物者，是致知也，是知之至也。⑱

李翱把格物致知解释为外物来时心不应物，正是基于他的"弗思弗虑、动静皆离"的修养宗旨，所谓心不应物不是指没有知觉反应，也是强调，虽然知觉有所活动，意识有所分析辨察，但心灵不执著系染于外物。他认为达到了这种境界，也就是达到了"至诚"，这是最高的智慧。

韩愈的道统中提高了孟子的地位，李翱又特别在孔子与孟子间加上子思，认为子思把圣人相传的性命之道写成《中庸》传给孟子，这样，他在《复性书》中把《中庸》的地位提高了，并给以了较多的注意。后来理学家们同时接受了韩李的看法，承认子思与孟子在道统中的地位，并把《大学》《中庸》与《论》《孟》并列为"四书"。

李翱的《复性书》提出了许多后来理学所关注的心性论的问题，与韩愈一样，他对道统之传也有很高的抱负和使命感，他认为孟子之后"此道废缺"，"我以吾之所知而传焉，遂书于书，以开诚明之源，而缺绝废弃不扬之道，几可以传于时"⑲。

---

⑱ 《复性书中》，《李文公集》卷二。
⑲ 同上。

第一章　中唐的儒学复兴运动

只是，后来宋明理学虽然接受了他们的道统说，但他们在道统中的地位却从来没有被承认过。特别是李翱，由于他受佛教思想影响较大，理论表述上有许多不成熟的地方，使得他受到的后世批评更多。不过，他所表现出来的思想的敏锐性与深度，与后来的理学家相比，是毫不逊色的。

第二章　北宋前期的社会思潮

　　北宋前期，经开国五十年的整治，政治局面日趋稳定，社会生活日渐安定，但不久显露出新的危机，社会思想也开始酝酿新的变化。南宋理学家追溯理学产生的源头时，对仁宗庆历时期的胡瑗、孙复、石介很为推崇，合称为"三先生"，认为他们在思想上开风气之先，为后来理学的创立奠定了思想的基础。

　　胡瑗曾为理学创始人程颐的老师，孙复与胡瑗同学十年，石介为孙复弟子，所以传统的推重三先生的看法可能和重视师承有一定的关系。实际上，如果从更广的角度俯瞰北宋前期的思潮发展，那么，不仅三先生，范仲淹、欧阳修为首的庆历时代的知识群体及其思想动向都值得重视。范、欧在气质上更接近韩愈而正大过之。从历史上说，胡瑗是经范仲淹推荐，才得以白衣召对，授官秘书郎；孙复也因范仲淹之荐始入国子监任直讲；张载年轻时是受了范仲淹的劝告，才专意于儒学，成了

第二章　北宋前期的社会思潮

北宋道学的主要代表之一。欧阳修在当时古文运动和排佛活动中影响很大，这些活动可以看成韩愈时代工作的直接延续。对以上诸人，限于篇幅，不拟分别论述，而将范欧胡孙石等合并讨论，以显示当时社会思潮的一般趋势与面貌。

一　困穷苦学

中唐以后，门阀士族遭到毁灭性打击，社会经济结构由贵族庄园经济转为中小地主及自耕农为主导的经济。中小地主及自耕农阶层出身的知识分子，通过科举，进入国家政权，成了国家官吏的主体，亦即中国社会的"士大夫"。北宋前期的思想家多出身贫微，有过困穷苦学的经历。

范仲淹字希文，两岁丧父，母亲改嫁朱氏，遂更姓朱，青年时代刻苦奋励，学习日以继夜，"冬月愈甚，以水沃面；食不给，至以糜粥继之"[①]。欧阳修字永叔，四岁而孤，母郑氏守节，亲自教诲，"家贫，至以荻画地学书"[②]。胡瑗字翼之，泰州如皋人，"家贫无以自给，往泰山，与孙明复、石守道同学，攻苦食淡，终夜不寐，一坐十年不归。得家书，见上有'平安'二字，即投之涧中，不复展，恐扰心也"[③]。孙复曾两次谒范仲淹，范仲淹两次赠钱，又知孙复因母老无养废学，令补学子职，

[①] 《宋史》卷三百一十四，第10267页。
[②] 《宋史》卷三百一十九，第10375页。
[③] 《安定学案》，《宋元学案》卷一，中华书局标点本，1986年，第24页。

月得三千钱，后来学成。④ 石介字守道，青年时"固穷苦学，世无比者"⑤，宋初诸儒多困穷苦学，实可见社会变迁之一斑，出身清寒的平民知识分子与六朝隋唐士族知识分子在生活的经历和背景方面有巨大差异，这使得他们的政治态度、伦理主张、文化态度以及一般思想倾向与士族知识分子具有很大的不同。

二　崇道抑文

六朝以来的骈体文，四六对仗，本来有文体规范、便于诵读的特点，但在六朝至隋唐，其发展越来越走向形式主义，成为贵族脱离生活的文字游戏，无法成为表达深刻思想、关怀社会和文化的工具。淫丽的辞赋只追求文学在形式上的华美，完全脱离了社会生活，从而成为思想和文学发展的束缚，丧失了生命力。在这种情况下，唐代文化的近世化运动一开始就与"文"与"道"的紧张结下了不解之缘。平民知识分子要求恢复儒家修齐治平的理想，要求文学为社会服务，这一倾向在盛唐时已肇其端。此后，一批知识分子崇尚六经朴实无华的学风，反对片面追求文辞艳丽的虚华风气，强调文章的社会教化功能，并认为文章是反映时代的社会风貌与政治状态的表现，提出文以明道、文道并重的主张。韩愈是古文运动的最大代表，他提倡古文，反对骈文，"所志于古者，不惟其辞之好，好其道焉

---

④ 《泰山学案》附录，《宋元学案》卷二，第101页。
⑤ 同上书，第110页。

第二章 北宋前期的社会思潮

尔"⑥,他明确表示,他的提倡古文,乃是"本志乎古道者也",说明古文运动不仅仅是文学革命,一开始就有其确定的思想指向,是与复兴孔孟之"道"的运动互为配合的。他们用以批评浮文艳辞的理论根据是儒家之道,他们要求"文"为之服务的也是儒家之"道",这就使得古文运动兴起的同时,"道"的问题突出起来,在某种程度上提示了"道学"兴起的主题。而道学家也都无例外地在文学上赞同古文运动的精神,其口号更有过之而无不及。正是道学创始人周敦颐把韩愈以来的古文运动的思想概括为"文以载道",这不是偶然的,而是内在地显示出两个运动之间的关联。

北宋初期,隋唐、五代以来华艳颓靡的形式主义文风,集中体现在西昆体上。宋仁宗时,内外矛盾日趋严重,社会呈现危机,国势虚弱,边患不断,而释老泛滥,浮文成风,一时有识之士莫不要求改革,在这种背景下引发了庆历的政治改革、文学革新,并很快迎来了理学的兴起。欧阳修受韩愈的影响很大,他提倡"学者非韩不学"⑦,主张以"道胜"不以"文胜",认为"道胜者,文不难而自至也"⑧。在此之前,石介首先抨击西昆体,提倡"尊韩",说"三纲,文之象也;五常,文之质也"⑨,范仲淹也认为"文章之薄,则为君子之忧",支持古文运动。胡瑗认为:"国家累朝取士,不以体用为本,而尚声律浮

---

⑥ 《答李秀才书》,《昌黎先生集》卷十六。
⑦ 《记旧本韩文后》,《欧阳文忠公文集》外集卷二十三,四部丛刊本。
⑧ 《答吴充秀才书》,《欧阳文忠公文集》居士集卷四十七。
⑨ 《上蔡副枢书》,《徂徕石先生文集》,中华书局标点本,1984年,第143—144页。

华之词,是以风俗偷薄"⑩,他的学生指出,胡瑗提出的并为道学家推崇的"明体达用之学"正是用以与浮华偷薄之风对立的。

胡瑗认为,圣人之"道"包含体、文、用三个方面,其中体指价值原则,文是经典体系,用指将体、文措之于社会实践以发生效用。胡瑗的明体达用之学虽然还不就是道学,但他以"仁义礼乐"为道之"体",明体实即明道,这与后来道学家以"明道"为主要使命有一脉相承的联系。后来程颢谥为"明道",正是指他发明了隐幽千四百年的圣人之道的功绩。胡瑗主太学时曾以"颜子所好何学"为题试诸生,旧时代命题者所命之题往往代表其思想特点,胡瑗这个题目虽然还没有达到周敦颐"寻孔颜乐处"的高度,但他明显地是把颜子之学作为辞章之学的对立面而加以倡导的,程颐的答卷所以得到胡瑗的赏识,正是因为程颐指明了"学作圣人"这一新的精神方向。

石介曾著《怪说》,把文章、佛、老并称为三怪,而以文章为首,强烈批评虚华浮夸的文风,要求崇儒家之道,去无用之文,他只承认有道统,不承认道统之外还有文统,他认为这个道只能是"尧、舜、禹、汤、文王、武王、周、孔之道,万世常行,不可易之道也"⑪。司马光公开宣称不作四六,他也说"君子之学,为道乎?为文乎?夫唯恐文胜而道不至者,君子恶诸"⑫。庆历时期的古文运动与明体达用之学,无疑为后来的"道学"奠定了基础。

---

⑩ 《安定学案》,《宋元学案》卷一,第25页。
⑪ 《怪说下》,《徂徕石先生文集》,第63页。
⑫ 《涑水学案上》,《宋元学案》卷七,第281页。

第二章　北宋前期的社会思潮

三　尊　经

正如唐代古文运动具有贬抑时文、崇尚六经的趋向一样，在文与道的张力中，强调道的一面，必然要求从思想上、文字上即内容和形式都回到经典的形态。范仲淹"泛通六经，尤长于《易》"[13]，欧阳修亦著《易童子问》，胡瑗以《诗》《书》为文，长于《论语》《春秋》之学，而于《易》尤精。孙复为《春秋》著名经师，治经更精于胡瑗。石介反对西昆之文，崇儒家之经，说"今天下为杨亿，其众哓哓呼口，一唱百和，仆独确然自守圣人之经"[14]。崇尚六经必然引出经典解释的问题，汉唐经学在文字名物训诂方面积累了大量成绩，但在思想的诠释以符合时代要求的方面成效甚少，烦琐的章句与浮华的文风一样，为庆历时代的改革家所鄙弃，"经义"的重视必然导向摆脱名物训诂，寻求新的理解。庆历时期是经学史上发生重要变化的时期，学者敢于怀疑传统经说，提出新的解释与理解，以己意重新解经的活动十分活跃。前人说经学"至庆历始一大变也"，风气标新立异，"视汉儒之学若土梗"，[15]显示出思想解放和寻求新的思想出路的趋势，虽然这一时期疑经的思潮表面上与后来道学的方向有异（如欧阳修之排《系辞》，李觏、司马光之疑孟子），但从整个社会思潮上看，也有一致性。正是由于有了从重"文"到崇"经"的转向，

---

[13] 《高平学案》，《宋元学案》卷三，第137页。
[14] 《答欧阳永叔书》，《徂徕石先生文集》，第175页。
[15] 皮锡瑞：《经学历史》，中华书局，1959年，第220页。

才有了后来道学"经所以载道""由经穷理"(程颐)的发展。经典只有经过适合时代的阐释才能发挥作用,而对经典中"道"的阐释形式不限于经注,这种阐释可以是相对于本文较为独立的,佛教中为理解、阐释、传承学说宗旨的语录体很自然地就成了新儒家发展儒家义理的方便形式。而道学创始人的语录又复成了后来者据奉的新的经典形式。

四 排 佛

宋代儒学的复兴主要面对两个对立面,一是佛老,其中主要是佛教文化的挑战,另一是浮文华辞。韩愈复兴儒家地位的活动是与他排击佛教分不开的。石介与欧阳修是北宋前期排佛的主要代表。

石介继承了韩愈排佛的激烈态度,注重从政治伦理上批评佛教。他认为佛教破坏了君臣、父子的"常道",僧徒"不士不农,不工不商",佛教是"汗漫不经之教""妖诞幻惑之说",在他看来,佛老最大的危害是"坏乱破碎我圣人之道"[16],他比韩愈更为强调捍卫"尧舜周孔之道"。欧阳修抨击佛教为"今佛之法可谓奸且邪矣",但他并不主张韩愈"火其书""庐其居"的办法,他认为佛法为患千有余岁,要去除佛法之患,"莫若修其本以胜之",他说:"昔战国之时杨墨交乱,孟子患之,而专言仁义,故仁义之说胜,则杨墨之学废。汉之时,百家并兴,董

---

[16] 《怪说下》,《徂徕石先生文集》,第63页。

第二章　北宋前期的社会思潮

生患之,而退修孔氏,故孔氏之道明而百家息。此所谓修其本以胜之之效也。"[17] 因此,根本的办法是阐扬孔孟的学问礼义之道,以兴王政。孙复也在强调"文者道之用也,道者教之本也"的同时,抨击佛老之徒"以死生祸福虚无报应为事","去君臣之礼,绝父子之戚,灭夫妇之义"。[18] 可见,宋初对佛老的批判已经同时是一种对发明周孔之道的学问的呼唤了。

庆历时代知识群体的精神,可以从范仲淹身上略见一斑,仲淹自诵其志"先天下之忧而忧,后天下之乐而乐",感论国事,时至泣下,"一时士大夫矫厉尚风节,自先生倡之"[19],这显然是与魏晋隋唐五代大不相同的时代风气。北宋州县学校及书院兴起,讲学活动普及,这也是理学得以酝酿形成的一个条件,而这又正是与胡瑗湖州教学实践的示范作用分不开的。欧阳修曾说:"自景祐、明道以来,学者有师惟先生(引注:指胡瑗)暨泰山孙明复、石守道三人,而先生之徒最盛,……其教学之法最备,行之数年,东南之士莫不以仁义礼乐为学。庆历四年,天子开天章阁,与大臣讲天下事,始慨然诏州县皆立学,于是建太学于京师,而有司请下湖州,取先生之法以为太学法。"[20] 胡瑗所实践的儒学教育,经过制度化和普遍化,在推进儒学思想的影响方面起了重要的作用,也为新儒家的兴起准备了教育人才的基础。

---

[17]　《本论上》,《欧阳文忠公文集》居士集卷十七。
[18]　《睢阳子集补》,《泰山学案》,《宋元学案》卷二,第99页。
[19]　《高平学案》,《宋元学案》卷三,第137页。
[20]　《胡先生墓表》,《欧阳文忠公文集》卷二十五。

第二编

北宋理学的建立与发展

第三章 周敦颐

周敦颐，字茂叔，生于北宋真宗天禧元年（1017），卒于北宋神宗熙宁六年（1073）。他的家乡是湖南道州营道（今湖南道县），他早年曾任洪州分宁县主簿及几任县令，后任南安军司理参军，晚年任广东转运判官、广东提刑、知南康军。周敦颐担任司法工作时，依法治事，反对趋势枉法，作风精细严毅，历来为人称道。

周敦颐曾长期作州县小吏，但不卑小职，处世超然自得。他尘视名利，雅好山林，有很高的精神境界。他有一首诗："闻有山岩即去寻，亦跻方外入松阴。虽然未是洞中境，且异人间名利心。"传说他住所的窗前杂草丛生，他却从不去锄，人问之，他答："与自家意思一般。"体现出一种要与生生不已的大自然融为一体的人生胸怀。他的人格境界拔出流俗，对时人很有感染力。程颢青年时问学于周敦颐后，"慨然有求道之志"

"遂厌科举之业"。另一程颢的弟子见了周敦颐后说"如在春风中坐了半年"。周敦颐曾作《爱莲说》，称"予独爱莲之出淤泥而不染"。这篇格调清新的优美散文，脍炙人口，堪称一绝。他说"菊，花之隐逸者也；牡丹，花之富贵者也；莲，花之君子者也"。周敦颐历来被看作在人格上、思想上与道家有较深联系的思想家，而从《爱莲说》可以看出，道家的隐逸和世俗的富贵都不是他的人生理想。他所称颂的莲的中正清直的"君子"品格寄托了他的儒家人格理想。他的家乡营道县有水名濂溪，周敦颐晚年定居庐山，山麓有发自莲花峰的一条小溪，他便以濂溪名之，又在溪上构筑书屋，称为濂溪书堂，故学者习称他为濂溪先生。他的主要著作是《太极图说》和《通书》，中华书局有新印《周敦颐集》。由于理学的创立者程颢、程颐曾向他问学，故周敦颐被后来学者视为道学开山之祖，在《宋史·道学传》被列为道学之首。

一　孔颜乐处

周敦颐在南安时只是一个不为人知的普通官吏，唯有二程的父亲程珦独具慧眼，推崇周敦颐的才学，命当时只有十四五岁的二程从学于周敦颐。后来二程创立的理学从北宋到南宋逐渐发展为学术思想的主流，周敦颐的地位也随之升高。

然而，周敦颐被后人推为理学宗师，其实不仅仅因为他曾做过二程的老师，从后来理学的发展来看，他确实提出了一些对理学有重大影响的思想。《论语》中记载，孔子的弟子颜回生

第三章 周敦颐

活贫困不堪,但并没有影响他内心学道的快乐,孔子曾对此十分赞叹。程颢后来回忆早年周敦颐对他的教诲时说:

> 昔受学于周茂叔,每令寻颜子、仲尼乐处,所乐何事。①

此后,"寻孔颜乐处"成了宋明理学的重大课题。这表明,周敦颐提出的探求、了解颜回何以在贫困中保持快乐的问题对于二程及整个宋明理学确实产生了重大的影响。

"孔颜乐处"是一个人生理想,也是一个理想境界的问题。儒家学说中本来以孔子为圣人,为理想人格的范型。但自韩愈以来,成圣成贤逐步成了儒家士人的理想。周敦颐也提出"圣希天,贤希圣,士希贤"②,认为一个"士"应当把成圣成贤作为一生希望达到的理想。具体地说,要"志伊尹之所志,学颜子之所学"③。伊尹代表了儒家致君泽民的榜样,颜渊则代表了儒家自我修养的典范。志伊尹之所志是要以伊尹为取法的楷模,致力于国家的治理和民众的幸福。学颜子之所学是指像颜子一样去追求圣人的精神境界。前者是外王,后者是内圣。这个说法在精神上与当时的"明体达用"是一致的。同时,在"明体"方面更强调人的精神修养的重要性。后来张载的"四为"发展了志伊尹之志的宏大抱愿,二程则进一步阐发了学颜子之所学

---

① 《程氏遗书》二上,《二程集》,第16页。
② 《通书·志学第十》,《周敦颐集》,中华书局,1990年,第21页。
③ 同上书,第22页。

的一面。

周敦颐指出：

> 颜子"一箪食，一瓢饮，在陋巷，人不堪其忧，而不改其乐"。夫富贵，人所爱也，颜子不爱不求，而乐乎贫者，独何心哉？天地间有至贵至富可爱可求，而异乎彼者，见其大、而忘其小焉尔。见其大则心泰，心泰则无不足。④

儒家思想一向认为，在人生中有比个体生命更为重要的价值，要求人应当有一种为道德价值和理想信念而超越物质欲求的思想境界。周敦颐特别突出信念与富贵的矛盾，在他看来，富贵是常人共同追求的对象，但以富贵为人生目的，只是俗人对于生活的态度。一个君子必须超乎富贵的追求，因为对于君子来说，世界上有比富贵更宝贵更可爱的东西。这种至贵至富可爱可求的东西是"大"，相比之下，富贵利达不过是"小"。人若真能有见于"大"，则不仅可以忘却"小"，而且可以在内心实现一种高度的充实、平静与快乐。

照周敦颐的这个说法，颜回之乐根本不是因为贫贱本身有什么可"乐"，而是指颜回已经达到了一种超乎富贵的人生境界。有了这种境界的人，即使是人所不堪的贫贱也不会影响、改变他的"乐"。这种乐是他的精神境界带给他的，不是由某种感性对象引起的感性愉悦，而是一种高级的精神享受，是超越

---

④ 《通书·颜子第二十三》，《周敦颐集》，第31页。

第三章 周敦颐

了人生利害而达到的内在幸福和愉快。人生应当追求的最高境界就是这种境界。程颐与其门人间后来曾就此讨论：

> 鲜于侁问伊川曰："颜子何以能不改其乐?"正叔曰："颜子所乐者何事?"侁对曰："乐道而已。"伊川曰："使颜子而乐道，不为颜子矣。"⑤

这也是说"道"并不是乐的对象，乐是人达到与道为一的境界所自然享有的精神的和乐。把道当作乐的对象是把道学的精神境界降低为一般的审美性活动。北宋著名文学家黄庭坚称赞周敦颐"人品甚高，胸中洒落，如光风霁月"⑥，赞美他的精神境界超越庸俗，不滞于物，像清风明月一样，韵致高远、淡泊洒落。这样看来，他所提倡的境界他自己初步达到了。这种境界并不是一种道德境界，而是与道德境界不同的一种超道德的精神境界。

"乐"来自"见其大"，这个"见其大"也就是"见道"或"体道"。周敦颐在《通书》中说：

> 君子以道充为贵，身安为富，故常泰无不足。而铢视轩冕，尘视金玉，其重无加焉尔。⑦

---

⑤ 《程氏外书》卷七，《二程集》，第395页。
⑥ 朱熹：《周敦颐事状》，《周敦颐集》，第91页。
⑦ 《通书·富贵第三十三》，《周敦颐集》，第38页。

这一段可与前引《颜子》章相印证，指出人若能真心体会到"道"，自然会超越对功名富贵的庸俗追求与计较，而获得一种高度、持久的精神快乐。程颢青年时闻周敦颐论学，"慨然有求道之志"，表明周敦颐指出了一条求圣人之道的学问方向，隐含了"道学"的主题。周敦颐那种超越富贵利达而又与隐逸不同的人格风范，极高明而道中庸，开了一代新风气。由于求得这种境界既不需要出世修行，也不需要遁迹山林，是在伦理关系中奉行社会义务的同时实现的，因而是对佛道思想的批判改造。他的寻孔颜乐处的思想使古代儒家以博施济众和克己复礼为内容的仁学增添了人格美和精神境界的内容，对后来理学的人生追求产生了深远的影响。

周敦颐的"学颜子之所学"，在当时的条件下，与胡瑗提出的"颜子所好何学"的论旨一样，实际上是针对辞章之学与佛老之学而为一般知识分子指出的一个精神发展的新方向。这个新的学问之路就是学为圣人之路，亦即道学之路。对于知识分子来说，这个求道的方向不仅要求在根本上超越世俗的财富功利追求，而且与当时知识阶层沉溺其中的文章之学相对立。周敦颐认为：

> 文所以载道也。轮辕饰而人弗庸，徒饰也，况虚车乎？文辞，艺也；道德，实也。……不知务道德而第以文辞为能者，艺焉而已。噫！弊也久矣！[8]

---

[8] 《通书·文辞第二十八》，《周敦颐集》，第34页。

第三章　周敦颐

> 圣人之道，入乎耳，存乎心，蕴之为德行，行之为事业。彼以文辞而已者，陋矣！⑨

这样，周敦颐就从理论上把北宋前期文化运动中"文"与"道"的紧张作了一个总结，换言之，古文运动的文道之辨必然要求一种以"道"为主要内容的学问即道学。按照这个思想，隋唐以来儒者以为能事的"文辞之学"并不是圣人之学，文辞只是"道"借以表现自己的工具和手段。"文"是服务于"道"的，道是内容，文是形式，离开内容片面追求形式的完美和发达是不足取的。"文以载道"的道，狭义地说，就是圣人之道，而"圣人之道，仁义中正而已矣"⑩。这样一来，就把儒家的"道"极大地突出出来，可以说强烈地表现出新儒家（道学）的基本立场和要求。价值优先或道德中心是儒家的一贯传统，周敦颐的文以载道说典型地表现了儒家的文道论，而这一思想如果被片面地加以发展，就会出现以价值原则压抑、贬损文艺创作的弊端。

二　太极动静

周敦颐不仅在人生理想的追求上开了新儒家的风气，与传统儒学相比，他的另一特色是依据儒家经典《周易》建立了一个宇宙论的体系。《太极图》和解释《太极图》的《太极图说》

---

⑨ 《通书·陋第第三十四》，《周敦颐集》，第39页。
⑩ 《通书·道第六》，《周敦颐集》，第18页。

简要地反映了这一体系的基本内容。

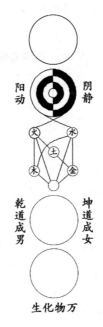

周敦颐的《太极图》

南宋初有人提出周敦颐的《太极图》原出于北宋初的道士陈抟。明清以来,考证或认定《太极图》源于道教系统的《无极图》或《太极先天图》的学者甚多,这些问题还可以进一步探讨⑪,这里则无法详加讨论。需要指出的是,一个图式仅仅是一种理论表达的方式。在利用前人思想资料方面,图式与范

---

⑪　向来学者以为《太极图》出于《道藏》之《真元品》《真元图》,近有学者引用道教史研究的成果,证明《真元图》作于北宋以后,否定了《太极图》出于唐代道经的说法。参见李申:《太极图渊源辩》,载《周易研究》1991年第一期。

第三章　周敦颐

畴一样,其意义取决于对图式的解释。同一图式也可以经过不同解释和改造而服务于不同的思想体系。事实上,从解释《太极图》的《太极图说》来看,它实际上是由《周易》的一些观念发展出的一个宇宙论模式。宋初《周易》的解释受到普遍重视,许多学者都有自己的易学著作。《太极图说》本名《太极图易说》,表明其基本思想是从《周易》而来。《太极图说》的基本思想是把《系辞》的"易有太极,是生两仪"演变为一个以"太极"为最高范畴的宇宙论体系。

《太极图说》说:

> 无极而太极。太极动而生阳,动极而静,静而生阴。静极复动。一动一静,互为其根;分阴分阳,两仪立焉。阳变阴合,而生水、火、木、金、土。五气顺布,四时行焉。五行,一阴阳也;阴阳,一太极也;太极本无极也。五行之生也,各一其性。无极之真,二五之精,妙合而凝。"乾道成男,坤道成女",二气交感,化生万物。万物生生,而变化无穷焉。[12]

《周易》的《系辞》传中提出:"易有太极,是生两仪,两仪生四象,四象生八卦。"但是,"太极"在《周易》中的意义并不明确。汉唐哲学多以"太极"为元气未分的状态,如《汉书·律历志》就有"太极元气,函三为一"的说法。唐人孔颖达作

---

[12] 《太极图说》,《周敦颐集》,第3—5页。

《周易正义》，反对晋人以"无"为太极，主张"太极谓天地未分前之元气，混而为一"。宋初易学继承了这个解释，如刘牧说："太极者一气也，天地未分之前，元气混而为一。"胡瑗、李觏也都如此。[13]《太极图说》提出"五行一阴阳也，阴阳一太极也，太极本无极也"，《通书》继承了这个说法，也说"五行阴阳，阴阳太极。四时运行，万物终始"[14]，这是认为金木水火土五行统一于阴阳二气，而阴阳二气又根源于太极。"分阴分阳"表明二气是由未分化的太极分化来的。因此，太极指未分化的混沌的原始物质，无极是指混沌的无限。太极作为原始物质本身是无形的、无限的，这就是所谓"无极而太极"。

周敦颐的宇宙发展图式是：太极—阴阳—五行—万物。宇宙的原初实体为太极元气；太极元气分化为阴阳二气；阴阳二气变化交合形成五行，各有特殊性质的五行进一步化合凝聚，而产生万物。《太极图》第一圈表示未分化的太极（也有图在此圈上题"无极而太极"）。第二圈左右半圆分别为《周易》离卦☲（火）和坎卦☵（水）的象，表示阴阳已经分化。《通书》中周敦颐还用"一"与"万"的范畴描述这一宇宙模式，他说：

  二气五行，化生万物。五殊二实，二本则一。是万为一，一实万分。万一各正，大小有定。[15]

---

[13] 刘牧之说见其《易数钩隐图》，胡瑗说见其《周易口义·系辞上传注》，李觏说见其《易论》，可参看朱伯崑《易学哲学史》，北京大学出版社，1988年。
[14] 《通书·动静第十六》，《周敦颐集》，第27页。
[15] 《通书·理性命第二十二》，《周敦颐集》，第31页。

第三章　周敦颐

他认为宇宙万物生生不穷，本质上都是一气所演化，这就是"是万为一"。太极元气演化出二气五行，一气表现为各自差别的万物，这就是"一实万分"。金木水火土各自具有一定的性质，《太极图说》称此为"各一其性"，《通书》称此为"万一各正"。这种一与万的关系表明，宇宙的多样性中包含着统一性，统一性表现为差别性。周敦颐把太极元气作为自然现象无限多样性的统一基础，所以他的宇宙论是一种气一元论。

《太极图说》的宇宙发生学说表明，周敦颐认为，世界在本质上是从某种混沌中产生出来的东西，是某种发展起来的东西，是某种在时间过程中逐渐生成的东西。在此基础上，他还进一步提出了一些具有辩证意义的观点：

太极作为未分化的原始实体，它的运动是阴阳产生的根源。太极的显著运动产生了阳气，太极的相对静止产生了阴气。"动而生阳""静而生阴"，突出了运动对于宇宙过程的意义，也表明宇宙本质上是运动的。

运动的过程是动静两个对立面的交替和转化，"动极而静""静极复动"，"动"的状态发展到极点，就要向相反的方向转化，变为"静"。同样，"静"的状态发展到极点，又要转化为"动"，整个宇宙过程中任何一种特定的运动状态都不是恒常不变的。

从纵的、宇宙运动过程上说，是"一动一静，互为其根"，即运动和静止不断交替循环的过程。从横的、宇宙的构成上说，是"分阴分阳、两仪立焉"，即宇宙的构成是阴阳二气的对立统一。

宇宙的生成本质上是阴气和阳气的相互作用和相互交合。

"阳变阴合而生水火木金土","二气交感、化生万物",阴阳的交互作用和结合产生了五种物质元素,并进而形成万物。在阴阳的相互作用中,阳(变)是主导的方面,阴(合)是非主导的方面,矛盾的对立面有主有从。

正如动和静的循环是没有极限的,"万物生生,而变化无穷焉",宇宙间一切事物的变化都是没有穷尽的,"四时运行,万物终始,混兮辟兮,其无穷兮"⑯,宇宙处于一个无休止的永恒的生成和变动中。

周敦颐在《通书》中进一步讨论了动和静的问题:

> 动而无静,静而无动,物也。动而无动,静而无静,神也。动而无动,静而无静,非不动不静也。物则不通,神妙万物。⑰

《易传》中本有"神也者,妙万物而为言者也"的提法,周敦颐也继承了这一思想。"妙万物"是指神是宇宙万物运动的内在本性和变化生生的微妙功能。周敦颐认为,对于一般的事物而言,运动和静止是相互排斥的,运动时没有静止,静止时没有运动。但对"神"来说,静止中有运动,运动中有静止。周敦颐没有详细阐发这些思想,但可以看出,他很注重运动的内部根源问题。在他看来,"神"既然是事物运动的内在动源,那么事物即使在静止的状态中神依然存在。由于神是生生不息的动源,故

---

⑯ 《通书·动静第十六》,《周敦颐集》,第27页。
⑰ 同上书,第26页。

神不能说是静止的。如果以神为静止，则从静止到运动就需要另一个动源了。在事物静止的时候，运动的活力并未止息，所以说"静而无静"。事物运动时，神只是提供运动的内在活力，神自身并没有可见的形体运动，所以说"动而无动"。周敦颐的这一思想，还不是现代哲学对运动和静止的辩证了解。但从比较抽象的意义上来看，至少对他来说，"动"与"静"这两个概念不仅是互相依赖、互相转化的，而且在一定意义上可以互相包含、互相渗透。所以后来理学家把这种"动而无动、静而无静"作为一种思想模式广泛用于处理本体论、心性论和修养论的动静问题。

从哲学思想的发展来看，在周敦颐的宇宙论中，神提供了运动的内在根源。然而，如果这个神成了一种不可把握的神秘的东西，这种理论虽然可以对宇宙作出一种解说，却不可能促进人的认识。所以，二程后来提出"理"作为宇宙运动的所以然，在理论上有其发展的必然性。

三 主静与无欲

《太极图说》阐述了对于人道的看法：

> 惟人也，得其秀而最灵。形既生矣，神发知矣，五性感动，而善恶分，万事出矣。圣人定之以中正仁义，而主静（自注：无欲故静），立人极焉。[13]

---

[13]《太极图说》，《周敦颐集》，第5—6页。

这是说人是宇宙间最灵秀的气构成的，这种由灵秀之气构成的形体自然地具有了知觉能力和思维能力，而由此也就有了善与恶。圣人以"仁义中正"为道德原则，又以主静的方法进行修养。

《通书》中进一步指出：

> 寂然不动者，诚也；感而遂通者，神也。动而未形、有无之间者，几也。诚精故明，神应故妙，几微故幽。诚、神、几，曰圣人。[19]

这是认为，诚指人之本性，神指人的思维能力。本性是诚，是至善的，又是寂然不动的，就是说本性没有活动，没有思维。当人与外部事物发生接触，本性决定思维活动作出反应。本性为静，发而为精神，知觉是动，精神活动刚刚萌发而尚未明显时叫作"几"，周敦颐提出：

> 无思，本也；思通，用也。几动于彼，诚动于此。[20] 诚，无为，几，善恶。[21]

诚而至善的本性无思无为、寂然不动，外物之来对于本性是一种"感动"，本性通过思维的活动作出反应，这就是感而遂通。

---

[19] 《通书·圣第四》，《周敦颐集》，第 16—17 页。
[20] 《通书·思第九》，《周敦颐集》，第 21 页。
[21] 《通书·诚几德第三》，《周敦颐集》，第 15 页。

第三章　周敦颐

"几"则是从"五性感动"到"神发知矣"的中间环节。性本来没有恶,但到了"几"的状态就可能有善恶,周敦颐认为人必须在欲念萌动时慎重地加以检查。

"诚"不仅是人的本性,同时是最高的道德原理。《通书》特别重视诚,认为诚是"纯粹至善者也",提出"诚者圣人之本"[22],又说:"圣,诚而已矣。诚,五常之本,百行之源也。"[23]诚既是最高的道德原理,也是圣人所以为圣人的境界,又是成圣的主要方法。作为成圣方法的诚要求"克己复礼","君子乾乾,不息于诚,然必惩忿窒欲、迁善改过而后至"[24],"诚心,复其不善之动而已矣"[25],诚作为圣人境界,表示纯粹至善;诚作为工夫,就是改正一切不善的行为以变为善。

周敦颐又十分强调"一"与"无欲"的修养,他说:

> 圣可学乎?曰:可。曰:有要乎?曰:有。请闻焉。曰:一为要。一者无欲也。无欲则静虚、动直。静虚则明,明则通;动直则公,公则溥。明通公溥,庶矣乎?[26]

学做圣人首先要做到"一",一就是不要有任何杂念。做到了一,内心就达到了"虚"的境地。虚就是没有任何成见。这样,人就能明白透彻地认识事物,思想开阔,胸怀通达。这样的人

---

[22]《通书·诚上第一》,《周敦颐集》,第12页。
[23]《通书·诚下第二》,《周敦颐集》,第14页。
[24]《通书·乾损益动第三十一》,《周敦颐集》,第36页。
[25]《通书·家人睽复无妄第三十二》,《周敦颐集》,第38页。
[26]《通书·圣学第二十》,《周敦颐集》,第29—30页。

在行为上一定可以做到正直,正直是公正无偏的基础。

"一"不仅有认识主体修养的意义,在周敦颐看来,这也是养心的主要方法。养心就是以适当的修养方法培养、获得一种健康充实稳定的心理状态。作为养心的"一"要求最大限度地排除各种欲念。因此,"无欲"并不是要人禁绝一切感性欲望,而是指在特定修养过程中达到意识静虚状态的必要条件,正如气功实践的要求一样。所以《太极图说》说:"无欲故静。"孟子曾说"养心莫善于寡欲"[27],周敦颐也认为:"盖寡焉以至于无。无则诚立、明通。诚立,贤也;明通,圣也。是圣贤非性生,必养心而至之。"[28]强调寡欲可以使人心得到一种养护。

有"一"的修养,还须有"思"的工夫。"不思,则不能通微,不睿,则不能无不通。是则无不通生于通微,通微生于思。故思者,圣功之本而吉凶之几也。"[29]思既是辨察善恶的修养方法,也是穷神知化的认识方法。通微是指穷理,研究宇宙万物的道理。几是人心萌动之初,思的工夫可以察识几的善恶。

周敦颐也注意到人性的问题,他说:

> 性者,刚柔、善恶,中而已矣。
>
> 刚善,为义,为直,为断,为严毅,为干固;恶,为猛,为隘,为强梁;柔善,为慈,为顺,为巽;恶,为懦弱,为无断,为邪佞。惟中也者,和也,中节也,天下之

---

[27] 《孟子·尽心下》。
[28] 《养心亭说》,《周敦颐集》,第50页。
[29] 《通书·思第九》,《周敦颐集》,第21页。

第三章　周敦颐

达道也,圣人之事也。故圣人立教,俾人自易其恶,自至其中而止矣。㉚

刚善刚恶,柔亦如之,中焉止矣。㉛

周敦颐认为,刚、柔、善、恶是人性的几个主要规定,刚柔与善恶相配而形成了刚善、刚恶、柔善、柔恶几种主要的人性类型。在他对人性的看法中,是把刚、柔作为主要的规定,这和他的气一元论是一致的。他认为人性有刚有柔,而刚性中有善的刚(刚善),又有不善的刚(刚恶);柔性中有善的柔(柔善),又有不善的柔(柔恶)。如严毅是善的刚,强梁是恶的刚,慈爱是善的柔,懦弱是恶的柔,等等。由于人是气构成的,所以人性的这种偏杂以及人与人之间的差别是必然的。人应当努力去除不善的刚柔,同时使刚与柔相辅相成,这样就能达到"中"。圣人的本性是"中",常人则均有偏于刚柔善恶,人要改变这些禀性以实现中。后来的理学家很重视周敦颐关于人性刚柔不齐的思想。

《通书》一方面认为诚是人的本性,纯粹至善,根源于宇宙的乾健本性,另一方面又以刚柔等气的特性作为性的规定,两个方面不完全一致。后来朱熹等人认为刚柔的说法是指"气质之性",但周敦颐本人并未明确提出气质之性的观点,气质之性的观念是张载、二程才提出来的。但从逻辑上说,刚柔本来是描述气的性质的范畴,所以刚柔之性的说法可以说隐含了后来

㉚ 《通书·师第七》,《周敦颐集》,第19页。
㉛ 《通书·理性命第二十二》,《周敦颐集》,第30页。

张、程的气质之性的观念。

最后,关于"主静"的问题,《太极图说》提出了"定之以中正仁义而主静",表明"主静"是周敦颐修养论的一个主要特色。但《太极图说》和《通书》都未详细说明主静的问题,更没有讨论静坐、静修的问题。

周敦颐的著作言辞简约,他提炼了《周易》阴阳变化的思想,提出了一个儒家的宇宙发展观纲要,他倡导了寻孔颜乐处的人生理想,他的人品境界是他实践自己人生理想的结果,这一切都对道学的起源有重要意义,对道学后来的发展也有重要影响。他的哲学论纲式的表述为后来思想家利用或引申留下了十分广阔的余地。

第四章 张 载

张载,字子厚,生于宋真宗天禧四年(1020),卒于宋神宗熙宁十年(1077)。他祖籍大梁(今河南开封),生于长安。因久居陕西凤翔府郿县横渠镇讲学,学者多称他为横渠先生。熙宁初任崇文院校书,熙宁末同知太常礼院,到官不久,谒告而归,行至临潼,卒于馆舍。

张载生活的北宋中期,宋王朝与北方少数民族矛盾十分严重,他因生长在西北地区,对西北边患十分关注。史称他"少喜谈兵,至欲结客取洮西之地"[①]。他在青年时代常与朋友共究兵法,慨然有军功之志。他曾上书谒见当时担任陕西招讨副使的范仲淹,陈述关于用兵的谋略和计划。史书说他:"年二十一,以书谒范仲淹,一见知其远器,乃警之曰:'儒者自有名教

---

① 《宋史·张载传》,《张载集》附录,中华书局,1978年,第385页。

可乐，何事于兵？'"② 范仲淹认为张载可以在儒学方面有更大作为，便引导他潜心《中庸》。从此张载用功于《中庸》之书，深造有得。他不以此为满足，"又访诸释老之书，累年尽究其说，知无所得，反而求之六经"③，终于彻底确立了他对佛老的批判立场，并在对佛老的强烈批判中建立了他的气本论哲学体系。

张载是一个真正的哲学家，他的一生穷神研几，努力探索宇宙人生的奥秘。自视甚高的二程对他的才学也推崇备至，以为"自孟子后，儒者都无他见识"。时人说他"以命世之宏才，旷古之绝识，参之以博闻强记之学，质之以稽天穷地之思"④，这个评说并不过分。他曾作诗曰："芭蕉心尽展新枝，新卷新心暗已随，愿学新心养新德，旋随新叶起新知。"⑤ 他一生思学并进，德智日新。他的弟子为他作的《行状》中记述："终日危坐一室，左右简编，俯而读，仰而思，有得则识之。或中夜起坐，取烛以书，其志道精思，未始须臾息，亦未始须臾忘也。"⑥ 这正是他一生呕心沥血、穷神知化的写照。他的哲学以《周易大传》为宗，闪耀着智慧的光彩。他所提出的儒家学者的使命与人生理想，代表了新儒家学者的终极关切与志向，在理学发展的历史中有十分重要的意义。

---

② 《宋史·张载传》，引自《张载集》附录，第385页。
③ 吕大临：《横渠先生行状》，《张载集》，第381页。
④ 《正蒙·范育序》，《张载集》，第5页。
⑤ 《文集佚存·芭蕉》，《张载集》，第369页。
⑥ 吕大临：《横渠先生行状》，《张载集》，第383页。

第四章 张 载

一 太虚即气

张载思想中最重要的部分是他的哲学，其中最具特色的学说是关于虚空与气的理论，这一理论也是他的整个哲学的基础。张载说：

> 太虚无形，气之本体，其聚其散，变化之客形尔。⑦
> 太虚不能无气，气不能不聚而为万物，万物不能不散而为太虚。⑧
> 气之聚散于太虚，犹冰凝释于水，知太虚即气，则无无。⑨

按照这种学说，宇宙的构成分为三个主要层次：太虚⇌气⇌万物。太虚之气聚而为气，气聚而为万物；万物散而为气，气散而为太虚。这两个相反的运动构成了宇宙的基本过程。根据这一思想，太虚、气、万物都是同一实体的不同状态，这个物质实体"气"在时间上和空间上都是永恒的。根据这一思想，一方面，气的每一种有规定的形态都是暂时的，因而道教的"肉体长生"只是一种幻想。另一方面，宇宙并没有真正的虚空，我们一般所说的头顶之上的虚空也是气的存在形态。气作为实

---

⑦ 《正蒙·太和篇》，《张载集》，第7页。
⑧ 同上。
⑨ 同上书，第8页。

体,永远同一,而没有消灭,因而佛教"空""虚"的教义不过是一种迷妄。张载这一学说的建立,明显是针对佛道二家而建立的一种儒家的本体论。

"太虚"一词本指虚空,即广阔的宇空,张载认为,虚空并非像普通人了解的那样,它并不是一个绝对的空间,不是一个中间一无所有的大柜子,而是在它中间充满着一种无法直接感知的极为稀薄的气。他认为,无形无状的太虚实质上是气的本来存在状态,他称这本然状态为"本体"。而气不过是这种清稀微细的太虚之气凝聚而成并可以看到象状的暂时形态。虚与气是统一的。[10] 万物与气之间是一种同样的聚散关系。因而,宇宙并不存在什么真正的虚空或虚无。有形有象的物质形式可以为人直接感知,这是有;气散归为太虚,人无法看到它,但这并不是真正的无。所以宇宙是一个无限的实在,其中只有"幽明之分",并没有"有无之别"。在他看来,传统所谓有与无,都是气,他把这叫作"有无混一"[11]。

从哲学上看,张载的自然哲学无疑是气一元论的唯物主义哲学。他把宇宙的统一性毫不犹豫地归结为物质性的实在"气"。后来程、朱等批评他对事物生死聚散的解释是受了佛教轮回思想的影响,这是不正确的。生死聚散的观念是中国古典哲学的固有观念,萌生于先秦,发展于两汉,而且与佛教业报

---

[10] 从科学思想史的角度看,张载的虚空即气的学说在一定程度上猜测到了"场"的存在。按照现代物理学的量子场论,场是连续的,具有粒子性,粒子可以看作量子场的凝聚。这与张载把无形的空间看作一种物质实在,认为这种物质实在可以凝聚为气及万物的思想有一致之处。

[11] 《正蒙·太和篇》,《张载集》,第8页。

第四章 张　载

轮回思想不同，始终坚持宇宙的过程是物质运动的永恒循环。万物由气产生，万物又不断复归于气，气作为实体，无所不在，永远同一，它仅在自己的规定中变化，张载的气一元论是中国古代气论思想的一个相当完备的本体论形态。

虚空即气说主要用来说明"空"与"形"的相互关联，张载还提出了"象"与"气"的关系，他说：

> 凡可状，皆有也。凡有，皆象也。凡象，皆气也。⑫

这是认为，一切可以被形容、摹状的都是实在的现象，一切现象则都是气的不同表现。中国古代哲学的"象"与现代哲学中的现象有所不同，指形象及一切有形象者。张载进而指出：

> 所谓气也者，非待其蒸郁凝聚，接于目而后知之；苟健、顺、动、止、浩然、湛然之得言，皆可名之象尔。然则象若非气，指何为象？⑬

这就是说，凡有状态可以形容，凡有动静可以分别，浩然广大与湛然清澈的一切现象都是气，这些"象"都是气的现象，即气的表现。

根据这个思想，不仅虚空是气，各种有形体的万物是气，一切具有运动和静止、有深度和广度的现象都是气。"象"这个

---

⑫ 《正蒙·乾称篇》，《张载集》，第63页。
⑬ 《正蒙·神化篇》，《张载集》，第16页。

概念具有感觉的对象的意义，也就是说，一切可感知的现象都是气。这样，"气"的意义就更为广泛了。在这个意义上，"气"这一概念已接近于人的意识之外的物质存在的含义。

二 两一与神化

张载还着重讨论了宇宙运动变化的种种问题，即他所谓"气化"的问题。他曾说"由气化，有道之名"[14]。他用"道"来指气化的过程，这个理解在后来理学发展中也有相当的影响。

张载把气化分为两种主要形式，一种是"变"，一种是"化"。他说"变言其著，化言其渐"[15]，又说"'变则化'，由粗入精也。'化而裁之谓之变'，以著显微也"[16]。著变是指事物的显著运动，渐化指事物逐渐而细微的变化。"变"与"化"二者相互联结。"变则化"是说著变可以引起渐化；"化而裁之谓之变"，是说著变是渐化过程的中断。张载关于变化的两种形式的理论，虽然简单，却体现了理学早期本体论、宇宙论建构的努力。

张载进一步提出，宇宙的运动是由于气本身具有内在的运动本性，他说："太和所谓道，中涵浮沉、升降、动静、相感之性，是生絪缊、相荡、胜负、屈伸之始。"[17] 这是认为，道就是

---

[14] 《正蒙·太和篇》，《张载集》，第9页。
[15] 《横渠易说·系辞上》，《张载集》，第208页。
[16] 《正蒙·神化篇》，《张载集》，第16页。
[17] 《正蒙·太和篇》，《张载集》，第7页。

第四章　张　载

太和之气的缊缊变化，太和之气的缊缊变化正是根源于太和之气的内在的动静相感的本性。他还指出，气的不断运动，乃是由于其中有"虚实、动静之机"[18]。他指出，所谓机，就是内在的动力，事物的运动正是在"机"的作用下实现的。而"动必有机；既谓之机，则动非自外也"[19]，事物的动静之机就是指一切运动变化的内在根源。在他看来，事物运动的根源在它内部，而不在它的外部。

这种事物自己运动的内在本性和根源，张载又称为"神"。与周敦颐一样，他继承、发展了《周易·说卦传》"神也者，妙万物而为言者也"的思想。在他的宇宙论中，神不仅指变化的复杂性和不固定性，而且指事物运动变化的内在本性，他说：

> 神，天德；化，天道。德，其体；道，其用。一于气而已。[20]

这是说，"神"是指气的内在本性，因而是体。"化"是指气化的运行过程，因而是用。神和化都是宇宙实体"气"的不同方面。他还强调"气之性本虚而神，则神与性乃气所固有"[21]，神作为世界运动变化的根源，是气所固有的。

张载建立了许多概念规定来力图把握宇宙永恒变化的总体

---

[18] 《正蒙·太和篇》，《张载集》，第 8 页。
[19] 《正蒙·参两篇》，《张载集》，第 11 页。
[20] 《正蒙·神化篇》，《张载集》，第 15 页。
[21] 《正蒙·乾称篇》，《张载集》，第 63 页。

过程，在他建立的自然哲学的范畴体系中，变化的实体是"气"，变化的过程是"道"，变化的常则是"理"，变化的本性是"神"，变化的动因是"机"，变化的总体是"易"，变化的渐变是"化"，变化的著变是"变"，等等。㉒ 这些范畴主要继承了《易大传》的哲学。其中除了以上所讨论的以外，"理"在张载哲学中的地位也值得注意。张载注意到，变化的过程是有秩序、有规律的，他指出，气在太虚中升降聚散、相推相荡，是在某种必然性的支配下发生的，他说："天地之气，虽聚散、攻取百涂，然其为理也顺而不妄。"㉓ 整个世界既是不测（神），又是有常（理），是"神而有常"㉔的。在张载的思想中更注重的是"神"，他对理即世界运动的规律性的讨论还比较简单。

张载不仅以他的"神化"学说一般地肯定运动的根源来自世界自身，他还以"两一"学说进一步揭示矛盾的对立统一是这个根源的具体内容。他提出：

一物两体，气也；一故神，两故化，此天之所以参也。㉕

两不立则一不可见，一不可见则两之用息。㉖

感而后有通，不有两则无一。㉗

㉒ 《张子语录中》，《张载集》，第 324 页。
㉓ 《正蒙·太和篇》，《张载集》，第 7 页。
㉔ 《正蒙·天道篇》，《张载集》，第 14 页。
㉕ 《正蒙·参两篇》，《张载集》，第 10 页。
㉖ 《正蒙·太和篇》，《张载集》，第 9 页。
㉗ 同上。

第四章 张 载

"一物两体"是指每一事物都包含有对立的两个方面,他曾解释说:"两体者,虚实也,动静也,聚散也,清浊也,其究一而已。"两体即虚实、动静、清浊、聚散这些对立面,正是这些对立的规定构成了完整的统一体。"两不立则一不可见",是指没有这些对立的双方,统一体也就不能存在。"一不可见则两之用息",是指没有统一体也就不可能有矛盾对立的现象。因而"有两则有一""一则有两""不有两则无一",这些命题都是指,没有对立就没有统一,没有统一就没有对立,统一与对立互为存在的条件,任何一个事物都是既统一又对立的。所谓"一故神""两故化",是指这种对立统一的辩证关系正是事物运动的内在根源,气是包含各种对立规定的统一体,而这些对立正是产生变化的根源。作为统一体,才能有神妙的运动;两个对立面交互作用,才有无穷的变化。

张载不仅讲"两一"与"神化"以说明世界变化的源泉,还从"两一"与"感合"的关系上具体描述对立双方的相互作用与相互联系。张载又称"两"为"二"或"二端",他说:"无无阴阳者,以是知天地变化,二端而已。"[28]又说:"天包载万物于内,所感所性,乾坤、阴阳二端而已。"[29]也就是说,每一事物的对立面,从普遍意义上说就是阴阳,阴阳的对立统一是宇宙的普遍规律。张载认为,对立的双方必定发生相互作用,

---

[28] 《正蒙·太和篇》,《张载集》,第10页。
[29] 《正蒙·乾称篇》,《张载集》,第63页。

"有两则须有感"㉚，这种作用他称之为感。他说："感即合也，咸也。以万物本一，故一能合异；以其能合异，故谓之感；若非有异则无合。天性，乾坤、阴阳也，二端故有感，本一故能合。天地生万物，所受虽不同，皆无须臾之不感。"㉛ 在张载的气本论中，二端的相感主要表现为绸缊、相荡、屈伸、升降、动静、相求相揉、相兼相制，正是这些广泛的相感形式使对立面在相互作用中相互联结，从而造成屈伸无方、运行不息的变化过程。

三 性与心

张载认为：

> 由太虚，有天之名；由气化，有道之名。合虚与气，有性之名；合性与知觉，有心之名。㉜

这是说，太虚就是天，气化的过程就是道。虚与气构成性，性加上知觉就是心。这里所说的"虚与气"分别指太虚之气的本性与气的属性。张载认为，太虚之气具有的湛一本质是宇宙的本性，太虚之气聚而为气，气聚为人，人的本性根源于太虚的本性，所以他说：

㉚ 《横渠易说·观卦》，《张载集》，第107页。
㉛ 《正蒙·乾称篇》，《张载集》，第63页。
㉜ 《正蒙·太和篇》，《张载集》，第9页。

第四章　张　载

　　天性在人，正犹水性之在冰，凝释虽异，为物一也；受光有小大、昏明，其照纳不二也。㉝

张载认为，正像日光之下的各种器皿一样，虽然它们各有大小，但都为日光所照，日光照射其上有昏有明，而光都是来自太阳。人虽各有差别，但都禀受了太虚之性，这个本性不会被气质的昏明所蒙蔽，"天所性者通极于道，气之昏明不足以蔽之"㉞。由于人的这个本性根源于太虚，所以说"性者万物之一源，非有我之得私也"㉟。

　　但是，人和物并不是由太虚之气直接构成。太虚之气先聚而为气，由气聚为万物。太虚聚而为气，太虚之性也就为气所具有，同时气也有了自己的属性，正如水性虽然也为冰所具有，而冰也有了自己的属性。气的这些属性在构成人物之后也要成为人的属性。张载说："湛一，气之本；攻取，气之欲。口腹于饮食，鼻舌于臭味，皆攻取之性也。"㊱"湛一"是太虚之气的本性，"攻取"是气的属性，这两种性共同构成了人的现实属性。湛一之性体现在人表现为仁义礼智，"仁义礼智，人之道也，亦可谓性"㊲。攻取之性体现在人则指饮食男女等自然属性。

㉝ 《正蒙・诚明篇》，《张载集》，第22页。
㉞ 同上书，第21页。
㉟ 同上。
㊱ 同上书，第22页。
㊲ 《张子语录中》，《张载集》，第324页。

除了湛一之性、攻取之性外，张载又强调"气质之性"。他说：

> 形而后有气质之性，善反之则天地之性存焉。故气质之性，君子有弗性者焉。㊳

"天地之性"即太虚湛一之性，"气质之性"是指气积聚为形质而后具有的属性。张载所说的"气质之性"与作为气之欲的攻取之性有所区别，对于人来说，"气质之性"主要是指人的禀性如刚柔缓急等。他说：

> 人之刚柔、缓急，有才与不才，气之偏也。天本参和不偏，养其气，反之本而不偏，则尽性而天矣。性未成则善恶混，故亹亹而继善者斯为善矣。㊴

所以他又说："刚柔缓速，人之气也，亦可谓性。"㊵ 他常把气质之性简称为"气"，他说：

> 性犹有气之恶者为病，气又有习以害之，此所以要鞭辟至于齐，强学以胜其气习。其间则更有缓急精粗，则是

㊳ 《正蒙·诚明篇》，《张载集》，第23页。
㊴ 同上。
㊵ 《张子语录中》，《张载集》，第324页。

第四章 张 载

> 人之性虽同,气则有异。[41]

由此,张载十分重视"成性"的观念。在他看来,人虽无不具有天地之性,但又有气质之性和攻取之欲以及善恶之习,这样,就不能说每个人都做到了"成性",即充分实现了自己的本性。只有以德胜气,以理制欲,以性统习,人才能做到"反本""成性","恶尽去则善因以成,故舍曰善而曰'成之者性也'"[42]。此外,张载也涉及人物之性的差别问题,他说:

> 凡物莫不有是性,由通蔽开塞,所以有人物之别,由蔽有厚薄,故有智愚之别。[43]

认为天地之性人与物俱有,人与物的差别是气质的通蔽开塞造成的。

就张载的人性论来看,他认为人既有仁义礼智的性,又有刚柔缓速的性,这个思想与周敦颐是一致的。在周敦颐的体系里,既然太极是宇宙的本根,人性又源于宇宙本根,因而人性应当就是太极元气的本性的表现。但周敦颐并未明确肯定这一点。而张载发展了汉唐的元气论,构造了一个气一元论的完整体系。基于这个体系,他把太虚之气作为人性的根源。这一做法在理论上虽可自圆其说,但由太虚(气)之性如何转而为仁

---

[41] 《张子语录下》,《张载集》,第 329—330 页。
[42] 《正蒙·诚明篇》,《张载集》,第 23 页。
[43] 《性理拾遗》,《张载集》,第 374 页。

义礼智（理），并不是没有困难。这也是二程提出理一元论来的原因。张载思想中的气质之性主要是指性格而言，而不是指决定欲望的自然属性。

"合性与知觉，有心之名"，是指仅有性而不具有知觉能力，不足以成为心。只有知觉而没有人性，只是低级生物或动物。人的意识系统（心）一方面表现为具体的知觉，另一方面这些知觉的活动方向无不受内在的本性所决定和支配。这两个方面合起来才能成其为人之心。张载还说过"心统性情者也"[44]，这里的"统"也就是"合"，而"情"即指知觉而言，也是说"心"包括内在本性与知觉活动两个方面，这个提法后来在理学史上被广为接受。

"心"不仅从构成上说是"合性与知觉"，在功能上，心能通过自己的活动来实现、完成本性的要求，这叫作"心能尽性"[45]。心能超越见闻的局限，穷神知化，这叫作"心御见闻"[46]。

四　穷理与尽心

《易传》中提出"穷理尽性以至于命"，张载很重视穷理以尽性的说法。他说："万物皆有理，若不知穷理，如梦过一生。"[47] 他谈到天地之理时说："若阴阳之气，则循环迭至，聚

---

[44] 《性理拾遗》，《张载集》，第 374 页。
[45] 《正蒙·诚明篇》，《张载集》，第 22 页。
[46] 同上书，第 23 页。
[47] 《张子语录中》，《张载集》，第 321 页。

第四章 张 载

散相荡,升降相求,絪缊相揉,盖相兼相制,欲一之而不能。此其所以屈伸无方,运行不息,莫或使之,不曰性命之理,谓之何哉?"[48] 他还强调理的客观性,说"理不在人皆在物"[49],认为理是客观地存在于事物中,并不是由人的意志所决定的。他还提出,穷理是一个逐步的过程,他说,"穷理亦当有渐,见物多,穷理多,从此就约,尽人之性,尽物之性"[50]。只有通过广泛的穷解事物之理,才能尽人物之性,这里所说的尽性是指明彻宇宙万物的本性,在狭义上则特指认识人的本性。在这个过程中,穷理是手段,尽性是目的,所以他强调"先穷理而后尽性"[51],从而主张"由穷理而尽性"的"自明诚"[52]的道路。

张载又提出"变化气质""胜其气习"说。他提出"为学大益在自求变化气质"[53],"强学以胜其气习",气质是先天的,习是后天的,二者都会妨碍尽性,所以人的为学不仅要穷理,还要克胜气习,他说:

> 德不胜气,性命于气;惟胜其气,性命于德。穷理尽性,则性天德,命天理,气之不可变者,独死生修夭而已。[54]

---

[48] 《正蒙·参两篇》,《张载集》,第12页。
[49] 《张子语录上》,《张载集》,第313页。
[50] 《横渠易说·说卦》,《张载集》,第235页。
[51] 《张载集》,第234页。
[52] 《正蒙·诚明篇》,《张载集》,第21页。
[53] 《张子语录中》,《张载集》,第321页。
[54] 《正蒙·诚明篇》,《张载集》,第23页。

由于人性中既有湛一之性，又有攻取与气质之性，道德意识若不能驾驭由气决定的欲望和脾性，就叫作"性命于气"；若道德意识能驾驭、统率欲望和脾性，就叫作"性命于德"，表示道德作了生命活动的主宰。他认为人必须看轻嗜欲，否则就会徇物丧心，人就会"化物"，而"灭天理"㊵。他主张进行严格的修养，要"言有教，动有法；昼有为，宵有得；息有养，瞬有存"㊶，认为一切活动都是心的表现，必须时时修养自己，不能松懈。

张载还强调"尽心"，他说：

> 人本无心，因物为心，若只以闻见为心，但恐小却心。今盈天地之间者皆物也，如只据己之闻见，所接几何，安能尽天下之物？所以欲尽其心也。㊷

这个思想是说，人的思维并没有先验的内容，认识的来源是外部世界。思维离开了外部世界就失去内容了。思维的深度和广度取决于思维对象的范围，因而，如果把思维限制在个体感官直接接受的现象范围之内，人对事物的了解和知识就狭小有限。所以，要对宇宙和万物有所了解，就须努力扩展自己的思维，超越感官的局限，以彻底发挥思维的能动作用，这就是尽心，也叫作"大心"。他说：

㊵《正蒙·神化篇》，《张载集》，第18页。
㊶《正蒙·有德篇》，《张载集》，第44页。
㊷《张子语录下》，《张载集》，第333页。

第四章 张 载

> 大其心则能体天下之物，物有未体，则心为有外。世人之心，止于闻见之狭。圣人尽性，不以见闻梏其心，……见闻之知，乃物交而知，非德性所知；德性所知，不萌于见闻。㉝

"体天下之物"的"体"，朱熹解释为"置心物中"，也就是直觉。感官所能直接把握的对象是十分有限的，大心是要求人的思维超出感性表象的范围，并通过直觉的方法尽可能地扩展思维的广度。从纯粹认识论的意义上说，张载的大心之知是指人的理性认识。他虽然强调理性思维必须超越感官的范围，但并不否认感官经验的实在性和可靠性。他认为感觉经验是理性思维的基础，人的知识都是由"合内外"而形成的。耳目闻见接受外部事物的表象，构成认识的门户。人的知识既须以见闻为基础，又要不为感觉经验所局限。不过张载更注重理性思维，他的思想表现了一些唯理论的倾向。他说的"德性所知，不萌于见闻"，主观上是企图强调理性认识的相对独立性，但在表述上却给人一种割断感性认识与理性认识联系的印象。

五　民胞物与

由"大心"得到的知识为"德性所知"或"诚明所知"。这

㉝ 《正蒙·大心篇》，《张载集》，第24页。

个大心之知的一个基本方面是指出了以宇宙整体为对象的哲学思维所具有的特点。事实上，如果没有这种超越闻见之狭的大心思考，他本人就不可能提出太虚即气的宇宙学说。

另一方面，大心之知又是一种意境高远的人生境界。这种境界的内容是"性与天道不见乎小大之别也"[59]，有了这种境界的人就体验到天人合一，这种境界自然不是经验知识的"见闻"所能提供的。所谓"体天下之物""视天下无一物非我"，就是使自己胸怀天下，放眼宇宙，把自己看成全宇宙的一个必要部分，把宇宙万物看作和自己息息相通的整体，在这样一种对于宇宙的了解中确立个人的地位。因而，这样一种心灵境界常常需要充分的道德修养来加以培壅。

可见，张载强调的大心之知作为对宇宙人生的深刻思考，既包括以"穷神知化"为内容的逻辑思考，又包括"体天下之物"的直觉体会，也正是以这种思考和体会建立起《西铭》"民胞物与"的精神境界。在张载的著作《正蒙》的最后一篇《乾称》的开始有一段文字，是张载原来为学者所写的一篇铭文，题为《订顽》，又称《西铭》。二程认为，《西铭》代表了孟子以后儒家的最杰出的见解。

《西铭》说：

> 乾称父，坤称母；予兹藐焉，乃混然中处。故天地之塞，吾其体；天地之帅，吾其性。民吾同胞，物吾与也。

---

[59] 《正蒙·诚明篇》，《张载集》，第20页。

第四章 张 载

> 大君者,吾父母宗子;其大臣,宗子之家相也。尊高年,所以长其长;慈孤弱,所以幼吾幼。圣其合德,贤其秀也。凡天下之疲癃残疾,惸独鳏寡,皆吾兄弟之颠连而无告者也。于时保之,子之翼也;乐且不忧,纯乎孝者也。……富贵福泽,将厚吾之生也;贫贱忧戚,庸玉女于成也。存,吾顺事;没,吾宁也。[60]

《西铭》是要解决如何从个人的角度来看宇宙,如何运用这种对宇宙的观点来看待个人与社会生活。从《西铭》的立场上看,人是由气构成的,这构成人的气也是构成宇宙万物的气。因而,从个人的角度来看,天地就是我的父母,民众即是我的同胞,万物都是我的朋友,君主可以看作是这个"大家庭"的嫡长子,等等。张载的这些说法,其用意并不在于要用一种血缘宗法的网络编织起宇宙的关系网,而是表明,从这样一个观点出发,人就可以对自己的道德义务有一种更高的了解,而对一切个人的利害穷达有一种超越的态度。从那样一种"吾体""吾性""吾同胞""吾与"的立场来看,尊敬高年长者、抚育孤幼弱小都是自己对这个"宇宙大家庭"和这个家庭的亲属的神圣义务。换言之,这样一种对宇宙的了解中,宇宙的一切都无不与自己有直接的联系,一切道德活动都是个体应当实现的直接义务。这也就是"视天下无一物非我"的具体内容,这个境界也就是"天人合一"的境界。

---

[60] 《正蒙·乾称篇》,《张载集》,第 62 页。

在这种万物一体的境界中，个体的道德自觉大大提高，他的行为也就获得了更高的价值。而个人的生与死、贫与富、贱与贵，在广大的宇宙流行过程面前变得微不足道。生命是属于宇宙的，活着就应对天地奉行孝道，死亡使人永远安宁，贫贱使人发愤，富贵得以养生，人应当把有限的生命投入到"为天地立心，为生民立命，为往圣继绝学，为万世开太平"[51]的大业中。

张载提出的这"四为"是封建时代思想家所广泛认同的理想，"民胞物与"是这些知识分子的一曲正气歌，它哺育了许许多多志士仁人，激励他们以天下为己任，救邦国于危难，拯生民于涂炭，终生奉行道德理想，生死利害一切置之度外，这也是宋明理学的一个始终高扬的传统，对中国知识分子的文化心理结构有着重要的影响。

---

[51] 《宋元学案》卷十七，第664页。

第五章　程　颢

程颢，字伯淳，生于北宋仁宗明道元年（1032），卒于北宋神宗元丰八年（1085），河南伊川人。他和他的弟弟程颐并称"二程"，由于他们长期在洛阳讲学，传统称他们的学派为"洛学"。程颢年轻时举进士，后任过县主簿、县令、著作佐郎。神宗时王安石变法，程颢任太子中允权监察御史里行，后改签书镇宁军节度判官、太常丞、知扶沟、监汝州酒税等职。元丰末哲宗即位，召为宗正寺丞，未行，以疾终，死后葬于伊川，时潞园公太师文彦博题其墓表，称"明道先生"，后来学者皆尊为"明道先生"。

程颢和程颐是"道学"（即理学）的创始人，他们认为他们的学说把孟子以后中断了一千四百年之久的儒学道统真正承接起来了。他们以"理"为最高哲学范畴，强调道德原则对个人和社会的意义，注重内心生活和精神修养，形成了一个代表新的风气的学派。传统把两宋正统理学看作由四个学派代表的，即二程的老师周敦颐（濂）、二程（洛）、与二程相互影响的张载（关）和继承二程学说的朱熹（闽），可见二程的思想可以说代表了两宋理学的主流。

程颢死后，程颐为他作的《行状》中说："先生为学：自十五六时，闻汝南周茂叔论道，遂厌科举之业，慨然有求道之志。未知其要，泛滥于诸家，出入于老、释者几十年，返求诸《六经》而后得之。"① 与张载一样，程颢所走的这一条"泛滥出入"而后"归本六经"的道路也是宋明时期许多理学家思想发展的常规道路。

程颢青年时代就学于周敦颐，周敦颐"令寻颜子、仲尼乐处，所乐何事"②，后来程颢再度从周敦颐请益，他尝说："某自再见周茂叔后，吟风弄月以归，有'吾与点也'之意。"③《论语》中记载，孔子曾问起他的几个学生各自志向如何，其中几个人都表示要做管理国家事务的官吏，唯有曾点表示他的理想是在大自然的美好风景中歌舞郊游、悠然自得，孔子因加叹赏"吾与点也"④。从周敦颐的个人品格我们可以知道，周敦颐曾引导程颢摆脱世俗名利，而追求自得的精神生活，程颢后来有诗曰："云淡风轻近午天，望花随柳过前川。旁人不识予心乐，将谓偷闲学少年。"⑤

---

① 《明道先生行状》，《二程集》，第 638 页。
② 《遗书》卷二上，《二程集》，第 16 页。
③ 《遗书》卷三，《二程集》，第 59 页。
④ 《论语·先进》。
⑤ 《偶成》，《二程集》，第 476 页。

第五章 程 颢

程颢平生没有著过书，他的讲学语录与程颐的语录合编为《河南程氏遗书》，另有诗文若干卷，新印本《二程集》可供参考。

一 天理与道

如果说在宋初三先生的时期，儒学复兴思潮是围绕着"文"与"道"的关系展开的，那么，在二程的时期，开始更多地提到"经"与"道"的关系。北宋儒学"文所以载道"的提法是针对于流行的辞章之学。二程"经所以载道也"⑥的提出则是针对经学的训诂学风。如前所说，北宋前期古文运动和儒学复兴中，抑文是与崇经联系的。而崇经则带来了两种结果，一种是士大夫纷纷注经，以推进思想开展；另一种是沉溺于经文训诂。所以二程说："今之学者，歧而为三：能文者谓之文士，谈经者泥为讲师，惟知道者乃儒学也。"⑦ "今之学者有三弊：一溺于文章，二牵于训诂，三惑于异端"⑧，又说："后之儒者，莫不以为文章、治经术为务。文章则华靡其词，新奇其意，取悦人耳目而已。经术则解释辞训，较先儒短长，立异说以为己工而已。如是之学，果可至于道乎？"⑨ 二程创立的追求"知道"的"道学"正是以文章、训诂、佛老为主要对立面的。

---

⑥ 《遗书》卷六，《二程集》，第95页。
⑦ 同上。
⑧ 《遗书》卷十八，《二程集》，第187页。
⑨ 《为家君作试汉州学策问三首》，《二程集》，第580页。

二程要"知道"的"道"首先是指儒家的精神传统。韩愈已指出,佛有佛道,儒有儒道,儒家之道在历史上由文、武、周公传至孔、孟,而孟子之后,儒家之道便失传了。二程接过了这个说法,认为他们在孟子死后一千四百年,重新发现和体认到了这个圣人之道,以及以求圣人之道为内容的学问,这就是"道学"。程颐说:

> 周公没,圣人之道不行;孟轲死,圣人之学不传。道不行,百世无善治;学不传,千载无真儒。……先生(程颢)生千四百年之后,得不传之学于遗经,志将以斯道觉斯民。⑩

道学就是讲道求道之学,这个道又叫作理或天理。二程特别重视并发展了关于"理"的学说,程颢曾说:"吾学虽有所受,天理二字却是自家体贴出来。"⑪ "理"是二程思想的核心,整个宋明理学继承了二程对"理"的这种重视,这是人们把这一时期新儒家称为理学的基本原因。

程颢提出:"有道有理,天人一也,更不分别。"⑫ 这表明他所体认的天理是一个贯通自然与社会的普遍原理,这个普遍原理是天人合一的基础。在他看来,天人合一、万物一体的基础

---

⑩ 《明道先生墓表》,《二程集》,第640页。
⑪ 《外书》卷十二,《二程集》,第424页。
⑫ 《遗书》卷二上,《二程集》,第20页。

第五章 程 颢

不是气，而是理，他说："所以谓万物一体者，皆有此理。"[13] 他说："道之外无物，物之外无道，是天地之间无适而非道也。"[14] 这是说道和物永不相离，离道无物，离物无道，道普遍存在于宇宙一切事物之中。

宇宙之间各种事物不同，因而普遍存在于宇宙中一切事物的"道"或"理"，具体地、分析地来说可有四种，即天道、物理、性理、义理。天道是所谓自然法则，如说："'生生之谓易'，是天之所以为道也。天只是以生为道。"[15] 物理指事物的具体规律和性质，如说"天地万物之理，无独必有对"[16]，"万物皆有理，顺之则易，逆之则难"[17]。义理则指社会的道德原则，如"为夫妇、为长幼、为朋友，无所为而非道"[18]。性理则指人的道德本质，程颐后来提出"性即理"，认为人性就是禀受的天地之理，后来理学家普遍接受这种看法。不过，程颢还未提出这种用法，但在程颢用法中亦以理为理性，如说"理胜则事明，气胜则招怫"[19]。

在程颢看来，自然规律、社会规范、人性及理性虽然各有其范围，但实际是统一于普遍的"天理"的。他认为，古典时代所说的"天"，其实并不是什么人格的上帝，只是宇宙的普遍

---

[13] 《遗书》卷二上，《二程集》，第33页。
[14] 《遗书》卷四，《二程集》，第73页。
[15] 《遗书》卷二上，《二程集》，第29页。
[16] 《遗书》卷十一，《二程集》，第121页。
[17] 同上书，第123页。
[18] 《遗书》卷四，《二程集》，第74页。
[19] 《遗书》卷十一，《二程集》，第131页。

法则,他说:

> 天者,理也。神者,妙万物而为言者也。[20]
>
> 问:天道如何?曰:只是理,理便是天道也。且如说皇天震怒,终不是有人在上震怒?只是理如此。[21]

这个普遍有效的"天理"支配着宇宙、社会、人生,决定人与事物的本性,又是理性的根源,它具有上古时代"天"所具有的本体地位,成了近世时代哲学的最高范畴。

程氏兄弟所以提出天理说,和他们在思想方法上注重区分形上与形下是分不开的。《周易·系辞》说"形而上者谓之道,形而下者谓之器",在中国哲学的发展中,不同时代的哲学家对这两句话给以了不同的解释。

二程十分重视形而上与形而下的区分,程颢说:

> 《系辞》曰:"形而上者谓之道,形而下者谓之器。"……阴阳亦形而下者也,而曰道者,惟此语截得上下最分明,元来只此是道,要在人默而识之也。[22]

这就是说,凡是物质的东西、具体的东西都是属于"形而下"

---

[20] 《遗书》卷十一,《二程集》第132页。
[21] 《遗书》卷二十二上,《二程集》,第290页。按:此为伊川语,实发明明道以天为理的思想。
[22] 《遗书》卷十一,《二程集》,第118页。

第五章 程 颢

的,是"器";凡是普遍的、抽象的东西都是属于"形而上"的,是"道"。感性地存在的东西是形而下的,只有用理性才能把握的东西是形而上的。天地、万物、阴阳都是形而下的器,事物的规律、本质、共相才是形而上的道。程颢认为,区分普遍与特殊,区分理和物、道和器,是哲学的重要方法。他强调,《系辞》中"一阴一阳之谓道"那句话未能真正分清道和器,因为阴阳是气,是形而下的存在,是不能被称作道的。只有那句"形而上者谓之道,形而下者谓之器",才"截得上下最分明",才把感性的具体和抽象的一般本质划分开来。"道"或"理"不是感性的直接存在,它们是理性思维的对象,不是凭感官直接认识的,所以说"要在人默而识之也"。

程颢同时指出:

> 形而上为道,形而下为器,须著如此说。器亦道,道亦器,但得道在,不系今与后,己与人。㉓

也就是说,从思维对于对象的把握来说,哲学首先要区分抽象和具体,但又必须了解,就实际的存在来说,道并不是与器截然分开的独立实体,道不离器,器不离道,道就在器之中,器之中必有道。因而"道之外无物,物之外无道",事物的本质、原理、法则就在事物之中,人的认识就是要在人伦日用中见道,在一切具体的事物上认识宇宙的普遍原理。

㉓ 《遗书》卷一,《二程集》,第4页。

总而言之，二程哲学中的"天理"既指自然的普遍法则，又指人类社会的当然原则，天理的这种意义本身就表现了天人合一。由于天理是一个普遍的原理，适用于自然、社会和一切具体事物的存在与发展，儒家传统的天人合一思想在这种"天人一理"说中找到了新的形式。从思想的本质上看，程颢的天理学说把人道提高到天道的意义上来论证其普遍性和必然性，把人类社会的某些原则规范（主要是道德）夸大为具有本体意义的宇宙法则，是一种唯心主义。而从另一个角度来看，由于肯定宇宙普遍规律的统一性，在理论思维上是有一定意义的。程颢的天理学说肯定了在自然过程中运动的规律在复杂的变化中发生作用，而同样的规律也支配着历史过程和思维过程。自然规律、社会法则、人生准则是统一的，人类社会的种种法则是宇宙普遍原理的一种局部表现。这个体系既有虚构和臆造，也包含人类认识的合理的内核。

二　浑然与物同体

在程颢的语录中，有两段论"仁"的语录，后来的道学家特别推崇这两段话：

> 仁者，以天地万物为一体，莫非己也。认得为己，何所不至？若不有诸己，自不与己相干。如手足不仁，气已

第五章　程　颢

不贯，皆不属己。㉔

　　学者须先识仁。仁者，浑然与物同体。义、礼、知、信皆仁也。识得此理，以诚敬存之而已，不须防检，不须穷索。若心懈则有防，心苟不懈，何防之有？理有未得，故须穷索。存久自明，安待穷索？此道与物无对，大不足以名之，天地之用皆我之用。孟子言"万物皆备于我"，须反身而诚，乃为大乐。㉕

先秦儒家的仁学强调博施济众的人道主义和克己复礼的道德修养。在程颢看来，这样的仁学还不是"仁"的最高境界。他认为，博施济众只是仁的"用"（表现），还不是仁的"体"（根本）。仁在根本上是一种最高的精神境界，这种境界就是"与万物为一体""浑然与万物同体"。程颢的这个思想与周敦颐提出寻孔颜乐处一样，都是要突出儒家思想中对于最高精神境界的追求。

"仁"的这种境界的基本特征是要把自己和宇宙万物看成息息相关的一个整体，把宇宙每一部分看作与自己有直接的联系，甚至就是自己的一部分。就是说，有了这种境界的人，他所了解的"我"或"己"不再是个体的小我，万物都是"我"的一部分。程颢说，这可以用古典中医理论以手足痿痹为"不仁"的说法来理解，在肢体麻痹的情况下，人就不会感到肢体是自己的一部分，这就是"不仁"。所以一个真正有"仁"境界的

㉔　《遗书》卷二上，《二程集》，第15页。
㉕　同上书，第16—17页。传统上称此段为《识仁篇》。

人，必然是真切地感受到"与物同体"，"莫非己也"。

这两条语录论仁的思想与张载是相通的。"以天地万物为一体"，认得"物莫非己"，就是张载说的"视天下无一物非我"㉖，这也就是《西铭》把宇宙每一部分都看成与"吾"休戚相关的境界。程颢的仁学受到《西铭》的影响，他自己说过："《西铭》某得此意。"㉗《识仁篇》中也说："《订顽》意思，乃备言此体。以此意存之，更有何事？"㉘不过，程颢与张载也有所不同，这主要表现在，《西铭》的基础是气一元论，它所提倡的人生态度和宇宙胸怀是与穷神知化的理性思考联系在一起的；程颢则更多地强调个人的感受体验，他认为仁者并不是仅仅把自己"看成"与万物为一体，而是必须把自己与万物切实地感受为一体。这就是所谓"实有诸己"。所以，程颢的仁学境界更多基于心理体验。他强调"不须穷索"的直觉体会，认为经过一种诚敬的修养，人就会体验到超越一切对立，体验到宇宙是一个不可分割的浑然整体之大成。程颢认为，有了这种对宇宙的直接体会，人就有了一种较高的自觉、较高的精神境界。人有了这样的内心境界，才是得"仁之体"，也就自然会有"大乐"，这也就是孔颜之乐。这种乐并不是一定要在贫贱中才能获得，而是贫贱更能显示出这种境界的意义。

程颢认为，由于有了这种境界的人对他要完成的道德行为有了更高的自觉，他就无须勉强自己克制情欲去服从道德律令，

㉖ 《正蒙·大心篇》，《张载集》，第24页。
㉗ 《遗书》卷二上，《二程集》，第39页。
㉘ 同上书，第17页。

反而，会在这种完全自觉中体会到精神的快乐，所以他称这样的境界是"活泼泼底"。

三 定性说

张载曾以书问于程颢，表示"定性未能不动，犹累于外物"，程颢因复书作答，后来道学家称程颢的答书为《定性书》。朱熹后来曾向他的学生解释说，《定性书》中的"定性"实际指的是"定心"[23]，这个解释是正确的。剔除其中一些无关的内容，可以看出，《定性书》讨论的主题是通过何种修养方法来实现人的内心的安宁与平静。

照张载的说法，内心平静的主要障碍来自外部事物的干扰造成的意念的动荡，而根绝外物的干扰又十分困难。程颢指出，所谓定，并不是使内心停止活动，也不是使内心仅仅集中于自我意识上，更不是对外物不作任何反应。他提出：

> 夫天地之常，以其心普万物而无心；圣人之常，以其情顺万物而无情。故君子之学，莫若廓然而大公，物来而顺应。……苟规规于外诱之除，将见灭于东而生于西也。
> 与其非外而是内，不若内外之两忘也。两忘则澄然无事矣。无事则定，定则明，明则尚何应物之为累哉？圣人之喜，以物之当喜；圣人之怒，以物之当怒。是圣人之喜

---

[23] 《朱子语类》卷九十五，第2441页。

怒,不系于心而系于物也。是则圣人岂不应于物哉?乌得以从外者为非,而更求在内者为是也?㉚

"廓然大公"是指消除了个人的私心杂念。人应当接触事物,也应该有情感,但情感应完全顺应事物的自然的状态。圣人的"无情"只是没有从私我利害出发的情感,他的情感顺应于事物的来去,这样,一切由于个人利害而产生的失望、不安、烦恼、苦闷、怨恨等不宁心境都可以免除了。这样的境界就是"定性"的境界,所以他说,定不是只静不动或不接外物,"所谓定者,动亦定,静亦定,无将迎,无内外"㉛。

程颢的定性方法,主张"内外两忘",其核心是超越自我。这个修养方法继承了孟子"不动心"的思想,吸取了道家和佛教的心理修养经验,如道家的"无情以顺有"、禅宗的"无所住而生其心",强调人虽接触事物,但不执著、不留恋于任何事物,从而使心灵摆脱纷扰而达到自由、平静、安宁的境界,并且始终是动中有定。另一方面,程颢强调情感的反应不仅要自然无滞,而且要合于当然,并要观理之是非。他还把这种修养作为达到"明"的一种方法以便"应物",即消除了各种杂念的影响,心对外物就可以像明镜一样作出正确、恰当的反应,在人伦日用中正确地处事应物。

《定性书》这种自然顺应的超越自我的修养方法也体现在程颢的格物说,他说:"'致知在格物',物来则知起。物各付物,

㉚ 《答横渠张子厚先生书》,《二程集》,第460—461页。
㉛ 同上书,第460页。

不役其知,则意诚不动。意诚自定则心正,始学之事也。"㉜ 物各付物即情顺万物,以物之当喜怒而喜怒,这样就能达到定而不动的境界。这个境界也叫作无我的境界,"以物待物,不以己待物,则无我也"㉝。

四 诚敬与和乐

从程颢的《识仁篇》来看,他的修养方法主要为"诚敬"。与程颐相比,程颢虽然也肯定"敬",但他对敬的理解与程颐有所不同。程颐主张的敬主要是内心的敬畏和外表的严肃。而在程颢看来,只强调敬畏严肃,难免失于拘谨,不能达到自由活泼的精神境界。因此,一方面,他强调"诚"的积极涵养,认为以诚敬存养,不必处处防检。另一方面,主张在用敬的时候,注意"勿忘勿助",不要过分着力把持。孔子说过"居处恭、执事敬"㉞,程颢补充说:"执事须是敬,又不可矜持太过。"㉟

程颢说:"今学者敬而不见,得又不安者,只是心生,亦是太以敬来做事得重。"㊱ "只恭而不为自然底道理,故不自在也"㊲。这是说,敬必须和自然结合起来,敬要克己复礼,要恭,又要安乐,这才是"恭而安"。故程颢又说:"今志于义理

㉜ 《遗书》卷六,《二程集》,第 84 页。
㉝ 《遗书》卷十一,《二程集》,第 125 页。
㉞ 《论语·子路》。
㉟ 《遗书》卷三,《二程集》,第 61 页。
㊱ 《遗书》卷二上,《二程集》,第 34 页。
㊲ 同上。

而心不安乐者，何也？此则正是剩一个助之长。虽则心操之则存，舍之则亡，然而持之太甚，便是必有事焉而正之也。"㊳ 持敬而不安乐，这说明持敬不得法，"正"是著意，孟子提倡勿正，即反对过分把持。

由于程颢注意避免敬的拘束妨碍了安乐，所以他提倡要"放开"，他对他的学生谢良佐说："既得后，便须放开，不然，却只是守。"㊴ 程颢的这些思想与程颐的不同，不仅在于修养方法上的不同，根源在于他追求的理想的精神境界与程颐不同，所以他说："谓敬为和乐则不可，然敬须和乐。"㊵ 理想的境界是敬乐合一的境界，任何对敬的过分强调以致伤害了心境的自然平和安详都是不可取的，对此他曾有过体验：

> 伯淳昔在长安仓中闲坐，后见长廊柱，以意数之，已尚不疑，再数之不合，不免令人一一声言而数之，乃与初数者无差，则知越著心把捉越不定。㊶

正是由于程颢所追求的理想境界中，自由、活泼、安乐是其中重要的规定，所以在他的语录中充满着以类似体验为基础的感叹，如他说："'鸢飞戾天，鱼跃于渊，言其上下察也。'此一段子思吃紧为人处，与'必有事焉而勿正心'之意同，活泼泼地。

㊳《遗书》卷二上，《二程集》，第42页。
㊴《遗书》卷三，《二程集》，第59页。
㊵《遗书》卷二上，《二程集》，第31页。
㊶ 同上书，第46页。

会得时，活泼泼地；不会得时，只是弄精神。"[42] 鸢飞鱼跃是表征自由活泼境界的意象，只有与物同体，情顺性定，和乐而无把捉的人才能真正体验到《中庸》借鸢鱼所表达的境界。

五　性与心

程颢曾说："上天之载，无声无臭，其体则谓之易，其理则谓之道，其用则谓之神，其命于人则谓之性。"[43] 所谓"其体则谓之易"，这里的"体"不是体用对待的体，而是指变化流行的总体，这里的"神"是指各种具体的运动变化。他认为，天地变化运动的总体称为"易"，天地变化所以根据的法则称为"道"，各种具体的变化称为"神"，天所赋予人的则为"性"。《中庸》说"天命之谓性"，程颢对性的看法可以说直接来自《中庸》的这个说法。

性是天所"命"，即天赋的，亦即生而自然具有的，因而程颢肯定了"生之谓性"的说法，他说：

> "生之谓性"，性即气，气即性，生之谓也。人生气禀，理有善恶，然不是性中元有此两物相对而生也。有自幼而善，有自幼而恶，是气禀有然也。善固性也，然恶亦不可不谓之性也。盖"生之谓性"、"人生而静"以上不容说，才说性时，便已不是性也。凡人说性，只是说"继之者善"

---

[42]《遗书》卷三，《二程集》，第59页。
[43]《遗书》卷一，《二程集》，第4页。

也,孟子言人性善是也。夫所谓"继之者善"也者,犹水流而就下也。皆水也,有流而至海,终无所污,此何烦人力之为也?有流而未远,固已渐浊;有出而甚远,方有所浊。有浊之多者,有浊之少者。清浊虽不同,然不可以浊者不为水也。如此,则人不可以不加澄治之功。故用力敏勇则疾清,用力缓怠则迟清,及其清也,则却只是元初水也。亦不是将清来换却浊,亦不是取出浊来置在一隅也。水之清,则性善之谓也。故不是善与恶在性中为两物相对,各自出来。㊹

在程颢看来,传统性善论把恶完全看成人在后天受环境影响而产生的,他却认为,人性是由气禀决定。气禀有善有恶,从而人有生而为恶、生而为善,这样,恶就不完全是后天的。既然恶可以是由气禀而先天地决定的,那就不能不承认由气禀的恶决定的人的先天的恶也是"性"。这样看来,程颢所谓"性"是指人生而具有的现实属性。气禀善,则性善,气禀恶则性恶,不能只说先天决定的善是性,而不承认先天决定的恶也是性,正如清水是水,浊水也是水,善性是性,恶性也是性。

程颢的这段话里还包含了这样的思想,孟子等人所说的纯善无恶之性,只是指"继之者善",而不是"成之者性"。"继之者善也,成之者性也"出于《周易·系辞》,程颢认为,继之者善只是指阴阳二气流行而未形成具体事物,成之者性是具体事

㊹ 《遗书》卷一,《二程集》,第10—11页。

第五章 程　颢

物形成获得了自己的规定，因而孟子没有真正说到作为具体现实的人的人性，他所说的只是作为天地之理的性，而凡是现实的人的性都已不是那个作为天地之理的性了，而是由气禀决定的性了。这个思想后来由朱熹表达得更为明确。可以看出，程颢显然强调的是后人所说的"气质之性"，"性即气，气即性"都是说性是气禀所决定的属性。

性之善恶虽是气禀先天造成的，但不是不可以改变的，正如浊水经澄清可以转为清水，人努力修养，也可改恶为善。在修养的过程中，理气交相胜，"义理与客气常相胜，又看消长分数多少，为君子小人之别"⑮，消尽客气则为圣贤，客气胜义理则表示道德修养的失败。在程颢的思想中"客气"的意义还不是十分清楚的，主要是指忿怨、偏颇等情感、脾性而言。

程颢提出："'人心惟危'，人欲也。'道心惟微'，天理也。'惟精惟一'，所以至之。'允执厥中'，所以行之。"⑯《尚书》的《大禹谟》有四句话"人心惟危，道心惟微，惟精惟一，允执厥中"，这四句话在《尚书》中的原意并不是十分清楚的。理学从道德修养的角度去理解，认为前两句是指道德意识与感性欲望的交织，后两句则指出存理去欲的方法，这就使这四句话具有了明确的伦理内涵和工夫意义。后来的理学家为了利用经典的权威性，称此四句为尧舜孔孟道统相传的十六字诀。

近代以来很多学者认为，程颢与其弟在历史上合称"二程"，朱熹把他们的学说合称"洛学"，而其实二程之间差别很

---

⑮《遗书》卷一，《二程集》，第 4 页。
⑯《遗书》卷十一，《二程集》，第 126 页。

大。这些学者认为，二程的差别实际上就是后来"心学"与"理学"的差别，认为程颢是"心学"的源头，程颐是"理学"的源头。的确，程颢比起其弟程颐来，更注重内向的体验，而轻视外在的知识。但程颢并不像后来南宋心学的代表陆九渊那样强调心即是理，更不像明代的王阳明主张心外无理，他对内向体验的强调主要是基于他所追求的精神境界与程颐不同，而这种境界的不同，并不是南宋"心学"与"理学"的根本分歧。所以，程颢代表的方向与程朱"理学"的差异并不是现代哲学了解的心学与理学的差异，毋宁是程颢思想与程朱"理学"显示了完全不同的境界取向。

第六章　程　颐

程颐，字正叔，生于宋仁宗明道二年（1033），卒于宋徽宗大观元年（1107）。程颐是程颢的弟弟，他只比程颢小一岁。年十四五岁时，同程颢一起受学于周茂叔。十八岁时上书仁宗，劝以王道为心，并要求召对，面见皇帝一陈所学，然而没有实现。当时，著名学者胡瑗在太学主教，以《颜子所好何学论》试诸生，程颐也作了一篇，胡瑗得其试卷，大惊，聘为学官。二十七岁时廷试报罢，从此不再参加科举考试。他的父亲几次得到保荐儿子做官的机会，程颐都让给族人，治平、熙宁年间，大臣屡荐，他自以为学不足，不愿为官，所以一直到五十多岁，他仍然没有做过官，只是一介"布衣"，亦称"处士"。

程颢死后程颐才出仕，元祐元年"以布衣被召"，任崇政殿说书。当时哲宗初即位，还是一个十岁多一点的孩子，程颐为他做讲书的老师，程颐从一个平民一下子充任皇帝讲官，这在当时是一件有影响的事。程颐任崇政殿说书后，上疏要求增加讲课的次数，减少休假，并要求皇帝听课的时候，太皇太后在后垂帘，时常监督，并且可使讲官直接把自己的一些意见向太皇太后陈述；他还要求改变仁宗以来讲官站着辅讲的规定，准许讲官坐讲，他认为这可以培养皇帝"尊儒重道"之心。

程颐在为皇帝讲书的时候，板着面孔，一副十分庄严的态度。有一年春天，他看到小皇帝依着栏杆折柳枝玩，他就训教皇帝："方春发生，不可无故摧折。"使得皇帝很不高兴。类似的事情，不一而足。程颐当时以皇帝老师自居，一切无所顾避，这在旁人看来未免狂妄，所以前边所说的他的那些要求，都没有被理睬；同朝之士与他关系也日趋紧张。元祐二年差管勾西京国子监。

程颢活着的时候曾对程颐说，将来能使人"尊严师道"的是你，不过因材施教，培养后学我不得让焉。上面说的程颐的行为，也就是尊严师道的行为。程颐的个人性格与程颢不同，程颢温然和平，程颐则严毅庄重，二程的弟子曾说，大程饶有风趣，而小程"直是谨严"，称道古今的"程门立雪"，不仅说明杨时的敬师之诚，也与程颐平日的严厉有关，据程颐的门人说，他在晚年"乃更平易"，但终究赶不上程颢的气象从容。

程颐长期居住于洛阳，与在洛阳的反对新法的政治集团联系很深，所以在他的晚年，新党把他送到四川涪陵管制，直到宋徽宗即位，才回到洛阳。他从涪州顺长江而归，到峡江一处，水流湍急，风作浪涌，一舟人皆惊愕号哭，唯有程颐正襟危坐，

第六章 程　颐

凝然不动,岸上有老父问他:你是"达后如此?舍后如此?"①意思是说,你是精神境界很高,自然临危而心不动呢?还是自己强制自己不动心,硬把捉在这里呢?据程颐的门人说,程颐归自涪州,境界气象皆胜于往昔,看来他在晚年的精神境界确实修养得很高了。

新印本《二程集》中收录了程颐的语录、诗文、杂著,以及他的名著《程氏易传》。

一　理与气

1. 所以然为理

《周易·系辞》中说:"一阴一阳之谓道。"指阴阳的对立统一是宇宙永恒的规律。程颐对这一句话作了另一种解释:

> "一阴一阳之谓道",道非阴阳也,所以一阴一阳道也,如一阖一辟谓之变。②
> 离了阴阳更无道,所以阴阳者是道也。阴阳,气也。气是形而下者,道是形而上者。③

这是认为,"一阴一阳之谓道"这句话包含着阴阳与道的相互关

---

① 《外书》卷十二,《二程集》,第445页。
② 《遗书》卷三,《二程集》,第67页。
③ 《遗书》卷十五,《二程集》,第162页。

系。他认为，一阴一阳是指气的不间断的循环过程，道则是指一阴一阳开合往来过程的内在根据。他说，这正像《易传》另一个命题"一阖一辟谓之变"，一阖一辟是指一关又一开的过程。

因而，一方面，程颐像程颢一样，坚持道是不能离开阴阳的，形上形下不是空间上分别的不同实体，另一方面，强调气的往来运动，其中有一种支配它如此运动的规律作为内在根据。程颐以"所以一阴一阳"解释道的思想，把道作为二气运行的所以根据和规律，就在一种新的意义上把《系辞》中这一古老的命题解释为理与气的关系，这对宋明理学的理论思维的发展起了一种促进的作用。

根据这一思想，程颐认为，大而天地，小而草木，一切事物莫不有其所以然，事物的所以然就是事物的"理"，人穷理就是要穷事物之所以然，程颐这种以理（道）为所以然的思想，从哲学史的发展来看，表现出对理的认识和规定的某种深入，因而在理论思维上也是有意义的。

2. 体用一源，显微无间

张载在对佛老的批判中曾提出，要反对二氏哲学的"体用殊绝"之论，也就是说，在张载看来，体和用之间不应是割裂的、不一致的外在联系。程颐进一步发展了这个思想，他在《程氏易传》的序中特别指出：

> 至微者理也，至著者象也。体用一源，显微无间。[4]

---

[4] 《易传序》，《二程集》，第582页。

第六章 程 颐

程颐这一思想，就易学本身的意义来说，是指《周易》深奥的义理存在于纷然错综的卦象之中，理在象中，即象识理，离象无理，理是象的理，象是理的象。

从哲学上说，这个思想有更广泛的含义。程颐曾说："至显者莫如事，至微者莫如理，而事理一致，微显一源。古之君子所谓善学者，以其能通于此而已。"⑤ 也就是说，《易传序》中所说的象也泛指一切现象，一切具体事物。理无形无象，微妙不可见，所以说"微"。具体事物著象分明，可直接感知，所以说"著"。理是事物的本质，事物是理的表现，两者不是截然对立，而是相互统一的。

程颐这里说的体，是指事物内部深微的原理和根源，用是指世界的各种现象。"体""用"这一对范畴之间，在中国哲学中，有第一性与第二性的不同，体是第一性的，用是第二性的。体决定用，用依赖体，从这点说，程颐的理体事用说有唯理主义的倾向。

在西方和印度哲学中，有一种比较流行的观点，认为现象是虚幻的、不实在的，本体则是超越现象的真实存在，就是说，本体是"实而不现"，现象是"现而不实"。中国的佛教哲学当然地采取了印度哲学的基本观点，而在中国哲学的固有系统中则反对本体现象截然两分的观点。从这方面来看，程颐以理为事物内部深微的原理，把事物看作是理的表现，以理为体，以事为用，认为体与用是统一的，强调本体与现实的密切联系，

---

⑤ 《遗书》卷二十五，《二程集》，第 323 页。

认为体用都是实在的，体就在用之中，体与用相即不离，这些思想把中国古代哲学关于本体和现象的观点推进了一步，而且它的表述具有严整的经典形式，这是他对中国哲学的一个贡献。

3. 道则自然生万物

在张载的气一元论哲学中，太虚之气聚而为气，气聚而为万物；万物散而为气，气散而又归于太虚，整个宇宙是一个聚散交替的永恒循环，气作为构成宇宙的物质材料，只有形态的转变，而永远没有消灭。在程颐看来，从宏观上说，物质和运动都不会消失，没有任何一个时候宇宙中没有物质和运动，但程颐认为，就宇宙构成的材料说，不是循环的，而是生生的，具体的气都是有产生、有消尽的。

程颐认为，像张载那种认为一个事物的气在事物死亡后只会改变形态，不会真正消灭的看法与宇宙的发展难以一致，他说：

> 天地之化，自然生生不穷，更何复资于既毙之形、既返之气，以为造化？……天之气，亦自然生生不穷。⑥

这是说，有生便有死，有盛必有衰，有往则有来。宇宙在本质上不是循环的，而是日新的、生生的：一个事物死，组成这一事物的气也逐渐消尽至于无。新的事物是由宇宙间新产生的气

---

⑥ 《遗书》卷十五，《二程集》，第148页。

聚合而成，不会由原来聚合旧事物的气重新结聚造成。

新的气怎样产生？从哪里产生？在程颐看来，气的不断消尽和不断产生，是宇宙中每时每刻发生的，这是一个完全自然的过程，气的不断产生根源于宇宙固有的必然性。宇宙的"道"就是生生不穷的根源。程颐说："道则自然生万物。""道则自然生生不息。"他把生生不穷的作用归之于道，而认为气是不断产生又不断消灭的。

从辩证唯物主义的观点来看，物质及其运动是永恒的，宇宙间永恒的物质表现为无限的各种不同具体实物形态，这些具体的物质和形态都是暂时的。物质的形态之间可以转化，宇宙的总能量则没有增减，这是守恒的。程颐不了解物质和能量不灭及其相互转化的道理。

二 动静与变化

1. 动静无端，阴阳无始

程颐认为，阴阳之气相摩相推，日月运行，寒暑往来，刚柔变化，万物终始，自然的造化是一个无休止的流行过程，他指出：

> 动静无端，阴阳无始。非知道者，孰能识之！⑦

---

⑦ 《经说》卷一，《二程集》，第 1029 页。

周敦颐虽然也提出过"一动一静,互为其根",但由于他要讲"太极动而生阳,静而生阴",没有把宇宙发生论与本体论区分开来,按这种宇宙发生论,阴阳的发生似乎有一个开始。从哲学上说,程颐主张的是一种本体论,因而对于他来说,动和静,阴和阳,既没有开始,也不会有终结,宇宙并不是从一个原始实在中逐渐演化出来的,宇宙的对立统一和阴阳变化,是一个永恒的无尽过程,根据这一点,他批评老子:"老氏言虚而生气,非也。阴阳开阖,本无先后,不可道今日有阴,明日有阳。如人有形影,盖形影一时,不可言今日有形,明日有影,有便齐有。"⑧ 这也是说阴阳二气没有先后,这种没有先后并不是说阴阳二气同时产生,而是指阴阳二气是永恒的存在,因此老子认定先有虚无,后来才产生气的思想是不对的。程颐认为,只有从无限的意义上认识宇宙的实在和宇宙的运动,才算是"知道"者,恩格斯也曾说过:"除永恒变化着、永恒运动着的物质以及这一物质运动和变化所依据的规律外,再没有什么永恒的东西。"(《自然辩证法·导言》)程颐关于运动不灭和物质永恒的思想体现出较高的辩证思维。

2. 动为天地之心

程颐也继承了《周易》的思想,肯定"变"的普遍性和永恒性,他说:"凡天地所生之物,虽山岳之坚厚,未有能不变者也,故恒非一定之谓也,一定则不能恒矣,唯随时变易,乃常

---

⑧ 《遗书》卷十五,《二程集》,第160页。

第六章 程 颐

道也。"⑨ 就是说，宇宙间一切事物，不论大小，都处在永恒的变化和运动之中，没有任何事物是不变的。不变就不能长久，宇宙的永恒正是在不断的运动和变化中得以保持，因而恒则必变，不变不能恒，不但自然界如此，人类社会也如此，不断地有所改革，有所变易，才是永恒的规律。

在动和静中，一方面，程颐强调二者"相因"，他说："动静相因而成变化。"⑩ 即认为二者是相辅相成的，动静的互相依赖、互相交替、互相联系造成一切运动变化，另一方面，他更强调"动"：

> 一阳复于下，乃天地生物之心也。先儒皆以静为见天地之心，盖不知动之端乃天地之心也，非知道者，孰能识之？⑪

这里的天地之心指主宰天地的根本原则，照这个思想来看，动静二者之中，不是静，而是动才是更为根本的，才体现了宇宙生生不已的根本规律。程颐这个思想，一反王弼、孔颖达易学以静为天地之心的思想，肯定了运动对于宇宙过程的意义，是很有理论价值的。

---

⑨ 《周易程氏传·恒卦》卷三，《二程集》，第862页。
⑩ 《程氏经说》卷一，《二程集》，第1029页。
⑪ 《周易程氏传·复卦》卷二，《二程集》，第819页。

3. 物极必反

程颐还进一步讨论了事物的运动,他说:

> 屈伸往来只是理,……物极必返,其理须如此。有生便有死,有始便有终。⑫

程颐认为,任何事物的存在和运动的状态都处于不断变化之中,任何运动不能只有往没有来,只有屈没有伸。正像昼夜交替一样,盛便有衰,生便有死,往便有来。事物运动到极点,必然要为另一种对立的状态所替代,"物极必反"是世界的基本法则,他在《程氏易传》中多次谈到这一点,如说:"物理极而必反,故泰极则否,否极则泰。……极而必反,理之常也。然反危为安,易乱为治,必有刚阳之才而后能也。"⑬又说:"物理极而必反,以近明之:如人适东,东极矣,动则西也;如升高,高极矣,动则下也。既极,则动而必反也。"⑭还说:"物极则反,事极则变。困既极矣,理当变矣。"⑮事物的发展不断向对立面转化,这个规律是不以人的意志为转移的。恩格斯也说过,"一极已经作为胚胎存在于另一极之中,一极到了一定点时就转化为另一极,整个逻辑都只是从前进着的各种

---

⑫ 《遗书》卷十五,《二程集》,第167页。
⑬ 《周易程氏传·否卦》卷一,《二程集》,第762—763页。
⑭ 《周易程氏传·睽卦》卷三,《二程集》,第894页。
⑮ 《周易程氏传·困卦》卷四,《二程集》,第945页。

对立中发展起来的"⑯。

程颐认为，在社会生活中，人应当根据物极必反的规律决定自己的行为，社会的反危为安、易乱为治都需要人发挥主动性，以促成事物向好的方向转化。在相对稳定的时代，应当注意缓和矛盾，不使过激，他说："贤智之人，明辩物理，当其方盛，则知咎之将至，故能损抑，不敢至于满极也。"⑰ "圣人为戒，必于方盛之时。方盛而虑衰，则可以防其满极，而图其永久"⑱，根据不同情况，有的时候要求人能动地促成事物的转化，有的时候则要求人能动地防止事物向坏的方向转化。可以看出，中国哲学的所谓中庸，反对走极端的主张，正是包含了这后一方面的内容。

4. 理必有对待

程颐肯定对立的普遍性，他指出：

"道二，仁与不仁而已"，自然理如此。道无无对，有阴则有阳，有善则有恶，有是则有非，无一亦无三。⑲

世界上没有任何事物没有其对立面，没有对立面的"一"或超越对立面的"三"都是不存在的，他还说："理必有对待，生生之本也。有上则有下，有此则有彼，有质则有文，一不独立，

---

⑯ 《自然辩证法》，人民出版社，1971年，第181页。
⑰ 《周易程氏传·大有卦》卷一，《二程集》，第771页。
⑱ 《周易程氏传·临卦》卷一，《二程集》，第794页。
⑲ 《遗书》卷十五，《二程集》，第153页。

二则为文。非知道者，孰能识之？"⑳ 有一种现象，必然存在着与之相反的另一种现象，对立是普遍的，是必然的，也是自然的，这种对立正是生生变化的根源，又是宇宙变化的基本法则，只有真正认识这种法则的人才能理解这种普遍的对立。程颢在这一点上与程颐的思想相同，程颢说：

> 天地万物之理，无独必有对，皆自然而然，非有安排也。每中夜以思，不知手之舞之，足之蹈之也。㉑

在程颢看来，一切事物都有其对立面，矛盾和对立是宇宙的普遍现象。"对"即对待，"独"指没有对立面，实际上没有任何一个事物没有对立面。他还说："万物莫不有对，一阴一阳、一善一恶，阳长则阴消，善增则恶减。斯理也，推之其远乎？"㉒ 一切对立面互为存在的条件，矛盾和对立的普遍性是宇宙的普遍法则，这个法则是自然的，不是任何人强加给事物的，没有这个规律，事物就不能产生，不能存在。程颢没有说明为什么他会由于看到这一规律的普遍适用而手舞足蹈。也许这是一种由于意识到某种真理所感受到的不可名状的鼓舞和冲动。

儒家的对立观念，一方面是由对世界上的广泛现象所做的观察而总结出来的，另一方面，更多是从社会生活的种种矛盾现象总结出来的。在儒家的阴阳对立观念中常常包含着这样的思想：

---

⑳ 《周易程氏传·贲卦》，《二程集》，第 808 页。
㉑ 《遗书》卷十一，《二程集》，第 121 页。
㉒ 同上书，第 123 页。

善与恶的对立是合乎普遍法则的表现，人们应当正视社会的丑恶面。有了这样的认识，人就不会因社会的黑暗、丑恶面而厌倦、消极、退缩，而把同黑暗的斗争看作是题中应有之义。虽然，有善必有恶，但这种对立观念强调个体的道德修养要去恶为善，在社会政治结构中应当进君子而退小人。所以，宇宙间永远不能无恶，但个人去恶存善是可能的。这种阴阳对立观正因为在相当程度上基于社会的善恶的对立消长，因而它始终强调阴阳对立中阳是主导的方面。阳主阴从这个观点并不是说任一个具体事物中矛盾双方的地位永远不能转化，而是表示，从宇宙的总性质来说，代表善的、向上的积极力量始终是主导的力量，反映了这些哲学家对善和正义的信念以及乐观主义的态度。我们只有知道儒家的阴阳对立观念，不只是对自然的一种辩证观察，而且更是对社会的辩证理解，才能正确地认识这种思想的积极意义。

三 性理与气质

先秦时代的哲学家曾对人性善恶的问题进行过热烈的讨论。孟子的性善说强调人具有先验的道德理性，荀子的性恶论强调自然情欲是人的本质。程颐作为理学的创始人提出了一个很重要的思想，这就是用儒家的"理"来规定人性，发展了儒家的性善论，形成了理学有特色的人性论。他说："性即理也。所谓理，性是也。"[23] 在中国哲学中，"性"本来是指人的族类本性

---

[23] 《遗书》卷二十二上，《二程集》，第 292 页。

或事物的本质属性,"理"是指事物的必然法则和社会的道德原则。程颐认为性即理,实际上是以社会的道德原则为人类永恒不变的本性。在他看来,先验的道德理性决定道德法则,而且是宇宙的根本规律。

程颐的人性论不仅强调"性即理",与程颢、张载的影响有关,他也重视"气"对人性的影响,他说:

> 性即是理,理则自尧舜至于涂人,一也。才禀于气,气有清浊,禀其清者为贤,禀其浊者为愚。[24]

人所禀之气有清浊,这种清浊直接影响到人的贤愚,"贤愚"的概念包含着道德水平的意义,因此,决定人的善恶的不仅有"性"而且有"气"。

在这个基础上,他进一步区分了两种"性"的概念。他认为孟子与告子的分歧实际上是两个人所用的人性概念不同。他认为孟子讲的是"极本穷源之性",告子讲的则是"生之谓性",即受生以后的性[25],所以不能说告子讲的不是性,只能说告子讲的不是最根本的性。告子讲的"生之谓性"的性,程颐又称为"气质之性",他说,孟子讲性善,孔子讲性相近,这是因为孔子"只是言气质之性。如俗言性急性缓之类,性安有缓急?此言性者,生之谓性也"。他又说:"且如言人性善,性之本也。

---

[24] 《遗书》卷十八,《二程集》,第204页。
[25] 《遗书》卷三,《二程集》,第63页。

第六章 程 颐

生之谓性，论其所禀也。"㉖

程颐认为，严格地说，"性"只能是指性之本，无有不善。生之谓性的性只能叫"才"，有善有不善。在这个意义上，荀子、扬雄只说到了"才"，孟子才真正认识"性"，所以论"性"应以孟子说为是。"才"（材）的意思是指材料，即材质；而生之谓性指的是气，两者合起来即气质的概念。程颐说"性出于天，才出于气"，"才则有善与不善，性则无不善"。㉗程颐认为，孟子讲性无不善是对的，但孟子没有认识到才有不善，这是不全面的。而告子等虽然看到才有不善，但在性无不善这一点上认识不清。由此他提出"论性不论气，不备；论气不论性，不明"㉘，这个提法为后来的大多数理学思想家所接受。就是说，讨论人性，不能只讲"性"，还要讲气，两个方面结合起来才算全面。

从上面可见，虽然程颐说孟子讲的是"性"，荀、扬讲的是"才"，虽然他以论性和论气相对，而实际上，他认为气禀也是一种性，正唯如此，他才把它称为气质之性，他曾说："性字不可一概论。'生之谓性'，止训所禀受也。'天命之谓性'，此言性之理也。今人言天性柔缓，天性刚急，俗言天成，皆生来如此，此训所禀受也。若性之理也，则无不善，曰天者，自然之理也。"㉙他指出，生之谓性的性虽然也可叫作性，但其意义是

㉖ 《遗书》卷十八，《二程集》，第207页。
㉗ 《遗书》卷十九，《二程集》，第252页。
㉘ 《遗书》卷六，《二程集》，第81页。
㉙ 《遗书》卷二十四，《二程集》，第313页。

指所禀受，也就是生来如此，而性即理的性则是指人之所以为人的本质，这两种"性"的意义是不相同的。

四 持 敬

"敬"是程颐提倡的主要修养方法，在《周易》中曾提出"敬以直内，义以方外"。二程都很重视儒家传统中关于"敬"的思想。不过在敬的问题上，程颢与程颐的看法有所不同。大体说来，程颢以诚与敬并提，他说的敬近于诚的意义，同时他十分强调敬的修养必须把握一个限度，不应伤害心境的自在和乐。程颐则不遗余力地强调敬，他所谓主敬的主要内容是整齐严肃与主一无适，要求人在外在的容貌举止与内在的思虑情感两方面同时约束自己。

1. 庄整严肃

程颐说："俨然正其衣冠，尊其瞻视，其中自有个敬处。"[30]又说："非礼而勿视听言动，邪斯闲矣。"[31]"动容貌、整思虑，则自然生敬。"[32]"无他，只是整齐严肃，则心便一，一则自是无非僻之奸。此意但涵养久之，则天理自然明。"[33] 整齐严肃是指，主敬不仅要克制内心的种种欲念，同时要注意约束自己的

---

[30] 《遗书》卷十八，《二程集》，第185页。
[31] 《遗书》卷二上，《二程集》，第26页。
[32] 《遗书》卷十五，《二程集》，第149页。
[33] 同上书，第150页。

第六章 程 颐

外在举止和形象,衣冠要端正,表情要恭敬,视听举止要一一合于规范(礼),要时时刻刻谨慎地从容貌举止上检查自己。程颐曾专作视听言动四箴,警省自己和学者从视听言动诸方面全面严格地规范自己。他认为这看起来是一个外在修养的问题,而实际上,经过这样长久的修养而养成习惯,就会取得时时刻刻"天理自然明"的内在效果,内心的邪念私意就会逐步减少,道德原则自然逐渐成为意识、情感活动的主导。所以,内与外是联系的,外庄则内自然敬,外不庄则内怠,反之亦然,故他说:"言不庄不敬,则鄙诈之心生矣;貌不庄不敬,则怠慢之心生矣。"㉞ 形体的怠惰、容貌辞气的粗浮、衣冠之不整,都是内心散漫、对自己要求不严的表现。

2. 主一无适

敬的外在修养指举止容貌的整齐严肃,敬的内在修养是指闲邪克私,而敬的内在修养的主要方式,在程颐看来,就是"主一"。他说:"主一无适,敬以直内,便有浩然之气"㉟,"敬只是主一也。主一,则既不之东,又不之西,如是则只是中;既不之此,又不之彼,如是则只是内。存此,则自然天理明"㊱。又说:"所谓敬者,主一之谓敬;所谓一者,无适之谓一。且欲涵泳主一之义,一则无二三矣。"㊲ 主一就是专心于一

㉞ 《遗书》卷一,《二程集》,第 7 页。
㉟ 《遗书》卷十五,《二程集》,第 143 页。
㊱ 同上书,第 149 页。
㊲ 同上书,第 169 页。

处，无适就是在用心于一处时不要同时又三心二意。当然，程颐讲的主一并不是泛指专心于任何事物，这里的主一是指"只是内"而言，并不是指专心绘画、专心商贾等活动，即是说，不要胡思乱想，要使意念集中在自己的内心，而不四处走作，这样存久自明。《遗书》记载："许渤与其子隔一窗而寝，乃不闻其子读书与不读书，先生谓：此人持敬如此。"[38] 这也是指许渤主一无适而言。程颐还说："有人旁边做事，己不见，而只闻人说善言者，为敬其心也。故视而不见，听而不闻，主于一也。主于内则外不入，敬便心虚故也。"[39] 所以，主一就是要把全部注意力集中于意识的养善闲邪，对其他事物无所用心。

3. 有主则实

程颐之所以提出"主一"，很大程度上是针对困扰宋明大多数理学家的"思虑纷扰"的问题，《遗书》载：

> 吕与叔尝言：患思虑多，不能驱除。曰：……如虚器入水，水自然入，若以一器实之以水，置之水中，水何能入来。盖中有主则实，实则外患不能入，自然无事。[40]

"患思虑多，不能驱除"是理学家在修养过程中常常遇到的重要问题，这个问题本身说明，宋明理学的精神修养远不止于道德

---

[38] 《遗书》卷三，《二程集》，第65页。
[39] 《遗书》卷十五，《二程集》，第154页。
[40] 《遗书》卷一，《二程集》，第8页。

第六章 程　颐

意识的培养，还涉及如何控制意识-心理活动以及如何保有安宁平静的心境。从后面这两点来看，思虑的纷扰和排除这些纷扰就是一个很大的问题了。在理学中，对这些问题有不同的解答，如程颢的《定性书》主张顺其自然，但程颢所说主要是指在"外物之来"的情况下调整对于外物的反应，程颐的主一则兼指静而未接物时意识的控制。程颐提出"有主则实"，意思是说，如果心中无主，就像一个空的器皿，思虑杂念就会像水一样涌入这无主的意识之中。如果心中有主，正如器皿中已经盛满了液体，其他的水也就无法进入，杂念就自然不会产生了。

怎样"有主"呢？与二程同时的司马光"尝患思虑纷乱，有时中夜而作，达旦不寐，可谓良自苦"，后来司马光找到了一个办法，就是"只管念个中字"，心中念念一个"中"，以此排除思虑的纷扰，程颐对此评论说：

> 中又何形？如何念得它？只是于名言之中拣得一个好字。与其为中所乱，却不如与一串数珠。及与他数珠，他又不受。殊不知中之无益于治心，不如数珠之愈也。夜以安身，睡则合眼，不知苦苦思量个甚，只是不与心为主。㊶

程颐还曾说：

> 人心作主不定，正如一个翻车，流转动摇，无须臾停，

㊶ 《遗书》卷二上，《二程集》，第25页。

所感万端。又如悬镜空中，无物不入其中，……心若不做一个主，怎生奈何？张天祺昔常言，"自约数年，自上著床，便不得思量事"。不思量事后，须强把他这心来制缚，亦须寄寓在一个形象，皆非自然。君实自谓"吾得术矣，只管念个中字"，此则又为中系缚。㊷

他认为，心有主并不是强制心去反复念一个"中"或别的什么字，也不是强制心去寄寓在某一特定形象上，这两种做法好像是心中有主，但都不自然。所以，心作主是应主于理，他说："人多思虑不能自宁，只是做他心主不定，要作得心主定，惟是止于事，为人君止于仁之类。"㊸ 这个主于事也就是必有所事，即要主于敬、主于善、主于心，"人心不能不交感万物，亦难为使之不思虑。若欲免此，唯是心有主。如何为主？敬而已矣。"㊹ "若主于敬，则自然不纷扰。譬如以一壶水投于水中，壶中既实，虽江湖之水，不能入矣。"㊺ 只要使心保持敬畏的状态，思虑的纷扰就可以自然排除。

4. 敬则自静

"静"是佛、道两家精神性的核心范畴。内心的平静是宋代道学追求的境界，静修的方法也在不同程度上引起了道学家的

㊷《遗书》卷二下，《二程集》，第52—53页。
㊸《遗书》卷十五，《二程集》，第144页。
㊹ 同上书，第168—169页。
㊺《遗书》卷十八，《二程集》，第191页。

第六章 程 颐

注意。理学中程颢提出动亦定、静亦定的修养方法，对不少后来的理学家产生了影响。程颐以主敬为宗旨，但也不排斥"静"，只是不以"主静"为宗旨。据记载，程颐见人静坐，"便叹其善学"[46]，同时他强调注意与佛教划清界限：

> 问：敬还用意否？曰：其始安得不用意？若不用意，却是都无事了。又问：敬莫是静否？曰：才说静，便入于释氏之说也。不用静字，只用敬字。才说著静字，便是忘也。[47]

"用意"指人对所做的事情或欲达到的目的有强烈的意向，佛教认为这种强烈的意向属于"执著"，是一切烦恼的根源。程颢因受佛教的影响，故也说"事则不无，拟心则差"[48]。程颐则认为，主敬在开始的阶段必须著意用力，在他看来，强调不著意和主静都是释氏修养方法的特征。他认为，"敬则自虚静，不可把虚静唤做敬"[49]，主敬自然带来内心的平静和不纷扰，但静本身并不是敬，更不是敬的唯一内容。

静的问题涉及到养气的问题。二程都不重养气之功，谢良佐曾对程颢说"吾尝习忘以养生"，程颢说："施之养生则可，于道则有害。"[50] 养气之功偏于静，儒者为学则必有事焉而勿正勿忘，静则是忘。所以二程说：

---

[46] 《外书》卷十二，《二程集》，第 432 页。
[47] 《遗书》卷十八，《二程集》，第 189 页。
[48] 《遗书》卷一，《二程集》，第 12 页。
[49] 《遗书》卷十五，《二程集》，第 157 页。
[50] 《外书》卷十二，《二程集》，第 426 页。

> 胎息之说，谓之愈疾则可，谓之道，则与圣人之学不干事，圣人未尝说著。若言神住则气住，则是浮屠入定之法。虽谓养气犹是第二节事，亦须以心为主。其心欲慈惠虚静，故于道为有助，亦不然。孟子说浩然之气，又不如此，今若言存心养气，只是专为此气，又所为者小。舍大务小，舍本趋末，又济甚事！今言有助于道者，只为奈何心不下，故要得寂湛而已，又不似释氏摄心之术。论学若如是，则大段杂也。(51)

程颐认为，调息养气可以卫生疗疾，但不是圣学求道之事，神住气住的说法是佛道入定之法，而这种方法也须以心为主。所以求道的关键在养心。那种以养气可为养心之助的说法，其实只是因为“思虑纷扰”难以克服，所以谋求以“虚静”养心来使心得以“寂湛”(52)。养气求静或闭目静坐如果只是“专为此气”，而失掉了养心存心的宗旨，就是舍大务小。所以程颐认为，关键还在主敬：

> 有言养气可以为养心之助，曰：敬则只是敬，敬字上更添不得。(53)

---

(51) 《遗书》卷二下，《二程集》，第49—50页。

(52) 《遗书》卷二上，《二程集》，第26页。

(53) 同上书，第27页。

第六章 程 颐

从这个角度来说,为学之方只能是主敬,而不能是主静,把静置于敬之上是不正确的。敬可生静,而静不能生敬。养气不能成为独立的为学方法。

五 涵养与致知

1. 涵养未发

《中庸》说"喜怒哀乐未发谓之中,发而皆中节谓之和",二程十分推崇《中庸》,尤其重视其中的中和之说,根据二程的学说,"中"代表一种本然的善,寻求这个"中"的方法就是涵养的方法。程颐曾与他的弟子吕大临、苏季明等讨论过"中"的问题,这些思想对后来南宋的思想影响很大。

照《中庸》的说法来看,"中"本来是指情感未发作的心理状态。程颐在与吕大临讨论的开始时曾认为"凡言心者皆指已发而言"。然而,如果心在任何时候都是"已发",那就等于说情感未发作的意识状态也是"已发",这就与《中庸》原来的说法不一致,他在后来与吕大临的通信中重新思考了这个问题,他说:

"凡言心者,指已发而言",此固未当。心一也,有指体而言者(小注:寂然不动是也),有指用而言者(小注:

感而遂通天下之故是也),惟观其所见如何耳。[54]

已发只是用,只是感而遂通。心不仅有已发,还有未发,未发即心之体,即寂然不动。

关于什么是中或什么是未发的讨论,最终要归结到有关未发或求中的修养工夫。对此,程颐与弟子苏季明之间曾详加讨论。程颐反对"喜怒未发之前求中"的说法,他认为"求"是思,而"既思于喜怒哀乐未发之前求之,又却是思也,既思即是已发(小注:思与喜怒哀乐一般),才发便谓之和,不可谓之中也"。[55] 在"思"中求得的只能是已发的东西,不可能是未发之中。因而程颐主张:"若言存养于喜怒哀乐未发之时,则可;若言求中于喜怒哀乐未发之前,则不可。"[56] "于喜怒哀乐未发之前,更怎生求?只平日涵养便是。涵养久,则喜怒哀乐发自中节。"[57] 中是未发,所以不能在已发中求。同样由于中是未发,不能在未发中"求",人只应在未发时涵养,这样就能保有未发之中,并保证已发之和。

未发的存养或涵养,也就是静中的主敬,程颐说过,"未感时"的工夫只是"敬以直内"[58],他还说:"敬而无失,便是'喜怒哀乐未发之谓中'也。敬不可谓之中,但敬而无失,即所以

---

[54] 《与吕大临论中书》,《文集》卷九,《二程集》,第609页。
[55] 《遗书》卷十八,《二程集》,第200页。
[56] 同上。
[57] 同上书,第201页。
[58] 《遗书》卷十五,《二程集》,第151页。

中也。"⑤⁹ 我们知道，程颐的主敬不限于静的状态，但喜怒哀乐未发属于静，因此未发的敬属于静中主敬的工夫。未发虽然是静，但这种状态"静中须有物始得"⑥⁰，有物即主一。当然静中的主一即未发的主一不是集中在某一思某一念上，而是一种鞭辟向里的内在的敬畏状态。所以，归根到底，程颐还是"主敬"，他说："若未接物，如何为善？只是主于敬，便是为善也。"⑥¹ 所谓"涵养须用敬"都是指未发的涵养作为静中工夫仍要"理会得敬"。

2. 格物穷理

程颐认为，人不仅应当不断地修养自己的心性，还要不断从知识上充实自己，在理性上提高自觉性。因此，精神修养与格物穷理是人的全面发展的两个不可分割的方面。广义地说，格物代表的活动也是一种修养的方法，因为在道学的立场上来看，知识的学习积累，其目的是要在更高、更普遍的理性立场上理解道德法则。所以他说："涵养须用敬，进学则在致知。"⑥²

在《大学》中曾提出"格物""致知""诚意""正心"等八个条目，道学特别重视《大学》，他们把这八个条目作为建立修养工夫的主要思想资料基础。程颐特别重视对于"格物"的解释，他的格物论经朱熹的发展成为宋明理学中最有影响的知识

---

⑤⁹ 《遗书》卷二上，《二程集》，第44页。
⑥⁰ 《遗书》卷十八，《二程集》，第201页。
⑥¹ 《遗书》卷十五，《二程集》，第170页。
⑥² 《遗书》卷十八，《二程集》，第188页。

理论。

程颐认为,"格,犹穷也。物,犹理也。犹曰穷其理而已也"[63]。他把"格物"的意义解释为穷理,这是他在理学史上的一大贡献,就是说,作为《大学》最基础的工夫就是要穷究事物之理,这样,就把理学的天理说与知识论沟通起来了。他认为,格物的物无分内外:

> 问:格物是外物,是性分中物?曰:不拘。凡眼前无非是物,物物皆有理。如火之所以热,水之所以寒,至于君臣父子间皆是理。[64]

由于物无分于内外,所以穷理的方法、途径是多样的,他说:

> 凡一物上有一理,须是穷致其理。穷理亦多端:或读书讲明义理;或论古今人物,别其是非;或应接事物而处其当,皆穷理也。[65]

大至天地之高厚,小至一草一木之所以然,穷理的范围是没有限制的,然而其中是否有侧重呢?程颐认为:"致知在格物,格物之理,不若察之于身,其得尤切。"[66]就是说,反复检查自己

---

[63] 《遗书》卷二十五,《二程集》,第316页。
[64] 《遗书》卷十九,《二程集》,第247页。
[65] 《遗书》卷十八,《二程集》,第188页。
[66] 《遗书》卷十七,《二程集》,第175页。

第六章 程　颐

的意识是否合于理义，也是一种格物的方式，而且是最切要的工夫，一个志于道学的人，必须把这一点放在应有的位置上。当然，这并不意味着"察己"是排斥"观物"的，他说："求之性情固是切于身，然一草一木皆有理，须是察"，"语其大，至天地之高厚；语其小，至一物之所以然，学者皆当理会"。⑰

程颐和他的门人还讨论了格物的过程，其中主要的问题是，物是无限多的，人要达到"知至"，是否需要将一切事物的理逐一格过？

> 或问：格物须物物格之，还只格一物而万理皆知？曰：怎生便会该通？若只格一物便通众理，虽颜子亦不敢如此道。须是今日格一件，明日又格一件，积习既多，然后脱然自有贯通处。⑱

格物的目的是掌握天下之理，但并不需要将万物一件一件全部格过，那既不必要，也不可能。按照程颐的思想，格物的过程积累至一定阶段，自然会产生一个飞跃，达到对普遍原理的认识。求天下之理，并不是每一具体的理都须格到，而是指掌握天地万物最根本的法则。格物的过程就是从个别事物的理上升到普遍天理的认识。程颐还说明，对理的认识所以能从个别上升到普遍，是由于理是统一的，"如千蹊万径，皆可适国，但得

---

⑰ 《遗书》卷十八，《二程集》，第193页。
⑱ 同上书，第188页。

一道入得便可。所以能穷者，只为万物皆是一理"[69]。

程颐对格物的解释，他关于格物的对象、范围、方法、程序的理论后来由朱熹加以综合发展，成为宋明时代士人精神发展的基本方法。程颐的格物思想，就其本质来说，是主张以人的理性为基础，因而在为学的初级阶段不排斥追求客观知识和研究具体事物，表现出一种明显的合理主义精神。但理学最终的目的在于把握哲学的、人生的"理"，因而其格物论的发展是指向人文理性而不是科技理性。其结果是经典学、历史学、哲学的发展，而不是科学技术的发展。这种重人文知识的理性主义虽与科学有相容之处，但就道学的本意而言，这种人文理性具有重伦理道德而轻客观事物知识的倾向，因而格物学并不是科学。理学的格物论的这种特点与中国这一时期社会的结构有关。唐宋以来的知识阶层的主要社会服务方式是通过科举制度进入中央集权的官僚体制，知识阶层是中级以上官吏的主要来源。这样一种社会的存在要求知识阶层首先需要具备的是能够执行公务与刑法的基本思想素质，而不是各种专业化的技能。历史、典章等方面的知识的重要性对于任中央官吏的士大夫更为突出。在这样一种体制之中，官员道德的修养显然比科学知识对于体制的正常运转更为重要。

程颐一生律己待人甚严，他一生"举动必由乎礼"，"进退必合乎仪"，"修身行法，规矩准绳，独出诸儒之表"。他生时有人对他说，"先生谨于礼四五十年，应甚劳苦"，他回答说："吾

---

[69] 《遗书》卷十五，《二程集》，第157页。

第六章 程　颐

日履安地,何劳何苦?他人日践危地,此乃劳苦也。"⑦ 可见,在用道德规范严格要求、约束自己方面,他是真正实践了自己的理念和思想的。

程颐和他的学术思想在他生时曾受到多次打击和压制,绍圣年间,曾被视为奸党而放归故里,后又送到涪州编管。崇宁时有人指责他著书"非毁朝政",于是"有旨追毁出身以来文字,其所著书,令监司觉察"㉑,且将随他学习的门人驱逐一光,还宣布"复隶党籍"。尽管如此,他并没有放弃自己的思想主张,"学者向之,私相传习,不可遏也"。他的学说被恢复名誉之后,有些人认为做道学家有声望等利益可图,也假借程颐的学说装扮自己,而并不在自己的生活中实践道德理想,这就是所谓"假"道学了。

---

⑦ 《遗书》卷一,《二程集》,第 8 页。
㉑ 《伊川先生年谱》,《二程集》,第 345 页。

第七章 邵　雍

邵雍（1011—1077），字尧夫，死后赐谥康节，后人称康节先生。先世居河北范阳，至他父亲时移居河南，父死后邵雍即定居洛阳，他青年时"坚苦刻厉"，"寒不炉，暑不扇，日不再食，夜不就席者数年"[①]，初至洛阳时，"蓬筚环堵，不蔽风雨"[②]，他却坦然自乐。时人非常敬佩他洒落的胸怀。后来富弼、司马光等退居洛阳，帮助他置买了一所园子，他在其中躬耕自给。平日乘小车出游，以诚待人，和气蔼然，笑语终日，因而洛阳城中无论老少贵贱都很喜欢他。他曾几次被荐举授官，都经反复辞谢才受命，而最终还是称病不赴官。

邵雍的思想有两个基本特点，第一，他的思想有一个象数

[①] 《宋史》卷四百二十七，中华书局标点本，第12726页；参见《宋元学案》卷九，第367页。

[②] 《宋史》卷四百二十七，第12727页。

第七章 邵 雍

派授受的来源,南宋时朱震说:"陈抟以先天图授种放,放传穆修,修传李之才,之才传邵雍。"③ 这个系统特别重视"数",故邵雍的学说人多称之为"数学"。第二,他的思想的另一特色是,与周敦颐提倡的孔颜乐处相呼应,他提倡"安乐逍遥"的精神境界。在这两点上,他都受道教的思想影响很大。他的主要著作是《皇极经世书》。

一 元会运世

在历法上,1 年有 12 月,1 月有 30 天,1 天有 12 时辰。因此一个自然年中有 12 个月,360 天,4320 时。邵雍认为,这种历法只是一种小年,因为这个历法对年以上的单位和进位都毫无涉及。邵雍为了说明宇宙大的演化和历史大的变迁进程,发明了一种大年的历法。

这种大年的历法的基本思想是,由于 12 时(辰)为 1 天,30 天为 1 月,12 月为 1 年,因此,历法的进位是 12、30、12、30、12、30……的不断交替。根据 12 与 30 交替进位的计算,邵雍提出,12 时为 1 天,30 日为 1 月,12 月为 1 年,30 年为 1 "世",12 世为 1 "运",30 运为 1 "会",12 会为 1 "元"。这个 1 元可以说是一个大年,一个宇宙年,这个 1 元有 12 会、360 运、4320 世,129600 年。一元十二会,用子、丑、寅、卯、辰、巳、午、未、申、酉、戌、亥十二地支记名,一会三十运,

---

③ 朱震:《汉上易传表》,《汉上易传》,上海古籍出版社,1989 年,第 5 页。

以甲、乙、丙、丁、戊、己、庚、辛、壬、癸十天干重复三次记名，其余各进位逢十二、三十也都分别用地支、天干来算记。对这一套计算方法和思想，邵雍的儿子邵伯温曾有明确说明：

> 一元象一年，十二会象十二月，三百六十运象三百六十日，四千三百二十世象四千三百二十时也。盖一年有十二月，三百六十日，四千三百二十时故也。经世一元、十二会、三百六十运、四千三百二十世，一世三十年，是为一十二万九千六百年，是为皇极经世一元之数。一元在大化之间，犹一年也。自元之元更相变而至于辰之元，自元之辰更相变而至于辰之辰，而后数穷矣，穷则变，变则生，生而不穷也。皇极经世但著一元之数，使人伸而引之，可至于终而复始也。④

如前所说，"元"并不是宇宙年的终极期限，根据前述的进位，还有30元为1"元之世"，12元之世为1"元之运"，30元之运为1"元之会"，12元之会为1"元之元"。所以1个"元之元"是一个更大的周期，包含129600元。

自然年的计算是根据地球对于日、月相对运动的周期轨迹作的时间的计算，并不具有宇宙演化的历史演变的意义。而邵雍的大周期计算法却恰恰是为了说明宇宙演化与历史演变，他认为，每一元之数尽，即129600年满，旧的天地毁灭，新的天

---

④ 引自《百源学案》，《宋元学案》卷九，第373页。

第七章 邵 雍

地产生，这种过程循环无穷。而一个"元之元"满，即 129600 元满，则宇宙要发生更大的变化。所以他自认为这一套"经世"之数提示了宇宙演化的周期性规律。当然邵雍为理论上的完备，认为不但在自然年之上还可进位到世、运、会、元，在时（辰）下还可分为分、秒等，如 1 时为 30 分，1 分为 12 秒等。

邵雍又把这种经世的纪年用六十四卦配起来，如一元的第一会（子会）共一万八千年，为复卦（䷗），因复卦初爻为阳，表示一阳初起，相当于小宇宙的新开始，这就是"天开于子"，也就是说天在第一会中形成。第二会（丑会）从一万八千零一至二万一千六百年，为临卦（䷒），在这期间大地形成，所以说"地辟于丑"，根据复卦与临卦，我们可以知道，每增加一会，阳爻都向上多增加一个，这样到第六会时便全部为阳爻，所以第六会（巳会）为乾卦（䷀），在这个阶段上人开始产生。既然乾卦六阳爻已满，时间再增加，阳爻也不会增加了，因此到了第七会时变为姤卦（䷫），即阴爻开始随每一会的增加而增加，从乾到姤的变化，表示时间虽一会一会地在增加，但其历史意义不同，乾之后阴爻增加，表示这一单元的历史开始走下坡路。邵雍说，乾卦表示的巳会是中国历史上所谓唐尧时期的盛世，从夏殷周秦直到五代宋都在姤卦代表的午会这一万八千年中。到了这一元的第十二会阴爻增满，为坤卦（䷁），到那时天地已经满了十二万九千六百年之数，归于毁灭，等待下一周期的开始。

邵雍的上述思想表明，他认为宇宙是无限的，而宇宙的无限过程是由十二万九千六百年为周期的单元不断重复循环构成的。在每一周期的单元中，事物都经历发生、发展，最后归于消尽，而在下一周期的单元中重复开始。我们现在所生存的这个阶段乃是整个宇宙无限时间序列中的一个片断，邵雍的思想表现出，他认为宇宙的发展有"数"支配其间，因此，"数"实际是宇宙演化的最高法则。他说：

> 数者何也？道之运也，理之会也，阴阳之度也，万物之化也。定于幽而验于明，藏于微而显于著，所以成变化而行鬼神者也。⑤

"数"不仅规定了宇宙、历史变化的周期历程，而且也规定了宇宙万物的品类。他把"太阳""少阳"之数规定为十，"太阴""少阴"之数规定为十二；"太刚""少刚"之数为十，"太柔""少柔"之数为十二。由此可得出，阳刚之数为40，称为太少阳刚的本数；阴柔之数为48，称为太少阴柔的本数。本数分别乘以4，可得到太阳少阳太刚少刚的体数160，太阴少阴太柔少柔的体数192。

以太少阳刚之体数减去太少阴柔之本数，得太少阳刚之用数112；以太少阴柔之体数减去太少阳刚之本数，得太少阴柔之用数152。邵雍认为，用太少阳刚的用数乘太少阴柔的用数（112×152），所得到的17024即是日月星辰之变数；以太少阴柔的用数乘太少阳刚的用数（152×112），得到的17024为水火

---

⑤ 《皇极经世图系序》，《全宋文》第四十六册，上海辞书出版社、安徽教育出版社，2006年，第47页。

第七章 邵 雍

土石之化数。日月星辰之变数亦即动物之数,水火土石之数即植物之数。以动物之数乘植物之数得 289816576,为动植之通数。这样一来,邵雍认为他便掌握了万物的品类与数量。

邵雍把"数"作为把握宇宙及其本质的规定,他还用同样的原则处理声音、易图等。所以他的学术被称为"数学"。

二 以物观物

从邵雍把他的著作定名为《观物篇》可知,"观物"是邵雍思想的一个重要观念。

"观物"当然包括对自然世界的观察、了解,其实更指人对身在其中的整个世界的态度和觉解。邵雍说:

> 夫所以谓之观物者,非以目观之也。非观之以目,而观之以心也。非观之以心,而观之以理也。⑥

这说明,观物并不是对外物的感性直观,并不谋求感性地反映外物。所以这种观不是用目去观,而是用心去观。这种用心观物,并不是指理性对于外部事物的分析综合或抽象,而是主体基于一定的精神境界观照事物、看待事物的态度。邵雍说:"以目观物,见物之形;以心观物,见物之情;以理观物,见物之

---

⑥ 《观物内篇》,《邵雍集》,中华书局,2010 年,第 49 页。引文标点有改动,下同,不另注。

性。"⑦ 感性只能把握事物的外部形状，一般的心智只能把握事物的变化状态，只有以理即一定的精神境界，才能把握到事物的本性。这就是说，人的精神境界不仅对他自己的人生和精神发展有关，同时也影响到人心的认识功能。

邵雍又说：

> 夫鉴之所以能为明者，谓其不隐万物之形也。虽然，鉴之能不隐万物之形，未若水之能一万物之形也。虽然，水之能一万物之形，又未若圣人之能一万物之情也。圣人之所以能一万物之情者，谓其圣人之能反观也。所以谓之反观者，不以我观物也。不以我观物者，以物观物之谓也。既能以物观物，又安有我于其间哉！⑧

镜子能够显现万物的形状而毫不隐蔽，这是镜子的明。水不仅能像镜子一样显现万物，而且盛在任何事物中都会改变成与所盛容器同样的形状。水虽然能使自己与万物之形一致，但不能使自己顺应万物的本性，圣人则能做到这一点。圣人之所以能如此，是因为圣人不以我观物，而以物观物。

所谓以物观物，就是顺应事物的本性、状态，不要将自己的好恶掺杂在对待事物的态度之中，邵雍说：

---

⑦ 《观物内篇》，《皇极经世书四》，《性理大全书》卷十，四库本。
⑧ 《观物内篇》，《邵雍集》，第49页。

第七章 邵 雍

以物喜物,以物悲物,此发而中节者也。⑨

不我物则能物物。任我则情,情则蔽,蔽则昏矣。因物则性,性则神,神则明矣。⑩

以物观物,性也;以我观物,情也。性公而明,情偏而暗。⑪

以物观物,是要求人在认知、观照、体验、实践以及种种社会生活活动中,不要有任何基于"我"的情感、要求、意见参加其中。一个事物引起"我"的喜悦或悲哀,并不是因为它与"我"预设的要求有满足或不满足的关系,而是它本来就会在一切人引起同样的感情反应。如果人在认知、观照、体验、实践及各种社会生活活动之前、之中都有一个强烈的从自我出发的意识,以这样的心态去与物打交道就叫作"任我"或"以我观物",其结果是,情感的发生就不能做到"中节",对于事物的了解就会因为昏蔽而不明。可见,邵雍的"以物观物"核心的要求是"无我"。

"无我"就是要"因物",即顺应事物,"以物观物"与程颢所说的"情顺万物而无情""廓然而大公,物来而顺应","圣人之喜以物之当喜,圣人之怒以物之当怒,是圣人之喜怒不系于心而系于物也",是完全一致的,程颢在这一点上说得更清楚。

程颢认为,有了这样的境界去与物打交道,就有了"大

---

⑨ 《观物外篇》,《邵雍集》,第152页。
⑩ 同上。
⑪ 同上。

乐",邵雍则更认为"学不至于乐不可谓之学"⑫。这个"乐"不是指感官的快乐,而是由于"无我"所获得的一种精神境界。邵雍的以物观物说,主要目的即在于倡导一种无我的生活态度与境界,而不是为了实现某种认知的功能,他说:"君子之学以润身为本,其治人应物皆余事也。"⑬邵雍一生作了很多诗,这些诗大部分体现了他的这种人生的境界。

三　阴阳体性

邵雍也提出了一套宇宙发生与宇宙构成的理论。他以"太极"为宇宙的本体,又称之为"道"。他说:

> 太极一也,不动生二,二则神也。神生数,数生象,象生器。⑭
> 太极不动,性也;发则神,神则数,数则象,象则器。器之变复归于神也。⑮
> 道生天地万物而不自见也,天地万物亦取法乎道矣。⑯
> 以天地生万物,则以万物为万物。以道生天地,则天地亦万物也。⑰

---

⑫　《百源学案上》,《宋元学案》卷九,第379页。
⑬　《观物外篇》,《邵雍集》,第156页。
⑭　同上书,第162页。
⑮　同上。
⑯　同上书,第143页。
⑰　同上书,第153页。

第七章 邵　雍

道为太极。⑱

这是认为，太极或道是宇宙的本源，太极或道是不动的，又是不可见的，乃是一种普遍的形而上实体，也是万物产生的根源。邵雍还隐约地表示出，在他的理解中，太极亦是宇宙的本性，也是万物取法的规律。所谓太极生二，即生阴阳。阴阳相互作用，就有了神妙的功能，就有了决定万物过程和品类的数，也就有了万象与万物，于是事物就依照数的规定不断变化。邵雍的这些思想，与周敦颐在某些方面很接近，只是他所理解的太极不是气，而是性。这个思想后来为胡宏、朱熹所发展。与二程相比，邵雍讲的太极、道更多的是作为宇宙的形而上的根据，而并未赋予其伦理法则的品格，这是他在理学后来发展中不被视为主流的原因之一。但他的上述思想和与这些思想相关的易学思想对后来的朱熹有过较大的影响。

与周敦颐重视《易》中的阴阳动静刚柔观念一样，邵雍在宇宙的构成演化方面也提出类似的观念，他说：

> 天生于动者也，地生于静者也，一动一静交而天地之道尽之矣。动之始则阳生焉，动之极则阴生焉，一阴一阳交而天之用尽之矣。静之始则柔生焉，静之极则刚生焉，一刚一柔交而地之用尽之矣。⑲

---

⑱ 《观物外篇》，《邵雍集》，第152页。
⑲ 《观物内篇》，《邵雍集》，第1页。

周敦颐主张动而生阳，动极而静，静而生阴，邵雍认为动而生阴阳，静而生刚柔，物极必反的原则不是体现为动极而静则生阴，而是分别体现为动始生阴、动极生阴和静始生柔、静极生刚。邵雍认为，阴阳的原则只能是天（日月星辰）的构成和运动原则，刚柔的原则才是地（草木动植）的构成和变化原则。两者共同构成了"天地之道"。

邵雍为了说明万物，还强调"性"和"体"的观念，他说：

> 性非体不成，体非性不生，阳以阴为体，阴以阳为性。动者性也，静者体也。在天则阳动而阴静，在地则阳静而阴动。性得体而静，体随性而动。[20]

体是指形质，性是指性质，邵雍曾说："火以性为主，体次之；水以体为主，性次之"[21]，"如万物受性于天而各为其性也，在人则为人之性，在禽兽则为禽兽之性，在草木则为草木之性"[22]。火没有特定的形质，所以说火以性为主；水有特定的形态，它的性质不像火那么明显，故说水以体为主，任何一个事物都是由性和体构成的，不能只有性而没有体，也不能只有体而没有性。一个事物的体是它的阴的方面，一个事物的性是它的阳的方面。形体是固定的，属静；性质决定万物的变化，属动。性与体作为一对逻辑分析的二元论范畴，与理气论有接近

---

[20] 《观物外篇》，《邵雍集》，第145页。
[21] 同上书，第162页。
[22] 同上书，第149页。

第七章 邵 雍

之处。所不同的是，性与体只适用于比较有固定形质的事物的分析。邵雍也提到气的观念，但主要不是在宇宙论上，他说："气则养性，性则乘气，故气存则性存，性动则气动也。"㉓ 二程讲的论性不论气不备是把性气都作为影响人的道德意识的根源来考虑的，邵雍所讲的性气则指作为人体构成要素的流动不止的气与人性的关系，以及孟子所说的养气的气与养性的性之间的关系。他关于性乘气的观念对朱熹有一定影响。从作为物质要素的气来说，气是性的载体；从作为心理状态的气来说，气的存养对性有重大影响。

邵雍也谈到体用的问题，他说：

> 人之所以能灵于万物者，谓其目能收万物之色，耳能收万物之声，鼻能收万物之气，口能收万物之味，声色气味者万物之体也。目耳鼻口者万物之用也。体无定用，惟变是用；用无定体，惟化是体。体用交而人物之道于是备矣。㉔

人的感官能够接受外界事物的各种信息（声色气味）；这些声色气味是万物本来具有的，共同构成了作为物质实体的万物；而感官作用只是自然界中产生的并可作用于事物的功能。感官的作用不限于某一实体，而实体可以从不同的感觉器官去感受实体。邵雍讲的体用还不是理学一般讨论的典型的体用问题，但他的提法具有相当的辩证色彩。

㉓ 《观物外篇》，《邵雍集》，第 149 页。
㉔ 《观物内篇》，《邵雍集》，第 6 页。

邵雍在南宋时被称为"北宋五子"之一，与周敦颐、二程、张载共同被确认为伊洛之学的渊源之一。他生时与二程交往甚多，程颢称他为"风流人豪"，很推重他的人品境界。在思想上，他对易横图加一倍法的解释，受到朱熹的重视，朱熹还十分推崇他关于"性者道之形体""心者性之郛郭"的提法，认为他已有了性即是理和心具此理的思想。邵雍谈理很少，不过他说"天使我有是之谓命，命之在我之谓性，性之在物之谓理"㉕，与二程的表述确有接近之处。

邵雍自谓"平生不作皱眉事"，把所居之处命名为安乐窝，自号安乐先生，程颢曾说邵雍所言皆内圣外王之道，又说"听其议论，振古之豪杰也，惜其无所用于世"㉖。邵雍临死前程颐问他有何见告，他说"面前路径常令宽"，劝程颐要"放开"，要做一个襟怀洒落的人。不过，程颐及"理学"派的后人往往对邵雍有所批评，认为他的安乐之境确实为常人所不及，但未免有玩物、玩世之意，"犹有意也"，还没有真正达到"自然"。

㉕《观物外篇》，《邵雍集》，第163页。
㉖《百源学案下》附录，《宋元学案》卷十，第464页。

第八章 谢良佐

二程的弟子很多,其中最有影响的是谢良佐与杨时,明末黄宗羲说"程门高弟,予窃以上蔡为第一",清代的史学家全祖望也说"洛学之魁,皆推上蔡"①。一般认为,谢良佐(上蔡)是二程门人中最有创造性的。

谢良佐(1050—1103),字显道,寿春上蔡人②,后来学者皆称他为上蔡先生。程颢知扶沟县时,谢良佐往从问学。程颢对他的才华评价很高,但很注意对他的引导。谢良佐见程颢时已中进士,自负学问广博,与程颢谈话时引证史书,不遗一字,程颢说:"贤却记得许多,可谓玩物丧志!"谢良佐听了"汗流浃背,面发赤",程颢说:"只此便是恻隐之心。"③ 程颢并不完

---

① 《宋元学案》卷二十四按语,中华书局,1986年,第916、917页。
② "上蔡本传",载《宋史》卷四百二十八,第12732页。
③ 《宋元学案》卷二十四,第929页。

全否认研读经史，他的目的是指出，如果诵读典籍与自己的精神发展与品格修养毫无关系，那不过是口耳之学，那就是"玩物丧志"。在扶沟时程颢有一次对谢良佐说："尔辈在此相从，只是学某言语，故其学心口不相应，盍若行之！"谢良佐请问如何行，程颢曰："且静坐。"④ 后来他老老实实地从事于为己之学，切己自修，曾"作课簿，以记日用言动视听之是礼与非礼者。又旧多恐惧，尝于危阶上习以消之"⑤。注意在生活实践中克除意识中的非道德意念，并锻炼自己以减消恐惧之心，所以后来程颐称赞他"切问而近思"⑥。他还特别注意在平时修养中"去一矜字"，即消除虚荣心的发生。

谢良佐元丰八年（1085）登进士第，做过几任州县官吏，曾知应城县。徽宗召对，有意用他，他退曰上意不诚，后得监西京竹木场，后又因言论涉及德宗年号，竟被捕入狱，废为平民。他的著作有《论语解》，又有《上蔡语录》三卷，为后来朱熹所订定。

一 穷 理

谢良佐继承了二程发明的《大学》格物致知说，他说："所谓有知识，须是穷物理。只如黄金，天下至宝，先须辨认得他体性，始得。不然，被人将鍮石唤作黄金，辨认不过，便生疑

---

④ 《河南程氏外书》卷十二，《二程集》，第432页。
⑤ 《宋元学案》卷二十四附录，第929页。
⑥ 《宋元学案》卷二十四，第917页。

第八章 谢良佐

惑，便执不定。故经曰'物格而后知至，知至而后意诚'"。⑦所以他主张"学者且须是穷理"⑧。

但是，谢良佐所理解的"穷理"，主要还不是像辨别黄金一类研究事物性质及其规律的活动，他说的"理"主要也不是指黄金的属性等"物理"。他着重指出："所谓格物穷理，须是认得天理，始得。"⑨这就是说，穷理的目的是认识天理，而天理在这里则是指与"人欲"相对的道德法则，他说：

> 所谓天理者，自然底道理，无毫发杜撰。今人乍见孺子将入于井，皆有怵惕恻隐之心。方乍见时，其心怵惕，即所谓天理也。要誉于乡党朋友，内交于孺子父母兄弟，恶其声而然，即人欲耳。天理与人欲相对，有一分人欲即灭却一分天理，有一分天理即胜得一分人欲。⑩

当看到一个小孩快要掉到井里的时候，如果你去救他是基于你自发产生的同情心与义务感，这种意识就是天理，而如果你去救他是为了博得乡人的赞美或为了由此结交孩子的父母，这就是人欲。因而，在谢良佐看来，穷理的理主要是指人伦的道德法则，而不是事物的客观规律。穷理的主要目的是道德意识的培养，而不是对自然事物的认识。

---

⑦ 《宋元学案》卷二十四，第918页。
⑧ 同上书，第922页。
⑨ 同上书，第918页。
⑩ 同上。

谢良佐又认为，虽然，从方法上说，人之为学要努力"穷理"，但就人的真正的自我来说，理并不是一个纯粹外在的对象，自我与"理"本来是同一的，他说：

> 天，理也。人，亦理也。循理则与天为一，与天为一，我非我也，理也；理非理也，天也。[11]
>
> 穷理则能知天之所为。知天之所为，则与天为一，与天为一，无往而非理也。穷理则是寻个是处，有我则不能穷理，人谁识真我？何者为我，理便是我。穷理之至，自然不勉而中、不思而得，从容中道。[12]

这是说，从方法上看，穷理的过程使我变为非我，即变为与天、理合一的意识，但因人的真正的自我就是理，因而穷理的过程本质上就是一个使我复归于"真我"的过程。谢良佐认为，所谓天，就是指普遍的理，因此循天理而行，就是"与天为一"，可见，谢良佐继承了二程以理为基础的天人合一思想。按照这个思想，"天"即理的本然之体，人的真正的自我也是理。从而在理的意义上，天人是合一的。虽然，人在工夫上要努力以人合天，以达到与理为一，与天合一，但就人心的本然性质来说，天人本来是一，正如程颢所说"天人本无二，不必言合"。

谢良佐把穷理规定为"寻个是处"，在理学中是有一定影响的。他明确肯定，理学所说的格物穷理，主要是指了解判定是

---

[11] 《宋元学案》卷二十四，第923页。
[12] 同上书，第922页。

非的当然准则，从而格致论主要不是认识论，而是伦理学。所以穷理的对象是道德法则，穷理的目的是循理，即实践道德法则，最终达到与天为一、与理为一的境界。他所说的与天为一或与理为一，都不是指在自然规律意义上必然与自由的统一，而是指人超越感性必然的约束，达到道德理性的自由。

二 求 仁

谢良佐在理学中最有影响的思想是"以觉言仁"。他说"心有知觉之谓仁"[13]。这个思想继承了程颢以人的感受性为基础建立新仁学的方向。程颢曾以医家所谓"手足不仁"的说法加以比喻，他指出，肢体麻痹时人就不再感受到麻痹的肢体是整个身体的一部分，这就叫作"不仁"。因此"仁"表示通畅、活跃，其本体论意义即生生流行，感通无碍；其伦理意义是指人应把万物与人都看成与自己息息相关的部分去给予爱。谢良佐继承了这一思想，他说：

> 心者何也？仁是已。仁者何也？活者为仁，死者为不仁。今人身体麻痹不知痛痒谓之不仁，桃杏之核可种而生者谓之仁，言有生之意。推此，仁可见矣。学佛者知此，谓之见性，遂以为了，故终归妄诞。圣门学者见此消息，必加功焉，故曰"回虽不敏，请事斯语矣"，"雍虽不敏，

---

[13] 见《伯逢问答》，载《宋元学案》卷四十二，第1386页。

请事斯语矣"。仁，操则存，舍则亡，故曾子曰"动容貌，正颜色，出辞气"。⑭

谢良佐与程颢一样，坚持认为，从本体的意义上说，仁表示宇宙间"生生"不已的本性；从伦理的意义上说，仁表示意识的一种境界和状态，即"觉"。这个觉就像知觉到肢体的痛痒一样，时时意识到自己在整个宇宙、社会中的地位与责任。

谢良佐认为，为了达到"仁"，人必须努力修养自己，求仁须先克己，他说："圣门学者，大要以克己为本。克己复礼，无私心焉，则天矣。"⑮ 而克己又要从外在的容貌辞气的修养入手。他的学生问他"求仁是如何下工夫"，他说："如颜子视听言动上做亦得，如曾子容貌颜色辞气上做亦得。"⑯ 由此可见，谢良佐对于"仁"的理解受程颢的影响较大，而在关于"求仁"工夫的具体实践上，他显然也接受了程颐强调"整齐严肃"以持敬的思想的影响。

不过，谢良佐主张的求仁工夫毕竟与程颐不同。他解释"出辞气"时说："犹佛所谓从此心中流出。今人唱一喏，不从心中流出，便是不识痛痒。"⑰ 又说："出辞气者，从此广大心中流出也。以私意发言，岂出辞气之谓哉！……若夫大而化之、出于自然，则'正'、'动'、'出'不足言矣。"⑱ 可见，谢良佐

---

⑭ 《宋元学案》卷二十四，第917—918页。
⑮ 同上书，第918页。
⑯ 同上书，第920页。
⑰ 同上。
⑱ 同上书，第918页。

虽然也讲动容貌、正颜色、出辞气，但他所强调的并不是外在的严肃规范，而是内在的自然流出，这就与程颐不同。对于程颐注重的"敬"他也有自己独特的说法，他不赞成程颐"主一之谓敬"的说法，而主张"诚是实理，不是专一"[19]，"事至应之，不与之往，非敬乎？万变而此常存，奚纷扰之有！夫子曰'事思敬'，正谓此耳"[20]。这样看来，谢良佐对"诚敬"的理解是结合了大程的"物来顺应"与小程的"有主则实"。他特别提出"敬是常惺惺法"[21]，对后来的理学有很大的影响。所谓"常惺惺"是吸取了佛教禅宗"主人翁常惺惺"的修养方法，意谓要常常提醒、警觉自己，时时收敛而不放纵，使意识始终保持为一种警戒的状态。朱熹的主敬思想后来吸收了谢良佐的这一思想，并将之表述得更为清楚了。

三　尧舜气象

谢良佐晚年曾回忆他与程颐之间的一段问答：

> 二十年前往见伊川，伊川曰："近日事如何？"某对曰："天下何思何虑。"伊川曰："是则是有此理，贤却发得太早在。"伊川直是会锻炼得人，说了又道："恰好著

---

[19] 《宋元学案》卷二十四，第924页。
[20] 同上书，第921页。
[21] 同上书，第924页。

工夫也。"②

后来谢上蔡与他的学生之间也讨论过这一段答问的意义:

> 问:"太虚无尽,心有止,安得合一?"曰:"心有止,只为用他。若不用,则何止。""吾丈莫已不用否?"曰:"未到此地,除是圣人便不用。当初曾发此口,被伊川一句坏了二十年。曾往见伊川,伊川曰:'近日事如何?'某对曰:'天下何思何虑!'伊川曰:'是则是有此理,贤却发得太早在。'"问:"当初发此语时如何?"曰:"见得这个事,经时无他念,接物亦应副得去。"问:"如此,却何故被一句转却?"曰:"当了终须有不透处。当初若不得他一句救拔,便入禅家去矣。……至此未敢道到何思何虑地位。"㉓

谢良佐与伊川论学时,觉得近来工夫颇为得力,静时无杂念纷扰,动时应接事物不失规矩,因此当伊川询问他近日工夫如何时,他便引用了《易传》的一句话"天下何思何虑"来回答,表示他已达到了应用自如、不假勉强的地步。程颐认为,"何思何虑"在这个意义上是指不思而得、不勉而中的境界,这个境界是长期修养才能实现的,而谢显道初学不久,距离真正达到不思不勉的境界还差得很远,所以批评他"发得太早",又告诫他须"恰好著工夫"。程颐认为何思何虑(不思不勉)是效验,

---

㉒ 《河南程氏外书》卷十二,《二程集》,第 426 页。
㉓ 《宋元学案》卷二十四,第 921—922 页。

第八章　谢良佐

而不是工夫。以无思无虑为工夫，就可能流入禅学。

谢良佐在程伊川的引导警省下，及时纠正了对修养工夫的不正确的认识，避免了流入禅学的后果。但是，谢良佐后来的思想中仍然对于禅学有所吸收。在谢良佐的思想中，除了坚持求仁用敬而外，也很提倡"不著一事""事事放下"的精神与境界。他说："敬是常惺惺，斋是事事放下。"㉔ 他在谈到孔子"与点"的故事时说：

> 季路、冉求之言，不得人才做不得。然常怀此意在胸中，在曾点看著正可笑耳。学者不可著一事在胸中。才著些事，便不得其正。且道曾点有甚事？列子御风事近之，然易做，只是无心，近于忘。㉕
>
> 是将此事横在肚里，一如子路、冉子相似，便被他曾点冷眼看他，只管独对春风吟咏，肚里浑没些能解，岂不快活！㉖

谢良佐十分推崇曾点的境界，他认为曾点的境界就是"不著一事"的境界，这个解释显然受到来自禅宗的影响。后来理学家中的一派津津乐道于"曾点气象"都是继承了程颢"吟风弄月以归，有吾与点也之意"和谢良佐"胸中不著一事"的境界。应当指出，程颢虽然推崇"与点"之意，但他很少以此教人，

㉔ 《宋元学案》卷二十四，第924页。
㉕ 同上。
㉖ 《记上蔡语》，《宋元学案》卷二十四附录，第935页。

他也没有把"与点"与"不著"直接联系起来。而谢良佐明确地用佛教"无著"的思想解释曾点气象，是有意识地吸收了佛教提倡的"无执无著"的人生境界。他还提出：

> 他（指尧舜汤武）做底事业，只是与天理合一，几曾做作，横在肚里！见他做出许多掀天动地盖世底功业，如太空中一点云相似，他把做甚么！如子路愿乘肥马，衣轻裘，与朋友共，敝之无憾，亦是有要做好事底心。颜子早是参彼己。孔子便不然，老者合当养底便安之，少者不能立底便怀之。君君臣臣父父子子，自然合做底道理，便是天之所为，更不作用。⑰

这也是强调，尧舜汤武建立了前无古人的功业，但就尧舜汤武的内心世界而言，并没有把这些事业"横在肚里"，并没有执著于功业之上。谢良佐也指出，提倡胸中不著一事、不可横在胸中，并不是要彻底走向道家的"无"或佛家的"空"。在他看来，佛道的无心偏于孟子所反对的"忘"，而他所肯定的不著一事在胸中是要顺理之自然。一个儒者既要循理而行，遵守道德准则，又要顺其自然，不要有任何执著与做作。

程颢曾经对谢良佐说：

> "鸢飞戾天，鱼跃于渊，言其上下察也"，此一段子思

---

⑰ 《记上蔡语》，《宋元学案》卷二十四附录，第 936 页。

第八章　谢良佐

> 吃紧为人处，与"必有事焉而勿正心"之意同，活泼泼底。

"鸢飞鱼跃"是《中庸》中的话，程颢认为这句话与《孟子》论精神修养的名言"必有事焉而勿正，心勿忘，勿助长"是一致的。就是说《中庸》的鸢飞鱼跃实际上表述的是由勿忘勿助所达到的一种自由活泼的精神境界。谢良佐在引述程颢的这句话时加以补充说："知勿忘勿助长，则知此。知此则知夫子与点之意。"㉘ 他把程颢说的鸢飞鱼跃、活泼泼底与孔子与点的精神也联系起来了。他还说："从此解悟，便可入尧舜气象。"㉙ 这表明，谢显道了解的尧舜气象就是不著一事在胸中的勿忘勿助、活泼泼底精神境界。

南宋的朱熹曾对包括谢良佐在内的所有"程门高弟"提出过尖锐的批评，特别指责他们接受了许多佛教的影响。尽管如此，朱熹对谢良佐仍作了较高的评价，他说："然其为人，英果明决，强力不倦，克己复礼，日有程课，夫子盖尝许其有切问近思之功。所著《论语说》及门人所记遗语皆行于世。如以生意论仁，以实理论诚，以常惺论敬，以求是论穷理，其命理皆精当，而直指穷理居敬为入德之门，则于夫子教人之法又最为得其纲领。"㉚ 黄宗羲也认为，谢良佐的这些思想"皆其所独得，以发明师说者也"㉛。在理学发展史上，谢良佐的另一思想

㉘　《宋元学案》卷二十四，第924页。
㉙　《二程遗书》卷三，《二程集》，第61页。
㉚　朱熹：《德安府应城县上蔡谢先生祠记》，《朱子文集》卷八十。
㉛　《宋元学案》卷二十四，第925页。

在南宋时也很有影响，这就是他的心性哲学中的"性体心用"说。他认为："性，本体也；目视耳听手举足运见于作用者，心也。"[32] 这个观点以"作用"为心，而不是以作用为性，与佛教及理学中主张作用是性的思想不同；但也与理学中占主导地位的"心统性情"说不同。朱熹指出，如果心被规定为作用，则心就只能动而不能静；而性也不仅仅是视听作用的本体，更是道德意识的根源。所以朱熹认为谢氏仍然是受了佛教的影响。[33] 朱熹自己的心性论正是以谢氏心性论为主要对立面而建立起来的。

程颐曾称赞谢良佐"有王佐才"[34]，谢显道青年时很想做一番事业，为此断绝性欲，以强壮身体，专一精神，以便胜任大事，但始终未得机会。他很注意在修养实践中吸收气功的方法，曾"用导引吐纳之术"[35]，"行一气法，名五元化气"[36]。他明确指出，他的目的不是养生，而是养气和心。养气即培养浩然之气，和心即追求心境的平和。以养气求养心，是理学家不同于养生家的主要之处。

---

[32] 四库本《上蔡语录》卷一。
[33] 朱熹：《孟子纲领》，《朱子文集》卷七十四。
[34] 《宋元学案》卷二十四，第930页。
[35] 四库本《上蔡语录》卷一。
[36] 四库本《上蔡语录》卷三。

第三编

南宋理学的发展

第九章 杨　时

二程门下，谢杨并称，杨时三传而有朱子，后人因此对他很为推崇。

杨时（1053—1135），字中立，福建南剑将乐人，号龟山先生，熙宁九年（1076）中进士第，曾杜门不仕多年。后历任知浏阳、余杭、萧山，又任荆州教授、秘书郎、著作郎、迩英殿说书、右谏议大夫兼侍讲、国子祭酒。北宋末除徽猷阁待制，提举西京崇福宫。高宗即位除工部侍郎，兼侍讲。晚年以龙图阁直学士提举杭州洞霄宫。北宋末年，由于元祐党争造成的结果，洛学一直处于被禁的状态，钦宗时起用杨时为国子祭酒，南渡后地位更高，一时程氏门人始进，史称渡江之后"东南学者推时为程氏正宗"[①]。

[①]《宋史》卷四百二十八，《道学二》，第 12738—12743 页。

杨时举进士之后，调官不赴，却到颖昌拜见程颢而师事之，程颢非常欣赏杨时，杨时离别程颢回乡时，程颢目送之说"吾道南矣"[2]。所以传统上说"明道喜龟山，伊川喜上蔡"[3]。程颢死后，杨时又到洛中见程颐问学，当时他已四十岁了，仍"事伊川愈恭"。一日程颐瞑目静坐，杨时侍立于旁，伊川既觉，说"贤辈尚在此乎"，及出门，门外积雪已深一尺。[4] 这表明，在伊川静坐的几小时之间，作为学生的杨时一直不动不离，谨侍于旁。这个故事生动地体现了杨时的敬师之诚。

一　体验未发

程颐与其门人吕大临、苏季明曾讨论过《中庸》说的"喜怒哀乐未发谓之中"的问题。其中涉及的主要问题之一是何谓"未发"及从此种"未发"中引出何种修养方法。杨时也十分重视这一问题，他说：

> 道心之微，非精一，其孰能执之？惟道心之微而验之于喜怒哀乐未发之际，则其义自见，非言论所及也。尧咨舜，舜命禹，三圣相授，惟"中"而已。[5]

---

[2]《河南程氏外书》卷十二，《二程集》，第429页。
[3]《宋元学案》卷二十五，第944页。
[4]《河南程氏外书》卷十二，《二程集》，第429页。
[5]《宋元学案》卷二十五，第951页。

第九章 杨　时

杨时认为,《中庸》说的"喜怒哀乐未发谓之中"的"中",也就是《尚书·大禹谟》说的"人心惟危,道心惟微,惟精惟一,允执厥中"的"中"。《尚书》中要执的中就是道心,因此未发之中就是道心。他认为,尧舜禹相传的就是执守道心。道心惟微是指道心精微隐蔽,很难由认识去把握,所以人需在喜怒哀乐未发之际体验"中",即体验道心。他还说:

> 《中庸》曰:"喜怒哀乐之未发谓之中,发而皆中节谓之和。"学者当于喜怒哀乐未发之际以心体之,则中之义自见。执而勿失,无人欲之私焉,发必中节矣。⑥

杨时所说"于喜怒哀乐未发之际以心体之",在方法上是指体验者努力超越一切意识活动,最大限度地平静思想和情绪,使整个意识状态由明显活动转为相对静止,然后努力去体验思维情感没有活动的内心状态。这样的体认显然是强调在一种特殊宁静状态下的内向的直觉体验。他认为,在这种内向的直觉中,他能体验到什么是中、什么是道心。保持它不丧失,人就可以实现一个道德境界。

杨时的这种修养方法是一种强调"静"的方法,与二程有所不同,与谢良佐也不相同,二程门人中谢良佐就不主张静的工夫,其语录载:"问:'一日静坐,见一切事平等,皆在我和气中,此是仁否?'曰:'此只是静中工夫,只是心虚气平

---

⑥ 《宋元学案》卷二十五,第952页。

也。'"⑦ 这说明谢良佐并不重视静中未发气象。杨时对静中体验未发的强调可以说是发展了程颢的直觉体仁说和程颐的涵养未发说，他说：

> 夫至道之归，固非笔舌能尽也。要以身体之、心验之，雍容自尽、燕闲静一之中默而识之，兼忘于书言意象之表，则庶乎其至矣。⑧

这是说，任何语言文字都不可能把"道"完全表达出来，因而对道的把握必须超越语言和物象，即超言绝象。把握道的方法应是在静中从容体验、诉诸内心直观。杨时青年时受老庄影响较大，他的这些思想无疑有着来自老庄的影响。

二 反身格物

二程特别是程颐十分重视《大学》的格物问题，程门弟子无不受此影响。在程颐的格物论中曾提出一个问题，物物皆有理，《大学》说"物格而后知至"，这是否意味着穷尽每一事物之理才能达到知至？程颐认为，不必尽穷天下之物，今日格一物，明日格一物，积久自然贯通。然而，格物如何下手？谢良佐认为，穷理并不是指物物而穷，"必穷其大者，理一而已。一

---

⑦ 《宋元学案》卷二十四，第924页。
⑧ 《寄翁好德》，引自《宋元学案》卷二十五，第952页。

第九章 杨 时

处理穷,触处皆通"⑨,就是说格物穷理只需穷重要事物之理,在一物上穷尽其理之后,便可触类旁通,因为万物本来受统一的理所支配。杨时也认为穷理不需"物物而穷",但他所说的穷其大又与谢良佐不同,他说:

> 为是道者,必先乎明善,然后知所以为善也,明善在致知,致知在格物。号物之数至于万,则物盖有不可胜穷者。反身而诚,则举天下之物在我矣。《诗》曰"天生烝民,有物有则",凡形色具于吾身者,无非物也,而各有则焉。反而求之,则天下之理得矣。由是而通天下之志、类万物之情、参天地之化,其则不远矣。⑩

所谓"形色具于吾身者"指人体的各种组织器官,如耳目口鼻,杨时认为耳目口鼻都是"物",这些物各有当然之则,即耳目口鼻活动应当遵循的准则和规范。格物不是泛穷外界的万物,而是要格这些"物";穷理不是泛观万物之理,而是要明这些"则"。因而,杨时认为,格物主要是在自己身上格物。弄清耳目口鼻四肢活动所应遵循的准则。这样的格物就是反身、反求。他还认为,反身求得的理,也就是天下之理,因而由反身而求也可以了解天地万物的普遍法则。

杨时这个看法把格物的对象主要规定为"己身",这使得他的格物说带有主观的色彩,所以后来的朱熹站在强调客观性的

---

⑨ 《宋元学案》卷二十四,第922页。
⑩ 《答李杭》,引自《宋元学案》卷二十五,第952页。

立场上批评杨时，朱熹指出，格物的物应是客观事物，天下万物之理要一一加以研究才能获得，反身而诚不可能把握万物之理。杨时的格物说还不就是格心说，但在排除外物的研究上，他的倾向与格心说的立场是一致的。

杨时的格物说中还提出了许多命题，这些命题不同程度地为后来理学家所吸收。如杨时说"格物所以致知"[11]，后来为朱熹所发展；又如他说"以诚意为主"[12]，后来王阳明也力持这一观点。杨时的格物说可以说摇摆于理学心学之间。一方面，正如谢良佐规定穷理为"穷个是处"一样，杨时也是把格物主要规定为"明善"的途径，即强调格物作为道德修养和实践的意义，从而主张把反身而诚作为格物的主要方式。另一方面，他也并不认为"物"只是"身"，只是说身属于物；他虽然主张以诚意为主，但也指出："若谓意诚便足以平天下，则先王之典章法物皆虚器也。"[13] 这表明在他对格物的理解中还未完全排斥典章名物等知识的学习研究。

三　行止疾徐之间

杨时青年时用功《庄》《列》，受到道家影响。后来也曾出入佛教，佛学对他也有些影响。

杨时曾说："庞居士谓'神通并妙用，运水与搬柴'，此即

---

[11]　《龟山文集·答学者》，引自《宋元学案》卷二十五，第953页。
[12]　同上。
[13]　同上。

第九章 杨 时

尧舜之道在行止疾徐间。"⑭ 又说："《圆觉经》言作止任灭是四病,作即所谓助长,止即所谓不耘苗,任、灭即是无事。"⑮ 又说："谓形色为天性,亦犹所谓色即是空。"⑯ 又说："《维摩经》云真心是道场,儒佛至此,实无二理。"⑰ 他还说："庄子《逍遥游》所谓无人不自得,《养生主》所谓行其所无事。"⑱ 谢良佐把勿忘勿助与"与点"联系起来,杨时则更进一步,认为孟子讲的勿忘勿助与佛家的作止任灭是一致的。在杨时看来,儒家讲形色即天性,与佛家讲色即是空至少在形式上是相通的。形、色都是指现象,性、空都是指本体,儒佛都是主张本体与现象的统一性。儒家讲性善,佛家讲庵摩罗识白净无垢,在伦理的意义上也是相通的。又如儒家讲道心,佛家讲真心,都是引导人们反求本心。他更指出,在人的精神境界方面,儒家讲的勿忘勿助与疾徐之间,都是指自得安详的境界,与佛教的"运水搬柴无非妙用"及道家"行其无事"的思想也有一致之处。

杨时门人中罗从彦最有见地,而罗从彦门人李侗则是朱熹的老师。

---

⑭ 引自全祖望《龟山学案》按语,见《宋元学案》卷二十五,第 951 页;并参看《龟山先生语录》卷一、卷四,《四部丛刊》续编子部。
⑮ 同上。
⑯ 同上。
⑰ 同上。
⑱ 同上。

第十章 胡 宏

胡宏（1106—1161），字仁仲，祖籍福建崇安，南宋初因战乱避居湖南，后来即寓居衡山五峰，故学者称他为五峰先生。

胡宏的父亲是著名学者胡安国。宋代以后胡安国的《春秋传》与朱熹的《四书集注》一样，成为科举考试的标准解释。胡宏少闻过庭之训，青年时游学四方，倾心于二程学说。二十岁时入京师，曾师事程门高弟杨时，后来又从程门高弟侯师圣游。胡宏一生未做过官，秦桧当朝时，曾企图招徕胡宏出仕，遭到胡宏的拒绝。胡宏在衡山讲学二十余年，对当时湖湘学派的形成起了主要作用。湖湘学派不仅对朱熹曾有较大影响，直至乾道淳熙间仍然是一支在当时富有影响的学术流派。

秦桧当政时，胡宏虽绝意仕进，但对国家的政治、军事形势十分关切。他曾向高宗上万言书，提出立政之本在于仁，以

第十章 胡　宏

君主的仁心为励精图治的根本。他警告君主不要"据天下利势而有轻疑士大夫之心"①，希望皇帝招贤延士，讲论治道，创造一个生动活泼的局面。孟子曾说"君之视臣如犬马，则臣视君如寇仇矣"②，司马光曾作《疑孟》，批评孟子的说法"非忠厚之道"。胡宏则指出："盖君感之以此，则臣应之必以此。君所出者如是，则臣之反者必如是。"③他说："天地之间物必有对，感则必应，出则必反，不易之理也。"④他认为孟子的主张是以天地之理为根据的。臣对于君主特定的"感"作出特定的"应"，是完全合理的。他还特别诘问道："司马子以为非忠厚之道，则凡忠于君，陈政令之不便而言民有怨离者，虽指为叛逆，可矣。"⑤这就指出，如果否定孟子关于君臣有相对的义务、权利的观点，片面强调君权，就会给把一切对既有政令持不同意见的人指责为叛逆的专制君主带来借口。胡宏的这些思想可以说反映了当时士大夫批判意识中反专制的民主因素。

胡宏的时代，道学仍处于受压禁的状况，而胡宏并不受时论影响，以振兴道学为己任，体现了独立的思想品格，他说："道学衰微，风教大颓，吾徒当以死自担。"⑥胡宏虽曾师事龟山，但从整个理学史的角度看，他的思想确有其特色，是理学从北宋到南宋发展历程的一个重要环节。胡宏的主要

---

① 《上光尧皇帝书》，《胡宏集》，中华书局，1987年，第82页。
② 参见《孟子·离娄下》。
③ 同上。
④ 同上。
⑤ 同上。
⑥ 引自侯外庐等主编《宋明理学史》，人民出版社，1984年，第288页。

著作是《知言》，中华书局近年出版的《胡宏集》汇集了他的思想的基本材料。

一　心为已发

程门中杨时一系十分强调《中庸》关于"未发"的思想，杨时对"未发"的重视则来自程颐的影响。程颐在《答吕大临论中书》里曾说："中者，无过不及之谓也。何所准则而知过不及乎？……求之于喜怒哀乐未发之际而已。"⑦所以杨时注重提倡体验于喜怒哀乐未发之际。杨时对未发已发的重视对胡宏有直接影响。

程颐在《与吕大临论中书》的最后曾提出：

"凡言心者，指已发而言"，此固未当，心一也，有指体而言者（小注：寂然不动是也），有指用而言者（小注：感而遂通天下之故是也），惟观其所见如何耳。

"寂然不动，感而遂通天下之故"出于《易·系辞》，程颐认为未发之中应当是"寂然不动"的。后来杨时更说："中也者，寂然不动之时也。"⑧杨时强调，"中"或"未发"是指某一时间内的状态而言。

胡宏反对把《中庸》的"未发"等同于《易传》的"寂

---

⑦　《与吕大临论中书》，《文集》卷九，《二程集》，第608页。
⑧　引自《胡宏集》，第115页。

第十章 胡 宏

然不动",不赞成把"未发"理解为意识在时间过程中的某一状态。他说:

> 窃谓未发只可言性,已发乃可言心,故伊川曰"中者,所以状性之体段",而不言状心之体段也。
>
> 心之体段,则圣人"无思也,无为也,寂然不动,感而遂通天下之故"是也。未发之时,圣人与众生同一性;已发则无思无为,寂然不动感而遂通天下之故,圣人之所独。夫圣人尽性,故感物而静,无有远近幽深,遂知来物;众生不能尽性,故感物而动,然后朋从尔思,而不得其正矣。若二先生以未发为寂然不动,是圣人感物亦动,与众人何异?⑨

胡宏认为,"寂然不动"是指圣人之心,而不是指常人之心。换言之,《易传》的"无思无为,寂然不动"是圣人所独有的。而《中庸》的"喜怒哀乐未发谓之中"则是指圣人、常人所俱有的。因此寂然不动与未发之中是不能等同的。胡宏强调《中庸》的未发是指人的"性",人性皆善,因而这个作为性的"未发",对于庸人、圣人是相同的。圣人与庸人人性虽同,但圣人与庸人的心不相同。圣人之心寂然不动,感物而静;常人则静时不静,动时亦不静。他认为"寂然不动"只是指意识情感已发过程中的静定的状态,并不是"未发"。

---

⑨ 《与僧吉甫书第二首》,《胡宏集》,第 115 页。

根据以上分疏，胡宏认为"未发"是指性，而不是指心；"寂然不动"是指心（当然不是指一切人心，指圣人之心），而不是指性。他进一步指出，心无论动时静时，都属于"已发"，而不是"未发"。从这个观点来看，杨时把未发之中说成是心的寂然不动之时，就是把性说成心的一种特定状态，是不对的。所以他强调"未发只可言性，已发乃可言心"，认为必须把范畴弄清楚。"寂然不动"只是心的一种时态（静），并不是性，故不是"未发"；"已发"并不只指心的动，也包含心的静。未发是指性，已发是指心。"中"是描述"性"的，寂感是描述"心"的。胡宏认为这与程颐自己说的"中者状性之体段"的说法是一致的。

胡宏以心为已发、性为未发，是把性与心的关系理解为体用的关系。他说："圣人指明其体曰性，指明其用曰心。性不能不动，动则心矣。"[10] 就是说，性是心之体，心是性之用，即性是意识活动（心）的本质，意识活动是这一本质（性）的现象表现。"动则心矣"，这里的"动"即是"发"。性之不动即未发。性之动即已发，即心。胡宏这个观点反对程颐后来以未发为寂然不动的观点，而坚持程颐早先以"凡言心者皆指已发"的观点。正如朱熹在《知言疑义》中指出的，心为已发，性为未发，以性为体，以心为用，胡宏这个思想也有谢良佐的影响。

---

[10] 《知言疑义》，《胡宏集》，第336页。

第十章　胡　宏

二　性立天下之大本

在胡宏的思想体系中，"性"除了人性意义而外，还是一个表示哲学本体的范畴，这是胡宏的一个特有用法。

胡宏曾用气来说明宇宙的演变，他说："一气大息，震荡无垠，海宇变动，山勃川湮，人消物尽，旧迹亡灭，是所以为鸿荒之世欤？"[11] 他认为，气的运动震荡，引起地质变动，造成地理变迁。当巨大的自然变动导致物种绝灭时，这就是"鸿荒之世"。因此，鸿荒之世并不意味着宇宙的起源，只是宇宙无限演化过程的一个阶段，它是整个宇宙气化循环过程的一个阶段，标志前阶段的终结和后一阶段的开始。新的阶段开始后，"气复而滋，万物生化，日以益众"[12]。

胡宏把气的运动变化的过程叫作"流行"，气之所以变化流行的根源，支配气之运动的根据，则是"性"。他把性与气相对，提出：

> 水有源故其流不穷，木有根故其生不穷，气有性故其运不息。[13]
>
> 气之流行，性为之主。[14]

---

[11]　《知言·一气》，《胡宏集》，第27页。
[12]　同上。
[13]　《知言·好恶》，《胡宏集》，第11页。
[14]　《知言·事物》，《胡宏集》，第22页。

> 非性无物，非气无形。性其气之本乎。⑮

这就是认为气的存在与运动都是以"性"为其根据，性作为宇宙的根据，就其对气的存在的作用而言，叫作"性立天下之有"⑯；就其对气的运动而言，叫作"气之流行性为之主"。这个性，就本体论来说，也就是朱熹后来所说的理，故胡宏也说："大哉性乎，万理具焉，天地由此而立矣。世儒之言性者，类指一理而言之尔，未有见天命之全体者也。"⑰ 性的概念在胡宏思想体系中被高度地本体化了，成为宇宙的究竟根源，但他由此提出的基础和原型仍是人性、物性的"性"的概念。

胡宏提出：

> 形而上者谓之性，形而下者谓之物。性有大体，入尽之矣。一人之性，万物备之矣。论其体则浑沦乎天地，博浃乎万物，虽圣人无得而名焉。论其生则散而万殊，善恶吉凶百行俱载，不可掩遏。论至于是，则知物有定性，而性无定体矣。⑱

这段话的意思是说，性是形而上的，不能被感性地加以把握。性既是整个宇宙的本体和根据，又同时体现为人性与物性。照

---

⑮ 《知言·事物》，《胡宏集》，第22页。
⑯ 同上书，第21页。
⑰ 《知言·一气》，《胡宏集》，第28页。
⑱ 《释疑孟·辨》，《胡宏集》，第319页。

第十章　胡　宏

胡宏的思想来看，宇宙本性体现在某一具体事物即具有其确定的规定性，这叫作"物有定性"。而各种不同的具体事物性各不同，但它们的性又都是宇宙本性的不同表现。因而相对于有确定规定的具体物性来说，宇宙的本性并无具体不变的规定，它体现在金即为从革，体现在木即为曲直，这就叫作"性无定体"。就万物各自具有的性来说，这些性是各自差别的，但从根源上看，这些彼此差别的性来自共同的宇宙本性，这个关系胡宏又概括为："观万物之流形，其性则异；察万物之本性，其源则一。"[19] 朱熹后来讲的理一分殊也吸收了胡宏的这些思想。

从哲学上看，"物有定性，性无定体"实际上涉及一般与个别的关系。"物有定性"的性是具体，是个别；"性无定体"的性是普遍，是一般。一般通过个别表现出来。不过，相对于宇宙本性而言，人性也是特殊，而胡宏却认为人性虽然是特殊，但却具备了宇宙本性的大体。这样，人性与宇宙本性的关系就不是特殊与普遍的关系了。

胡宏的"性本论"在本质上与理学的理本论是一致的，他所强调的是，传统儒学只注重人性与物性，未能从宇宙普遍本性的高度来了解性。他认为，只有认识到"性"同时是天地的根据与本性，才能认识人性的意义。

三　性善不与恶对

胡宏对人性的看法与前人有所不同，在《知言》中有一段

---

[19]　《知言·往来》，《胡宏集》，第14页。

讨论性之善恶问题的话：

> 或问性，曰："性也者，天地之所以立也。"曰："然则孟轲氏、荀卿氏、扬雄氏之以善恶言性也，非欤？"曰："性也者，天地鬼神之奥也，善不足以名之，况恶乎？"或者问曰："何谓也？"曰："宏闻之先君子曰：'孟子所以独出诸儒之表者，以其知性也。'宏请问曰：'何谓也？'先君子曰：'孟子道性善云者，叹美之辞也，不与恶对。'"[20]

在胡宏看来，孟子的性善说高于荀子的性恶说，也高于扬雄的性善恶混说。但他也不完全同意孟子的讲法。他认为，如果"善"是一个与"恶"相对的范畴，那么，这样一个"善"还不足以充分描述"性"。因为，"性"不仅是个人性的观念，也是个宇宙本体的概念。作为宇宙本体的"性"是超乎善恶的，是天地万物赖以存在的根据。"性"作为宇宙本体的意义，其普遍性、终极性、重要性、决定性、根本性，远远超出了"善"所能表达的意义，因为与"恶"相对的"善"只是一个适用于人类社会伦理关系的概念。从这个方面说，伦理学的范畴"善"不足以用来描述宇宙本体。胡宏也指出，然而事实上，由于语言的限制，我们几乎找不到一个比善更普遍、更能突出宇宙本体伟大深奥的概念（虽圣人无得而名焉）。在这种情况下，如果我们借用"善"来描述那个比善更普遍、更伟大深奥的性质，

---

[20] 《知言疑义》，《胡宏集》，第333页。

第十章 胡　宏

这是可以理解的，孟子的性善说在这个意义上才能得到正确的理解。

从上述对于宇宙本性的讨论可以进一步了解到胡宏对于人性的看法。胡宏死后不久，朱熹等人批评胡宏，把胡宏的思想归结为"性无善恶"，认为胡宏主张人性无善无恶，这种批评是一种不适当的理解。就人性的问题而言，胡宏力图表示，人性是宇宙本性的一种表现，因而不仅"善"不足以描述宇宙本性的性质，就是人性，也需要一个比"善"更丰富更伟大的词汇去表征它。在这个意义上，说人性善是对的，但还不够，还不能把性的崇高意义完全显示出来。人性有着丰富的内涵，而"善"只是人性诸多内涵中基层的一个而已。由此可知，胡宏的性论不能归结为佛教意义上的无善无恶，他对性（包括人性）的理解，比传统儒学通过"善"得到的理解，更为崇高和神圣。

四　天理人欲同体异用

胡宏认为，"道"是宇宙间普遍的法则，从大的方面说，"塞乎天地"，是自然界的普遍规律。从小的方面说，"存乎饮食男女之事"，是人类生命活动的规范和准则。他指出："夫妇之道，人丑之者，以淫欲为事也。圣人安之者，以保合为义也。接而知有礼焉，交而知有道焉。"[21] 在他看来，夫妇之间的性关系并不是什么丑事，把合理的性关系看成"淫欲"只是一种庸

---

[21] 《知言·阴阳》，《胡宏集》，第7页。

人的看法。同时，他也坚持，两性关系有其所当遵行的准则与规范。不仅两性间关系如此，人生的衣食住行等其他活动无不如此。就是说，人的生命活动是不能否定的，这些活动既有本体意义，也有道德意义（保合为义）。但如何进行这些活动，需要一定的准则加以规范。

这个思想又被胡宏表述为"天理人欲同体而异用，同行而异情"②，如夫妇之道，圣人行之有道而安，便是天理；庸人溺之无节，便是人欲，这就是同体异用，同行异情。后来朱熹批评这两句话，认为胡宏"以天理人欲混为一区"，这个批评其实是不对的。胡宏是要人在生命欲望的活动中注意循其当然之则，即是说，欲的正当展开就是"天理"，欲的不合准则的放荡才是"人欲"。因而天理、人欲的分别并不意味着要排斥或禁绝人的正常的自然欲望，而是如何按照社会通行的准则合理地加以展开。

五　心主乎性，心以成性

除了未发、已发的讨论，胡宏还深入讨论了心与性在修养实践中的关联方式。他说："气主乎性，性主乎心。心纯，则性定而气正。气正，则动而不差。"③胡宏这里说的"气主乎性"的"主"与"性主乎心"的"主"有所不同。气主乎性是指性是气之运动的根源和法则，性主乎心的意义就要来得复杂一些。

---

② 《知言疑义》，《胡宏集》，第329页。
③ 《知言·仲尼》，《胡宏集》，第16页。

第十章　胡　宏

简单说来，性主乎心，这里的"性"不是人性，也不是宇宙本性，而是程颢所说"定性"的性，即实际上是指人的一种心境，一种意识状态。这里说的心也不是泛指意识，而是特指意识结构中的理性、意志。

胡宏说过："气之流行，性为之主。性之流行，心为之主。"[24] 在胡宏的思想体系中，性是未发，是形而上者，性作为气之运动的根据，其自身并不运动。性可发而为心，但性自身并不变化。因此，所谓"性之流行，心为之主"的性就不是作为气之流行之主的宇宙本性，也不是人性善恶的性，它所指的也是《定性书》所说的性，即心的本然的存在状态。"性之流行，心为之主"是说心能主宰，则"性""动亦定""静亦定"，所以又说心纯则性定而气正。[25]

在胡宏思想中"心"有着重要的地位和意义，心的作用决定着能否定性、尽性、成性。就是说，心的作用不仅可以促进心境稳定平静的实现，还能使人性得到充分实现，从实践的过程来说，亦可说使性得到完成：

> 性，天下之大本也，尧舜禹汤文王仲尼六君子先后相诏，必曰心而不曰性，何也？曰：心也者，知天地、宰万物，以成性者也。六君子，尽心者也，故能立天下之

---

[24] 《知言・事物》，《胡宏集》，第22页。
[25] 按《知言・义理》又说"性定则心宰"，与心纯则性定之说不合，胡宏工夫论以心成性，故当从《知言・仲尼》之说。

大本。㉕

既然"性立天下之有",性是宇宙的根源和本性。然而,为什么古圣先贤相传的道统只强调心而不强调性?胡宏认为,性在本体论上是最重要的,心在道德实践中是最重要的。性虽然是宇宙的根本,而心才是道德实践的用力之地和根本出发点,因而对于人的精神发展来说必须强调"心"。心的功用是能够认识自然(知天地)、主导实践(宰万物,此处的物即事物,宰即意识主体指导实践的决定作用),完成自己的本性。张载思想中曾有尽心成性的观念,胡宏也认为,人性的完成必须依赖和通过心的作用。当然,并不是任何状态的心都可以"成性",只有充分地把心的先验功能实现出来,才能使性得到完成。

六 察识涵养,居敬穷理

湖南学派实践工夫论中关于察识涵养的思想也是有特色的。而关于察识涵养的思想又是以对心的看法为基础的。胡宏指出:

> 凡人之生,粹然天地之心,道义完具,无适无莫,不可以善恶辨,不可以是非分,无过也,无不及也,此"中"之所以名也。夫心宰万物,顺之则喜,逆之则怒,感于死则哀,动于生则乐。欲之所起,情亦随之,心亦放焉。故

㉕ 《知言疑义》,《胡宏集》,第328页。

第十章 胡 宏

有私于身，蔽于爱，动于气，而失之毫厘，谬以千里者矣。……为君子者奈何？戒谨于隐微，恭敬乎颠沛，勿忘也，勿助长也，则中和自致。㉗

胡宏认为，人生本有道义之心，此心即是良心，亦即赤子之心。孩提少年良心未放，及长成年，"嗜欲动于内，事物感于外"㉘，良心遂放。"放心"之说出于孟子，指道德意识的丧失。心与外部事物发生关系，产生各种情感欲望，心被情欲牵向外物而不知返，这就流于恶。由此他提出：

> 情一流则难遏，气一动则难平。流而后遏，动而后平，是以难也。察而养之于未流，则不至于用遏矣；察而养之于未动，则不至于用平矣。是故察之有素，则虽婴于物而不惑；养之有素，则虽激于物而不悖。㉙

情与气这里分别指欲望与情绪，胡宏认为，如果欲望与情绪不受控制而任其放荡发作，就是恶。情绪发作之后就难以控制，情欲流溺之后就不易遏止。所以精神的修养必须在情之未流、气之未动的时候敏锐地去察觉是否有流动的苗头，不断地加以涵养。

"察"在湖南学派又称"察识"。胡宏认为，察识不仅指要

㉗ 《知言疑义》，《胡宏集》，第332页。
㉘ 《复斋记》，《胡宏集》，第152页。
㉙ 《知言·一气》，《胡宏集》，第28页。

在情之未流、气之未动时察见消极的情气，也要在一切意识的活动中察识积极的良心。他说：

> 齐王见牛而不忍杀，此良心之苗裔，因利欲之间而见者也。一有见焉，操而存之、存而养之、养而充之，以至于大，大而不已，与天地同矣。此心在人，其发见之端不同，要在识之而矣。㉚

"见""识"也就是"察"，要求人在日用之间察见意识活动中的良心，察见后努力操存涵养、不断扩充。后来湖南学派把这个修养方法叫作"先察识后涵养"，如胡伯逢说："必有所觉知，然后有地可以施功而为仁也"，㉛吴翌也说："若不令省察苗裔，便令培壅根本，夫苗裔之萌且未能知，而还将孰为根本而培壅哉？此亦何异闭目坐禅、未见良心之发便敢自谓'我已见性'者？"㉜胡宏讲的情（气）之未动不是指心之未发，情之流、气之动是欲望与情绪的放任，因而察于未动只是说在情欲情绪正常发用的状态下去察识，就是说，察识仍是一种已发的工夫。良心的察见也是在心的已发上从事的工夫。胡宏认为，如果不从省察觉识意识活动中的善恶之端入手，去从事没有目的的涵养未发，那就只能是兀然呆坐，与禅学没有分别了。他特别强调，如果不从体察良心入手，就不可能达到知性、见性、尽性。

㉚ 《知言疑义》，《胡宏集》，第 335 页。
㉛ 《五峰学案》，《宋元学案》卷四十二，第 1386—1387 页。
㉜ 同上书，第 1388 页。

第十章 胡 宏

胡宏也谈到居敬致知,他说"学为君子者莫大于致知"[33],"必先致知,及超然有所见,方力行以终之"[34],又说:"明理居敬,然后诚道得。天道至诚故无息,人道主敬所以求合乎天也。……敬也者,君子之所以终身也。"[35] 致知指明理,先有所见,然后力行,所以致知先于力行。胡宏把居敬与明理并列,表示他对"主敬"的重视。他说的敬近于诚,即诚敬。他还提出他的格物说:

> 格之之道,必立志以定其本,而居敬以持其志。志立于事物之表,敬行乎事物之内,而知乃可精。[36]

胡宏的主敬思想虽然不够明确,但他们这些思想对早年的朱熹影响较大,从朱熹乾道间的许多提法中都可以看到胡宏的影响。

胡宏的弟子张栻是朱熹的好友,生时与朱熹齐名,可惜早逝,故湖南学派的影响逐渐减小,只被视为朱熹学派的同道而已。

---

[33] 《知言·大学》,《胡宏集》,第32页。
[34] 同上书,第34页。
[35] 《知言·一气》,《胡宏集》,第28页。
[36] 《复斋记》,《胡宏集》,第152页。

第十一章 朱　熹

朱熹，字元晦，一字仲晦，号晦庵，生于宋高宗建炎四年（1130），卒于宋宁宗庆元六年（1200）。朱熹祖籍徽州婺源（今属江西），他的父亲因仕于福建，即居住在福建，朱熹生于福建的尤溪，长期居住在崇安、建阳讲学，因此传统称他的学派为"闽学"。朱熹是宋代理学的集大成者，也是中国学术史上最著名的思想家之一。

朱熹早年泛滥辞章，出入佛老，对各种学问有着极为广泛的兴趣。据记载，朱熹青年时赴进士考试，临行时他的老师检查他的行李，结果发现他的全部行装中唯一的一本书竟是当时一个著名禅师的语录《大慧语录》。这个故事的细节也许还可以进一步考证，但也足以说明青年时代的朱熹对佛教的热心追求。

朱熹十九岁中进士第，后任泉州同安县主簿，同安既归之后，从学于杨时的再传弟子李侗，从此走上了道学的发展道路。

第十一章 朱　熹

后来又曾任枢密院编修官、秘书省秘书郎。他还先后在江西的南康、福建的漳州、湖南的潭州（在今长沙）做过最高行政长官，有过不少实绩。每至一处，兴政之余，从不忘聚徒讲学。在当时是最有声望的学者。绍熙五年，他六十五岁时，被召入都，除焕章阁待制兼侍讲，可是为时很短。此后，由于他被卷入当时的政治斗争，被当权者夺职罢祠，他和他的学派被诬称为"伪学"，受到了很大压制。

朱熹的社会政治思想是要求正君心，立纲纪，亲忠贤，远小人，移风易俗，改变社会不良风气，认为这是富国安民、恢复中原的根本。有一次他奉召入都，路上有人对他说，皇帝不喜欢什么"正心诚意"，你见了皇帝切勿以此为言！朱熹严肃地回答："吾平生所学，惟此四字，岂可隐默以欺吾君乎？"[①] 宋孝宗晚年对朱熹的意见也还是重视的，有一次朱熹上封事，论天下六大急事，疏入时孝宗已就寝，"亟起秉烛，读之终篇"[②]。

朱熹平生不喜做官，常屡召不起，以各种理由辞免，所以他登进士第后五十余年中，"仕于外者仅九考，立朝才四十日"[③]，其余时间主要在福建崇安、建阳一带著书讲学。他少时家贫，后因很少做官，生活穷窘，学生远近来学，自负粮食，常无肉菜，仅"脱粟饭"而已。尽管如此，他和他的学生们不以此为意，著书与讲学是他一生最大的乐趣。

朱熹把《论语》《孟子》《大学》《中庸》合编为"四书"，

---

① 《宋史》卷四百二十九，第12757页。
② 同上书，第12762页。
③ 同上书，第12767页。

使四书成了宋以后高于五经的经典体系,他一生致力于四书的诠释,具有很高的造诣,这是后来他对四书的解释被奉为科举考试标准的原因。他以继承伊洛传统为己任,以二程思想为基础,充分吸收北宋其他理学思想家的思想营养,建立了一个庞大的"理学"的体系,他的著作极为繁富,其中重要的有《四书集注》《四书或问》《周易本义》《太极解义》《西铭解义》等,他的讲学语录《朱子语类》就有一百四十卷,他的文集《朱文公文集》亦有一百二十卷。

一　理气先后

在接触理学的时候,有一个问题会常常遇到,那就是:理是什么?理学中所说的"理"其实并不神秘,它和我们今天日常生活语言中的"物理""道理"的意义是相通的。我们在日常语言中常常会听到或说出这样的话"岂有此理""蛮不讲理""不讲道理""按道理说"等等,在这些话语中的"理"一般都是指一定社会的人由理性所共同确认的道德法则、交往原则、行为规则、推理原理。在近代科学传入中国以前,"理"又常指事物具有的性质、规律和法则,如《庄子》中的"天地之理",《荀子》中的"物之理",《易传》中的"穷理"等。所以,理学中所说的"理",其中两个最主要的意义是指事物的规律和道德的原则。在理学看来,理虽然可以主要分析为这样两种不同意义,而这两者在本质上是统一的,即道德原则实质上是宇宙普遍法则在人类社会的特殊表现而已。

第十一章 朱 熹

朱熹继承了二程哲学中关于理事关系的讨论,并且作了进一步的发展。他提出:"凡有形有象者,皆器也。其所以为是器之理者,则道也。"④ 事、物、器是有形有象,可以由感性把握的,理或道则是指事物的本质和规律,在理事的这种区分基础上,朱熹进一步发挥了程颐关于理事的体用一源的思想。他说:

> 自理而观,则理为体、象为用,而理中有象,是一源也。显微无间者,自象而观,则象为显、理为微,而象中有理,是无间也。⑤

他认为,事物是显著的,理是深微的,就事物上看,一切事物中都有理。如果仅就理上看,理虽然没有形迹,但其中已包含了事物的本质,包含了事物发展的可能性,这也就是程颐所说的"体用一源,显微无间"。按照这个逻辑,事物还未存在的时候,事物的理可以预先存在,这个理决定了后来事物的必然出现和存在。程颐本来也说过"有理而后有象",只是程颐还没有阐述得那么清楚。

朱熹则把这一"理在事先"或"理在事上"的思想明确化了,他讨论了理事的先后问题,他认为:

> 若在理上看,则虽未有物,而已有物之理,然亦但有

---

④ 《与陆子静》,《朱文公文集》卷三十六。
⑤ 《答何叔京》,《朱文公文集》卷四十。

> 其理而已，未尝实有是物也。⑥
>
> 　未有这事，先有这理，如未有君臣，已先有君臣之理；未有父子，已先有父子之理。不成元无此理，直待有君臣父子，却旋将道理入在里面。⑦

这就是说，一类事物尚未产生的时候，这些事物的规律、法则、原理已经存在。换言之，一切事物的法则，包括人类社会的各种原则都是永恒存在，而且不会改变的。

朱熹进一步讨论了理与气的问题，张载的思想强调气，但忽视理；二程重视理，但忽视气。朱熹认为，一切事、物、器都是由理与气构成的，气是构成一切事物的材料，理是事物的本质和规则。宇宙及万物都是由理、气两个方面共同构成的。他说：

> 天地之间，有理有气。理也者，形而上之道也，生物之本也。气也者，形而下之器也，生物之具也。是以人物之生，必禀此理然后有性，必禀此气然后有形。⑧

古希腊的哲学家把宇宙万物的构成分为形式与质料两个要素，形式指每一事物所以为这一事物的理，质料是指构成事物的材料。如一个方的事物有其所以为方的理，这个方的事物则可以

---

⑥ 《答刘叔文》，《朱文公文集》卷四十六。
⑦ 《朱子语类》卷九十五，第 2436 页。
⑧ 《答黄道夫》，《朱文公文集》卷五十八。

第十一章　朱　熹

是木块，也可以是砖石，就是说可以是木头，也可以是泥土或其他什么东西组成的。泥土或木头又是由某种形式和某种材料构成的，这样推下去，最后得到的那种纯粹的没有形式的材料就叫作质料。朱熹说的理与气，也类似希腊哲学家的看法，不同之处在于，古希腊哲学家讲的理主要是指事物的形式、共相，而朱熹讲的理，主要是指事物的法则、规律。

朱熹进而探讨了理气有无先后的问题，他认为，就现实世界来说，理与气是不能分离的，天下任何事物都是由理气两方面结合而成，没有无理之气，也没有无气之理。但就本源上说，便不同了，他曾答他的学生说：

> 未有天地之先，毕竟也只是理，有此理便有此天地，若无此理便亦无天地，无人无物，都无该载了。有理，便有气流行，发育万物。⑨

也就是说理是先于气存在的。

朱熹关于理事先后的讨论涉及的是一般与个别的关系。一类事物的理作为这一类事物的共同本质、规律，体现在此类一切事物之中，不为此类事物中某个个别事物所私有，也不以个别事物产生、消灭为转移。因此久已有的一类事物的理对于此类中后来的某个事物来说，可以是"理在事先"，这表现了法则、规律的一般性、普遍性。但一类事物都不存在，它们的理

---

⑨ 《朱子语类》卷一，第1页。

也就不存在。朱熹有见于一类事物的理对此类中个别事物的先在性，但据此认为一类事物的理可以先于此类事物而存在，这就把理绝对化了。而理在气先的思想显然是把理在事先的思想进一步推展到宇宙本源问题上的必然结论。认为物质世界尚不存在时，其普遍规律即已存在，这是一种哲学上的客观的观念论。

朱熹晚年意识到，断定理在气先容易引起某些不易解决的矛盾。比如，理学创始人程颐强调"动静无端、阴阳无始"，而按理先于气的说法，宇宙的阴阳就必须有个开始。在朱熹晚年的讲学记录中有一段对话：

> 或问：理在先气在后？曰：理与气本无先后之可言，但推上去时，却如理在先气在后相似。[10]

这就是说，理与气实际上无所谓先后，但在逻辑上有一种先后的关系，也就是说，理在气的"先"是指逻辑上的在先，而不是时间上在先。这种逻辑在先的思想，实际上仍然是认为理是本、是体、是第一性的，气则是第二性的。

二 理气动静

周敦颐的《太极图说》宣称"太极动而生阳"，太极是自身

---

[10] 《朱子语类》卷一，第3页。

第十一章 朱 熹

运动的实体,这是由于周敦颐以太极为混然一气。朱熹则认为太极是理,这样一来就产生了一个问题:被朱熹规定为理的太极究竟是否能动静?

朱熹曾为周敦颐的《太极图说》作过解义,他认为:

> 盖太极者,本然之妙也;动静者,所乘之机也。太极,形而上之道也;阴阳,形而下之器也。⑪

朱熹认为,动静属于现象世界的表现,动静是指阴阳二气的动静,而不是指太极自身的动静。太极是作为本体存在于阴阳动静之中的理,它自身并不动静,所谓动静只是指太极所乘气机的动静。他对此进一步作了通俗的说明:

> 阳动阴静,非太极动静,只是理有动静,理不可见,因阴阳而后知,理搭在阴阳上,如人跨马相似。⑫

这是说周敦颐所谓阳动阴静并不是指太极自身能动静,动静的主体是阴阳,动静的根据是理,能够运动的二气与存在于二气之中而自身不动的太极,二者好像人骑马行走一样,他说:

> 太极理也,动静气也。气行则理亦行,二者常相依而未尝相离也。太极犹人,动静犹马,马所以载人,人所以

---

⑪ 《太极图说解》,引自《周敦颐集》,第3页。
⑫ 《朱子语类》卷九十四,第2374页。

乘马，马之一出一入，人亦与之一出一入，盖一动一静，而太极之妙未尝不在焉。[13]

太极是理，理无形无状，是不可能有什么动静的，因为动静是形而下者的规定。但理存在于气之中，气是可以动静的，气对于理来说，是理乘载搭寓其上的运动体，这样一来，理虽然无动无静，但因乘载在动静的气上，就有了相对的动静，正如乘于马背上的人，他虽然自己没有跑动，但因乘于跑马之上，就有了相对于地的运动。所以，如果说到太极动静，也只是指理随气而动，理乘气而动，并不是指理在气中运动或现实世界之外还有一个独立的理的世界在运动。

三 理一分殊

"理一分殊"四字是程颐在回答杨时关于《西铭》的疑问时提出来的。杨时怀疑《西铭》的提法有混同于墨家兼爱论的弊病，对此程颐回答说："《西铭》明理一而分殊，墨氏则二本而无分。分殊之蔽，私胜而失仁；无分之罪，兼爱而无义。"[14] 程颐的这一命题虽然强调《西铭》的万物一体说并不排斥个人对不同对象承担的义务不同，也包含了这样的思想，即一般的道德原理可以表现为不同的具体规范，不同的具体规范中含有共同的道德原理。在这一点上朱熹继承了程颐的思想，他说：

---

[13] 《朱子语类》卷九十四，第2376页。
[14] 《答杨时论西铭书》，《二程集》，第609页。

第十一章　朱　熹

> 天地之间，理一而已。然乾道成男，坤道成女，二气交感，化生万物，则其大小之分、亲疏之等，至于十百千万而不能齐也。……盖以乾为父，以坤为母，有生之类无物不然，所谓理一也。而人物之生，血脉之属，各亲其亲，各子其子，则其分亦安得而不殊哉。⑮

程颐与朱熹都认为，个人在宇宙中处于一定关系之中，对他人、他物负有一定义务，由于关系地位不同，个人对他人直接承担的义务也有所差别，如人对亲属、外人乃至对天地万物各具有不同的义务，一个人首先应爱其父母，然后及人及物。从而，仁爱的原则在实施上呈现出亲疏有等的差别。但程朱认为，虽然施行上亲疏有等，但其间体现的道德原则是一致的，即道德基本原理表现为不同的道德规范，具体规范中又贯穿着普遍原理。朱熹进一步说明这种关系是伦理领域中普遍存在的关系：

> 理只是这一个，道理则同，其分不同，君臣有君臣之理，父子有父子之理。⑯
> 所居之位不同，则其理之用不一。如为君须仁，为臣须敬，为子须孝，为父须慈，物物各具此理，而物物各异其用，然莫非一理之流行也。⑰

---

⑮ 《西铭解义》，引自《张子全书》卷一。
⑯ 《朱子语类》卷六，第99页。
⑰ 《朱子语类》卷十八，第398页。

统一的道德原则表现为不同的具体行为规范，各种道德行为中又包含着统一的普遍原则，这就是"理一分殊"对于作为伦理的理的意义。

前面曾经指出，"理"有几种不同的具体含义，因而"理一分殊"在不同的"理"的意义下也有不同意义。朱熹的理一分殊说还特别强调它在性理意义上的理的运用，他说：

> 合万物而言之，为一太极而一也。自其本而之末，则一理之实万物分之以为体，故万物之中各有一太极。[18]
>
> 本只是一太极，而万物各有禀受，又各自全具一太极尔。如月在天，只一而已，及散在江湖，则随处而见，不可谓月已分也。[19]
>
> 盖合而言之，万物统体一太极也；分而言之，一物各具一太极也。[20]

朱熹认为，把天地万物作为一个总体来看，其中有一个太极，是这整个宇宙的本体、本性，这个太极是一。而就每一事物来看，每一事物都禀受了这个宇宙本体的太极（理）作为自己的性理。由于每一事物的性理与作为宇宙本体的太极是相同的，所以事物的性理虽然禀自太极而来，却不是分有了太极的一部

---

[18] 《通书解》，引自《周敦颐集》，第31页。
[19] 《朱子语类》卷九十四，第2409页。
[20] 《太极图说解》，引自《周敦颐集》，第4页。

第十一章 朱 熹

分,事物中充满的性理也就是该事物自身具有的太极,这个关系就叫统体一太极,物物一太极。一物各具一太极,就是分殊。所以,在性理的意义上,理一分殊的意义是指宇宙本体的太极与万物之性的关系。总起来看,宇宙万物的本体只是一个太极,而每一事物中也都包含着与那本体的太极完全相同的太极作为自己本性。

从分殊来看,在性理的意义上,物物各具的太极是没有差别的;在伦理意义上,事物的具体规范是有差别的,这种差别,在物理的意义上更为突出。朱熹认为,事物的具体规律、性质是各个差别的,这与物物具有的太极各个相同是不一样的,而这也是一种理一分殊,他说:

> 如这片板,只是一个道理,这一路子恁地去,那一路子恁地去;如一所屋,只是一个道理,有厅有堂;如草木,只是一个道理,有桃有李;如这众人,只是一个道理,有张三有李四,李四不可为张三,张三不可为李四。如阴阳,《西铭》言理一分殊,亦是如此。[21]

每一类事物都有这一类事物的理,事物不同,普遍之理在事物上的具体表现也不同。一切房屋有共同的理,但房子之理是由厅堂等不同形式具体体现出来,桃李都是草木,但草木的一般规律在桃李的表现是有差异的。根据理一分殊的思想,事物的

---

[21] 《朱子语类》卷六,第102页。

具体性质、规律是各不相同的，金木水火土各有其理，人的实践必须依从不同对象固有的特定之理，否则就会失败。从这个方面来说，所谓万物一理，不是指万物的具体规律的直接同一，而是说从更高的层次上看，它们都是同一普遍原理的表现，而具有统一性。

四　未发已发

未发已发是程颐之后，杨时、胡宏等都十分重视的问题，这个问题既有心理学说自身的理论意义，又有修养工夫的实践意义。大体上说，从杨时到朱熹的老师李侗都强调体验"未发"，而胡宏则主张在"已发"上用功。

朱熹早年曾受胡宏学派的影响，认为人只要生存着，心的作用就从不停止，即使在睡眠和无所思虑时也是如此。既然生存着的人其心在任何时候都不是寂然不动，那就是说心在任何时候都处于"已发"状态。由于心总是处于已发状态，那么，"未发"就不是指心，而只能是指心之体，指性，性才是真正寂然不动的未发。因此，他反对"未发之前"一类的说法，在他看来，心总是已发，没有什么未发之前的状态；性总是未发，发了就不再是性。他把这种观点叫作"心为已发，性为未发"。这实际上是以性为体，以心为用，与《中庸》从情感发作的前后定义未发已发的意义不同。

朱熹在四十岁时改变了他上述的观点（所谓己丑之悟），形成了后来他一直坚持的看法。在朱熹成熟的已发未发说中，未

第十一章 朱　熹

发、已发有两种意义：

第一，以"未发""已发"指心理活动的不同阶段或状态。

朱熹说："……思虑未萌、事物未至之时为喜怒哀乐之未发，当此之时即是心体流行寂然不动之处，而天命之性体段具焉。以其无过不及、不偏不倚，故谓之中，然已是就心体流行处见，故直谓之性则不可。"[②] 他认为人生至死虽然心的作用从未止息，但心的这一不间断的作用过程可以分为两种状态或阶段，思虑未萌时心的状态为未发，思虑已萌时心的状态为已发。也就是说，不再像以前那样主张心都是已发，而把心的活动分为有已发时，有未发时。思虑未萌时心的作用虽未停止，但可规定此种状态为寂然不动的未发；思虑已萌时心的作用明显活动，可规定此种状态为感而遂通的已发。所谓"中"是表征心的未发的状态，不是指性。

无所思虑时，知觉并未消昧，但此时思维作用没有主动发挥，也未被动反应，相对于显著活动的状态属于静；思虑意念产生在主体与客体相互作用后，其状态属于动。朱熹这种关于未发已发的观点是为了给静中涵养工夫一个地位。因为，如果心任何时候都是已发，人的工夫便只是已发上用功，就容易只注意明显的意识活动的修养。而确认了思虑未萌的未发意义，就可以使人注意从事未发时的涵养。于是朱熹从这种心性论出发，把人的修养分为两方面：一种是未发工夫，即主敬涵养，一种是已发的工夫，即格物致知，他继承了程颐"涵养须用敬，

---

② 《已发未发说》，《朱文公文集》卷六十七。

进学则在致知",提出"主敬以立其本,穷理以进其知"的学问宗旨。

第二,以未发为性,以已发为情。

在朱熹对未发已发的使用中,不仅有上述第一种用法,在心性论本身,朱熹对未发已发的使用更多用以指性与情之间的体用关系。如:

> 性情一物,其所以分,只为未发已发之不同耳。若不以未发已发分之,则何者为性,何者为情耶?㉓
>
> 情之未发者性也,是乃所谓中也,天下之大本也。性之已发者情也,其皆中节则所谓和也,天下之达道也。㉔

朱熹认为,性是一个本质的范畴,是深微不发的,它只能通过现象的意识活动来表现。情则是一个意识现象的范畴,情是性的表现,性是情的根据和根源。他认为,"未发""已发"也适用于性情之间的这种关系。

五 心统性情

在胡宏的心性论中,以性为体,以心为用,体系中没有情的地位。朱熹心性论的一个主要之点就是,他虽然也主张性为体,他认为心不是用,用是情,而以心为贯统性情的总

㉓ 《答何叔京》,《朱文公集》卷四十。
㉔ 《太极说》,《朱文公集》卷六十七。

第十一章 朱 熹

体。他说:

> 心主于身,其所以为体者,性也;所以为用者,情也,是以贯乎动静而无不在焉。[25]
>
> 仁义礼智,性也;恻隐羞恶辞让是非,情也;以仁爱,以义恶,以礼让,以智知者,心也。性者心之理也,情者心之用也,心者性情之主也。[26]

朱熹认为,性情不仅互为体用,而且性是心之体,情是心之用,心则是赅括体用的总体,性情都只是这一总体的不同方面。他认为这种心、性、情之间的关系,就是张载提出而未加发挥的"心统性情"。

从这个观点考察人的意识活动系统与结构,心是标志思维意识活动总体的范畴,其内在的道德本质是性,具体的情感念虑为情。系统的原理是此系统的"体",即内在、深微的原理、本质,系统的功用是此系统的"用",系统总体则包括体用、兼摄体用。所以朱熹说"心统性情"的"统"的一个主要意义是指"兼""包"。基于这样的区分,朱熹认为心、性、情三个概念各有确定对象,是不可以混淆的,性是现实意识及情感所以产生的根源,后者则是前者的外在表现。情是具体的,性则是某种一般原则,相对于性情而言的心则是指意识活动的总体、主体。

---

[25] 《答何叔京》,《朱文公文集》卷四十。
[26] 《元亨利贞说》,《朱文公文集》卷六十七。

心统性情的另一主要意义是指心主性情，朱熹说：

> 性是体，情是用，性情皆出于心，故心能统之。统如统兵之统，言有以主之也。㉗

"心主性情"就对情而言，是指心对情的主宰作用，即意识主体和理性对于情感的主导、控制，也包括道德意识对于非道德观念的裁制，这一点是容易被理解的。至于心对于性的"主宰"，则不能拘于词语，要结合朱熹关于主敬工夫的思想来看。本来，性作为意识活动总体的本质，对意识活动应起一种支配的作用，而朱熹又认为，对心的修养在一定程度上决定着性的这种支配作用能否得到正常表现和发挥。按照朱熹的思想，情之未发则为性，此时心中浑具天理，虽为未发而不可谓无心，为了保持心之未发的"中"的状态不受干扰，必须有所主宰，有所涵养。如果心在未发时没有一种涵养，没有一种主宰，就会昏乱不静。因此需要以主敬的方法保持未发时心境的清明和注意力的集中。所谓心主乎性，就是指心在未发时的主敬保证性能不受干扰地作用于人的现实思维的作用。

"心统性情"一语首先见于张载的语录，朱熹对此倍加推崇，但张载对这一命题未给以具体解说，在后来宋明理学中实际发生影响的是朱熹关于心统性情的思想。

㉗ 《朱子语类》卷九十八，第 2513 页。

第十一章　朱　熹

六　天命之性与气质之性

"性"的概念在朱熹哲学中有不同意义，一是指天命之性，一是指气质之性。

二程曾提出"性即理也"，从人性论上说，其意义在于强调人之本性不仅与道德法则，而且与宇宙普遍法则完全一致。在二程那里，还没有像朱熹那样，基于一种理气观，把人性说成为禀受得到的天理。朱熹认为，天地间有理有气，人物的产生都是禀受天地之气以为形体，禀受天地之理以为本性，使人之本性与天地之理有了一种直接的宇宙论的联系。朱熹认为，从人和物的角度看，人物之性都是从天禀受而来；从天的角度看，则可说是天赋予命与万物以性，他认为这也就是《中庸》"天命之谓性"的意义。因此，在朱熹哲学中，天理被禀受到个体人物身上所成的性常称作"天命之性"。

禀理为性说只讲了人具有先天的善的品质，并未说明恶的品质产生的根源，朱熹继承了程颐的思想，坚持以"论性"和"论气"相补充。他认为恶的品质同样有先天的根据，这就是气质（气禀），虽然这种先天的恶可以经过道德修养加以改变。他认为，在人禀受的气质中，有清浊偏正等不同，所禀气质的昏浊偏塞是人的恶的品质的根源。气禀之不善成为恶的根源主要是由于气禀的昏浊造成了对本性的隔蔽，从而影响了人的善的本质在某些方面的表现，结果呈现出恶的性质。对每个人来说，性理都全体具备，而道德品质的先天差异完全取决于气禀的清浊是否隔蔽性理的表现。

由于一切人物兼受所禀理气两方面的影响，所以现实的人物之性不能说纯粹由理或纯粹由气所决定。为了说明人性是受理气共同制约的，并解释儒学史上人性品级差异的说法，就不仅要有天命之性和气质（气禀）的概念，还要有综合反映理气影响的人性概念，这就是朱熹提出气质之性概念的缘由。

北宋理学的气质之性概念是把气质之性作为阴阳二气及形质自身的属性，如攻取之性，用于说明禀性的刚柔迟缓，而朱熹哲学中的气质之性概念则与之不同。朱熹说：

> "人生而静"是未发时，"以上"即人物未生之时，不可谓性，才谓之性便是人生以后，此理堕在形气之中，不全是性之本体矣。然其本体又未尝外此，要人即此而见得其不杂于此者耳。㉘

人物的性是禀受天地之理得来的，人物未生时，天地之理流行于天地之间，理禀受到一定形气之后才成为性。但理一旦进入形气体质就不可避免地受到气质的"污染"，因而朱熹认为，一切现实的人性已不是性的本来面目（性之本体）了。而这个受了气质污染，并对每个人直接发生作用的现实人性就是"气质之性"。气质之性反映出的，既有理的作用，也有气的作用，是道德理性与感性欲求的交错综合，所以朱熹说："论天地之性则

㉘ 《答严时亨》，《朱文公文集》卷六十一。

是专指理言，论气质之性则以理与气杂而言之。"[29] 天命之性是气质之性的本然状态，气质之性则是天命之性受气质熏染发生的转化形态。朱熹举例说，天命之性如水，气质之性如盐水。每个人的天命之性是相同的，而因人的气质不同，所以人与人的气质之性是不同的。朱熹说，以前的儒者把性分为三品，指的就是气质之性。

朱熹认为，有了这两种性的观念，哲学史上人性的争论就可以迎刃而解，所谓性恶、性善恶混、性三品，都是讲的气质之性，而气质之性的本体状态是天地之性，是纯善无恶的，因为性之本体即是理。

七 主敬涵养

宋明理学家大都各自有特殊的修养方法，朱熹倡导的修养方法为"主敬涵养"，在宋明理学中有较大影响。朱熹关于主敬涵养的思想是发展了程颐关于持敬和"涵养须用敬"的思想并吸收了程门弟子及他自己的修养体验所形成的，是"理学"修养论的集大成者。

朱熹的主敬涵养说有广狭两义，狭义的主敬涵养专指未发工夫而言，与穷理致知相对；广义的主敬涵养则贯通未发已发，贯通动静内外的全过程。

朱子论主敬指出：

---

[29] 《答郑子上十三》，《朱文公文集》卷五十六。

> 敬有甚物，只如"畏"字相似，不是块然兀坐，耳无闻、目无见、全不省事之谓，只收敛身心、整齐、纯一，不恁地放纵，便是敬。㉚
>
> 敬不是万事休置之谓，只是随事专一谨畏，不放逸耳。㉛
>
> 敬只是常惺惺法，所谓静中有个觉处。㉜

朱子所说的主敬有以下几种意义：

第一，收敛，把身心收向内，不要使身心放纵散逸或四处走作，这也叫收拾精神。这个说法来自尹焞。

第二，谨畏，使内心常处于一种敬畏的状态，这种畏并不是对某一具体对象的恐惧。

第三，惺惺，就是使内心总处于一种警觉、警省的状态，惺惺又称提撕，表示与昏倦相对的警觉状态，这个说法来自谢良佐。

第四，主一，主一即专一、纯一、无适。

第五，整齐严肃。后两条直接来自程颐。

前四条可以说是内之敬，第五条是外之敬，主敬的最基本的要求就是要做到内无妄思、外无妄动。

由于朱熹区分未发与已发，注重未发时的涵养工夫，所以特别强调未发时的主敬。所谓未发时的主敬，是指在无所思虑

㉚ 《朱子语类》卷十二，第 208 页。
㉛ 同上书，第 211 页。
㉜ 《朱子语类》卷六十二，第 1503 页。

第十一章 朱 熹

与情感未发生时，仍努力保持一种收敛、谨畏和警觉的知觉状态，最大程度地平静思想和情绪，把注意力集中在内心，提撕此心，使之有所警省而无思虑，心境清明而不昏乱，注意力集内而不外驰，使心达到在觉醒状态下的一种特殊宁静状态。朱熹认为，这种未发的主敬修养不仅可以涵养德性，而且可以为穷理致知准备充分的主体条件。在他看来，如果没有未发的主敬，心思散乱而不清明，人就不可能认识了解事物之理，他说："主敬之说，先贤之意盖以学者不知持守，身心散慢，无缘见得义理分明，故欲先且习为端庄严肃，不至放肆怠惰，庶几心定理明耳。"[33]

当然，朱熹主张敬贯动静，所以主敬并不是只作为致知的准备才具有意义，主敬要贯穿在知与行、未发与已发的全过程，收敛、谨畏、警省、主一、严肃要贯穿到从格物致知到治国平天下所有节目，朱熹的弟子曾概括他的主敬说为：

> 其为学也，穷理以致其知，反躬以践其实，居敬者所以成始成终也。谓致知不以敬，则昏惑纷扰，无以察义理之归；躬行不以敬，则怠惰放肆，无以致义理之实。[34]

这个提法用敬贯动静、敬贯始终、敬贯知行概括朱子的为学之方，是比较全面地反映了朱熹的思想的。

---

[33] 《答方子实》，《朱文公文集》卷五十九。
[34] 王懋竑：《朱子年谱》卷四，商务印书馆丛书集成初编本，第231页。

八　格物穷理

在秦汉之际成书的《礼记》中有一篇题为《大学》，宋代的理学家把这一篇抽出来，加以特别表彰，把它放在与《论语》《孟子》相同的地位。《大学》提出了两个重要的实践性观念"格物"和"致知"，理学家们认为从这两个基本概念出发可以衍演出一套新儒家的认识论和修养论。在这个问题上朱熹和程颐有相同的看法。他大力强调并发展了程颐关于格物的思想，使得格物论成了朱子学体系的重要理论特征。

朱熹对格物的解释是：

格，至也。物，犹事也。穷至事物之理，欲其极处无不到也。㉟

致知之道在乎即事观理以格夫物。格者，极至之谓，如格于文祖之格，言穷而至极也。㊱

朱熹所理解的"格物"有三个要点：第一是"即物"，就是接触事物；第二是"穷理"，即研究物理；第三是"至极"，朱熹用以训格的"至"即指"极至"。朱熹认为格物的基本意义是要穷理，但穷理要到具体事物上去穷，穷理又必须穷至其极。

何谓"致知"？朱熹在孤立地训解"致知"二字时说：

㉟　《大学章句》经一章，《四书章句集注》，中华书局，1983年，第4页。
㊱　《大学或问》卷一。

第十一章 朱 熹

> 致，推极也。知，犹识也。推极吾之知识，欲其所知无不尽也。㊲

但朱熹认为，所谓致知，并不是与格物不同的另一种工夫或方法，并不是指人去努力发挥自己固有的知识或用已知的东西去推知未知的东西，他说：

> 格物只是就一物上穷尽一物之理，致知便只是穷得物理尽后我之知识亦无不尽处，若推此知识而致之也。此其文义只是如此，才认得定，便请依此用功，但能格物则知自至，不是别一事也。㊳

格物是指努力穷索事物之理，而当人们通晓事物之理后，人的知识也就完备彻底了。所以致知只是指主体通过考究物理在主观上得到的知识扩充的结果，致知作为格物的目的和结果，并不是一种与格物并行的、以主体自身为对象的认识方法或修养方法。朱熹强调，致知只是就认识实践在主体方面获得的知识成果而言，没有即物穷理，主体自身是无法扩充知识的。

朱熹认为，理普遍存在于一切事物之中，事物大小精粗莫不有理，因为格物的对象是极为广泛的，他说：

㊲ 《大学章句》公圣一章，《四书章句集注》，第 4 页。
㊳ 《答黄子耕》，《朱文公文集》卷五十一。

> 若其用力之方，则或考之事为之著，或察之念虑之微，或求之文字之中，或索之讲论之际，使于身心，性情之德、人伦日用之常，以至天地鬼神之变、鸟兽草木之宜，自其一物之中，莫不有以见其所当然而不容已与其所以然而不可易者。㊴

这表明朱熹认为格物的对象是极为广泛的，上至宇宙本体，下至一草一木，其中的"理"都必须加以研究，这种对象的广泛性也就决定了格物途径的多样性，其中主要是阅读书籍、接触事物和道德实践。

格物的目的最终要达到对事物的"所以然"和"所当然"的了解。"所以然""所当然"都是指理，"所以然"主要是指事物的普遍本质和规律，"所当然"主要指社会的伦理原则和规范。所以，朱熹主张的格物穷理，就其终极目的和出发点而言，在于明善，而就格物穷理的中间过程所括的范围来说，又包含着认识事物的规律与本质，积极肯定见闻之知作为充广知识的必要途径，表现出明显的知识取向。

在朱熹为《大学》所作的注释中，他认为流传下来的《大学》本文中缺失了原有对"格物"的解释，于是他就根据二程的格物论在他的《大学章句》中作了一个《补格物致知传》，其中说：

> 所谓致知在格物者，言欲致吾之知，在即物而穷其理也。盖人心之灵莫不有知，而天下之物莫不有理，惟于理

㊴ 《大学或问》卷二。

第十一章 朱　熹

有未穷，故其知有不尽也。是以《大学》始教，必使学者即凡天下之物，莫不因其已知之理而益穷之，以求至乎其极。至于用力之久，而一旦豁然贯通焉，则众物之表里精粗无不到，而吾心之全体大用无不明矣。⑩

知是属于主体的，理是属于客体的，格物是即物穷理至乎极，其方法程序则是"用力积累"与"豁然贯通"。朱熹认为，格物的目的是最终认识宇宙的普遍之理，要达到这一点，不会只格一物便能把握万物之理，也不需要把天下万物逐一格过。根据理一分殊的思想，具体事物的物理、伦理是各个差别的，同时又都是普遍、统一的宇宙原理的表现，只有通过"今日格一物、明日格一物"的反复积累，人的认识才会从个别中发现普遍，逐步认识一切事物间共同的普遍规律。朱熹指出，正像人在正常认识过程中常常体验到的，经过对外部事物反复考究的渐进过程，在某一阶段上人的思想认识就会产生一个飞跃，即"豁然贯通"，按照他自己的理解，这是一个基于经验活动的由特殊到普遍的飞跃。

朱熹的格物学说中虽然也包括省察身心性情之德方面，但主要和更多地强调对于外在事物的考究，尽力在方法论上指出学习知识的重要性，在他的学说中不仅容纳了认识的客观法则和辩证过程，而且表现出鲜明的理性精神。从认识论的路线和原则看，朱熹一方面承认人的内心本有天赋的道德原则，同时

---

⑩ 《大学章句》，《四书章句集注》，第 6—7 页。

又强调认识的直接对象是具体事物之理,只有通过具体的学习的积累过程才能最终使内心的原则彰显出来。他的思想中既包含一种唯理论的先验论,又包含关于认识过程的经验论。

九　道心人心

以理节欲本是孔子以来儒家哲学的固有思想,宋儒尤其注重培养理想人格,要求提高道德自觉,努力使道德意识最大限度地支配人的行为。为了这一目的,理学从二程起,大力宣讲伪《古文尚书》中所谓"道心""人心"的问题,在这一点上朱熹是二程的继承者。

朱熹认为,人心的知觉活动,按其内容可大体分为两种:

> 此心之灵,其觉于理者,道心也;其觉于欲者,人心也。[41]
>
> 只是这一个心,知觉从耳目之欲上去,便是人心;知觉从义理上去,便是道心。[42]

就是说,合于道德原则的意识是"道心",专以个体情欲为内容的意识是"人心",也就是说,道心指人的道德意识,人心指人的感性欲念。

人何以会有道心、人心两种不同知觉?朱熹说:

---

[41]　《答郑子上》,《朱文公文集》卷五十六。
[42]　《朱子语类》卷七十八,第 2009 页。

第十一章　朱　熹

> 心之虚灵知觉，一而已矣。而以为有人心道心之异者，则以其或生于形气之私，或原于性命之正，而所以为知觉者不同。是以或危殆而不安，或微妙而难见耳。㊸

凡人之生都是禀受"气"以为形体，禀受"理"作为本性。道德意识发自作为本性的理，感性情欲根于构成血肉之躯的气。道德意识常潜存心灵深处，所以为"微"；感性情欲并非皆恶，但不加控制就会流于不善，所以为"危"。朱熹认为这就是伪《古文尚书》中"人心惟危，道心惟微"的意思。他提出，"必使道心常为一身之主，而人心每听命焉，则危者安，微者著，而动静云为自无过不及之差矣。"㊹ 他认为，"人心"所包括的人的自然属性所决定的生理欲望并不是恶，并不是不好，因此，"人心"与理学主张去除的"私欲"是不同的，"人心"是泛指一切欲望，"私欲"则专指过分追求利欲、违背道德原则的欲念，所以私欲是"恶"，人心只是"危"。所谓"存天理、去人欲"，并不是去除一切"人心"、一切感性欲望，而是以道德意识克服违背道德原则过分追求利欲的意识。

从人的伦理生活实际来看，人的内心常常交织着道德观念与感性情欲的冲突，道德活动的基本特征是用道德意识评判裁制感性情欲，这种道德评价和自我控制的心理过程是理学道心人心说的现实依据。道德的基本特征就在于，强调在道德意识

㊸ 《中庸章句序》，《四书章句集注》，第14页。
㊹ 同上。

活动中用道德理性限制、压制个体的利己情欲，使人服从于社会通行的道德规范。朱熹虽然并不一概排斥或否定人的自然欲望，但他的思想总的倾向是强调把个人的欲望尽可能减低以服从社会的道德要求，表现出一种从封建等级制度出发对个体情欲的压抑，与近代以来资本主义要求打破等级、追求个人利益不受等级和封建道德原则限制的思想有很大不同，反映出理学作为前近代社会思想形态的性格。另一方面，也应看到，理学的道心人心说及天理人欲说确实看到了人类社会中社会总体利益与个体种种情欲的冲突这一基本矛盾，理学所提示的社会与个人、理性与感性、道德与情欲的伦理学矛盾具有普遍意义。

十　知先行后

中国古代哲学中所讨论的"知行"问题，常常不是认识的来源问题，尤其在儒家思想体系中，知行问题主要是道德知识与道德践履的关系问题。由于在这些讨论中经常引用生活实践中的例子，因而也在一定程度上含有认识的意义。在朱熹思想中的知行问题也包含有几种不同意义，而其中主要的是指致知与力行的关系。

朱熹论知行说：

> 致知力行，用功不可偏废。……但只要分先后轻重，论先后当以致知为先，论轻重当以力行为重。[45]

---

[45]　《朱子语类》卷九，第148页。

第十一章 朱　熹

> 知行常相须，如目无足不行，足无目不见。论先后，知为先；论轻重，行为重。[46]

所谓道德践履是指对既定的道德观念的实行、履行，这至少逻辑上包含了道德知识在道德践履之先。因此这个意义上的知先行后说，主要是指人的知识与人把既有知识付诸行为活动这两者的关系。在这里，"行"不是泛指一切行为，而是指对既有知识的实行。"知"即知识，又指求知。因而，在朱熹哲学中，格物致知虽然是一种行为，但其活动属于明理求知，而不是行理循理，所以格物致知只被看作"知"。可见，朱熹哲学中"行"的意义较狭，仅指对既有知识之实行，"知"的意义则较宽，包括有求知活动在内。

朱熹讲的知先行后，就其讨论的特定问题而言，指伦理学上的致知与力行的相互关系。这个思想是说，人必须首先了解什么是道德的人、道德的行为、道德的原则，才能使自己在行为上合乎道德原则，履行道德行为，成为道德的人。所以朱熹重视格物致知、读书穷理，认为只有先知晓事物的当然之则，才能做出合乎当然之则的行为，否则，人的道德实践就是一种缺乏理论指导的盲目行为。

从朱熹论轻重的讲法来看，朱熹也重视"行"。格物致知是于事事物物皆知其所当然与所以然，但这还只是具备了成圣贤的条件，特别是朱熹的格物说多偏于知性活动，往往不能直接发生德性涵养的效果，所以，朱子在主张穷理的同时，既强调

---

[46] 《朱子语类》卷九，第148页。

涵养主敬，又强调践行力行，只有在格物致知之后，力行所知，切己修养，以及推及齐家治国平天下之诸实践，在内在外彻底践行所当然而不容己者，才能真正达到圣贤的地位。所以，格物致知还不是体系的终点，最终需要落实到践行。

另一方面，朱熹虽然主张先知后行，但并不是要人达到"知至"才去力行，不是要人达到真知才去力行，并不是让人一生为学实践中先用几十年去致知，穷尽一切理后方去行，而是主张在具体实践中"知行互发"，他主张"知与行工夫须著并到"[47]，"知与行须是齐头做，方能互相发"[48]。

朱熹是一位有很高精神修养的思想家，又是一位知识渊博的学者，他在自然科学方面也有很高的造诣。他曾提出一种类似康德式的星云假说，认为我们所在的这个天地是由一种气团的运动逐渐演化而来，原始的气团不停地旋转运动，于是在气团的中央聚结成块，这便是原始的大地，在它的外围的气便是天，天不息地转动，地才得以处中不动。他还提出，大地初形成时，水火起了重要作用。他根据所注意到的螺蚌化石和岩石地貌受水流冲蚀的痕迹，断定地质有一个变迁的过程。他在12世纪已经认识到化石对地质变迁的意义。

朱熹的思想不仅是理学的一个集大成者，也是中国哲学史发展的一个高峰，在他的内容丰富、条理清楚的体系中，始终贯穿着理性主义的精神，这种精神对宋代以后的中国文化的发展起了重要的作用。

---

[47]　《朱子语类》卷十四，第281页。
[48]　《朱子语类》卷一百一十七，第2816页。

第十二章　陆九渊

陆九渊，字子静，生于宋高宗绍兴九年（1139），卒于宋光宗绍熙四年（1193），江西抚州金溪人。他曾讲学于贵溪象山，自称象山居士，故以象山先生传名于世。他是宋明理学中有深远影响的思想家之一。

陆九渊个性较强，据记载，他在少年时便不满于程颐的言论。他十几岁写读书笔记时，就写道："宇宙便是吾心，吾心即是宇宙。"[①] 这也就是后来他的哲学的宗旨。

他的思想虽然早熟，但直到三十四岁才通过了进士考试。这一年他参加省试，考官是当时的知名学者吕祖谦，吕祖谦读到陆九渊的答卷，始而击节称赏，继而赞叹不已，谓同官云："此卷超绝有学问者，必是江西陆子静之文。"[②] 淳熙中除国子

[①] 《年谱》，《陆九渊集》卷三十六，中华书局标点本，1980年，第483页。
[②] 同上书，第486页。

正,迁敕令所删定官。淳熙十三年转宣义郎,改主管台州崇道观,于是回到江西,在象山筑精舍讲学。绍熙初,知荆门军,颇有政绩,但仅一年余,卒于任上。

陆九渊从不著书,他基本上是通过讲学对他的学生发施影响。他言辞锋锐,善于辩说,具有一种天赋的即席阐发义理的能力,吸引了许多学生聚集在他的门下。他和他的哥哥陆九龄因同在家乡讲学,合称"江西二陆"。

陆九渊学术活动的时期基本与朱熹相同,但他的学说与朱熹学说之间有较大的分歧。1175年夏,吕祖谦邀请朱熹和陆九渊以及其他一些学者聚会于当时的信州铅山鹅湖寺,讨论学术异同,即著名的"鹅湖之会"。陆九渊当时作了一首诗:"墟墓兴哀宗庙钦,斯人千古不磨心。涓流积至沧溟水,拳石崇成泰华岑。易简工夫终久大,支离事业竟浮沉。欲知自下升高处,真伪先须辨只今。"[③] 他以自己的主张为久大的易简工夫,把朱熹的"格物致知"说成是支离事业,引起了激烈辩论。这一次"鹅湖之会"是中国哲学史上一次有名的事件。在朱、陆的晚年,他们还因周敦颐学说中的"无极""太极"问题发生争论。由朱熹和陆九渊分别代表的两个不同学派是南宋最主要的学术流派,他们的分歧与争论深刻地影响了此后理学的发展。

新印本《陆九渊集》收集了陆九渊的全部思想材料。

---

③ 《鹅湖和教授兄韵》,《陆九渊集》卷二十五,第301页。

第十二章　陆九渊

一　本　心

"本心"的观念应当是陆学的,也是理解陆学最重要的观念。④

陆九渊说:

> 孟子曰"所不虑而知者,其良知也。所不学而能者,其良能也"。此天之所与我者,我固有之,非由外铄我也,故曰"万物皆备于我矣,反身而诚,乐莫大焉"。此吾之本心也。⑤

> 仁义者,人之本心也。孟子曰"存乎人者,岂无仁义之心哉",又曰"我固有之,非由外铄我也",愚不肖者不及焉,则蔽于物欲而失其本心。贤者智者过之,则蔽于意见而失其本心。⑥

陆九渊认为,任何人都有先验的道德理性,他称之为本心,这个本心提供道德法则、发动道德情感,故又称仁义之心。由于本心是每个人先天具有的,所以是不虑而知、不学而能的"良"心。人的一切不道德的行为都是根源于"失其本心",因而一切

---

④ 陆氏门人傅季鲁说:"先生之道,精一匪二,揭本心以示人,此学门之大致"(《年谱》),另一门人袁燮谓陆九渊将其宗旨"揭诸当世曰:'学问之要,得其本心而已'"(《附录一·象山文集序》)。

⑤ 《与曾宅之》,《陆九渊集》卷一,第5页。

⑥ 《与赵监》,《陆九渊集》卷一,第9页。

为学工夫都应围绕着保持本心以免丧失,他说:"先王之时,庠序之教,抑申斯义以致其知,使不失其本心而已。"⑦ "古之人自其身达之家国天下而无愧焉者,不失其本心而已。"⑧

从陆九渊自己经常的引证可明显看出,他的本心思想来源于孟子。孟子提出:"人之所不学而能者,其良能也;所不虑而知者,其良知也。孩提之童无不知爱其亲者,及其长也,无不知敬其兄也。"⑨ 孟子认为亲亲是仁,敬长是义,人先天地具有仁义之心,这个先天的仁义之心即良心、良知,孟子又称为"本心"。孟子认为不道德行为的根源在于人丧失了这个本心、良心,"虽存乎人者,岂无仁义之心哉?其所以放其良心者,亦犹斧斤之于木也"⑩。放其良心者"此之谓失其本心"⑪。本心并不是抽象的或隐蔽的神秘实体,本心即是人的道德意识和情感,故孟子又说:"恻隐之心,仁也;羞恶之心,义也;恭敬之心,礼也;是非之心,智也。仁义礼智非由外铄我也,我固有之也,弗思之耳。"⑫ 陆学的思想完全以孟子上述思想为基础,陆九龄鹅湖诗"孩提知爱长知钦,古圣相传只此心",也清楚地表明了这一点,陆九渊对杨简也明确说过,本心即孟子讲的四端。⑬

从孟子到陆九渊,本心指先验的道德意识,这个说法强调

---

⑦ 《贵溪重修县学记》,《陆九渊集》卷十九,第237页。
⑧ 《敬斋记》,《陆九渊集》卷十九,第227页。
⑨ 《孟子·尽心上》。
⑩ 《孟子·告子上》。
⑪ 同上。
⑫ 同上。
⑬ 《年谱》,《陆九渊集》卷三十六,第487页。

第十二章 陆九渊

道德意识是每个人心的本来状态,它存在于任何时代任何人身上,是永恒的和普遍的。

陆九渊有一个弟子杨简,当时在富阳县任主簿。陆九渊过富阳,杨简问:"如何是本心?"陆九渊回答,孟子讲的四端就是本心。杨简又问,四端是本心,我自幼时即已晓得,究竟什么是本心?正值有一桩卖扇子的纠纷告到县衙,杨简随即当庭断其曲直,陆九渊便说,刚才你断此讼,是者知其为是,非者知其为非,这就是你的本心。杨简闻此忽大觉悟。[14] 又有一次陆九渊在座,弟子詹阜民陪侍,陆九渊突然站起,詹阜民也赶快站起,陆九渊对他说:"还用安排否?"[15] 意思是说,詹阜民这个行动是出于一种自然具有的尊师之心,不需任何外在强迫,也无需经过逻辑思考,每个人都现成地具有这种内在的道德意识。

陆九渊的理论以及上面两则故事可以说明,陆九渊哲学中的"本心"即是伦理学所说的良心,他认为良心完全不依赖于学习和社会生活,具有超时代的普遍性,在道德生活中发挥着决定作用。

二 心即是理

在陆九渊的论述中,他常常把本心简称为心,他说:"此心此理,我固有之,所谓万物皆备于我,昔之圣贤先得我心之所

---

[14] 《年谱》,《陆九渊集》卷三十六,第488页。
[15] 《语录下》,《陆九渊集》卷三十五,第470页。

同然者耳。"⑯ 这里固有、皆备的同然之心显然是指本心，而不是一般的思虑知觉之心。他又说："人孰无心，道不外索，患在戕贼之耳、放失之耳。古人教人不过存心、养心、求放心。此心之明人所固有，人惟不知保养而反戕贼放失之耳。"⑰ 这里"人孰无心"的心也是指本心良心而言。值得注意的是，放心的提法，并不表示人的本心失去，只是表示蒙蔽的结果，放失只是指功能的丧失，并不是心体的丧失。在屡为人引用的答李宰书中他说：

> 人非木石，安得无心？心于五官最尊大。《洪范》曰："思曰睿，睿作圣。"《孟子》曰："心之官则思，思则得之，不思则不得也。"又曰："存乎人者，岂无仁义之心哉？"又曰："至于心，独无所同然乎？"又曰："君子之所以异于人者，以其存心也。"又曰："非独贤者有是心也，人皆有之，贤者能勿丧耳。"又曰："人之所以异于禽兽者几希，庶民去之，君子存之。"去之者，去此心也，故曰"此之谓失其本心"。存之者，存此心也，故曰"大人者不失其赤子之心"。"四端"者，即此心也。"天之所以与我者"，即此心也。人皆有是心，心皆具是理，心即理也，……所贵乎学者，为其欲穷此理，尽此心也。⑱

---

⑯ 《与侄孙濬》，《陆九渊集》卷一，第13页。
⑰ 《与舒西美》，《陆九渊集》卷五，第64页。
⑱ 《与李宰》，《陆九渊集》卷十一，第149页。

第十二章 陆九渊

在陆九渊思想中,"人皆有是心"等都是指"本心",这里所说的"心即理"也是指本心即理。在孟子,理是人心之所同然,但理没有宇宙规律与社会规范的意义。陆九渊则认为本心自身即是道德原则的根源,因而本心即是理,本心之理同时与宇宙之理是同一的。就伦理生活的实际来看,成熟的人都有自己稳定的良心结构,良心与社会公认的道德准则是一致的。因此,在以心为本心、理为道德准则的意义内,"心即理"的命题是可以理解的。

不过,另一方面,我们可以注意到陆九渊对"心"的用法的多义性。如果陆九渊处处都以心为本心之用,那就不会发生理论上的问题,而事实上,"人非木石,安得无心","心于五官最尊大","心之官则思","心当论邪正",这些与李宰书中同时使用的"心"显然是指一般思维主体的心、一般心理主体的心、一般情感主体的心。在一般的知觉主体的意义上,陆九渊认为心有邪正,如:

学者问:荆门之政何先?对曰:必也正人心乎。[19]

他还明确认为:"人生天地间,气有清浊,心有智愚,行有贤不肖。"[20] 这里的心有智愚亦指心有邪正。他还反对道心人心为二心,认为克念作圣是心,罔念作狂也是心。这些表明,在陆九渊的学说中,"本心"与"心"是有区别的。在以本心为道德主

---

[19] 《语录上》,《陆九渊集》卷三十四,第425页。
[20] 《与包详道》,《陆九渊集》卷六,第80页。

体方面他继承了孟子,而在以心为一般知觉主体的意义上,与朱熹是一致的。

由于陆九渊在概念运用上并未严格区分"心"与"本心",在以心为一般知觉主体的同时又常在本心的意义上使用心这一概念,这就造成一种印象,似乎他以为一切知觉活动都合乎理。他的"心即理"的命题所以受到普遍怀疑,其根源即在这里。

陆九渊认为,不同时代每个人具有的本心无例外地是相同的,即人同此心,心同此理,他说:"圣人与我同类,此心此理谁能异之。"[21] "理乃天下之公理,心乃天下之同心,圣贤之所以为圣贤者,不容私而已。"[22] "心只是一个心,某之心,吾友之心,上而千百载圣贤之心,下而千百载复有一圣贤,其心亦只如此,心之体甚大。"[23] "盖心,一心也,理,一理也,至当归一,精义无二,此心此理实不容有二。"[24] 在他看来,宇宙不仅是一个时空的观念,宇代表"四方上下"的普遍性,宙代表"古往今来"的恒常性,在这个意义上"宇宙便是吾心,吾心即是宇宙",正是用以凸显本心的普遍性与永恒性。另一方面,如果说,甲之心,乙之心,千百年前圣人之心,千百年后贤者之心,都"只是一个心",那就意味着四方上下、古往今来的人的心共同构成了一个心,这个心亦即是宇宙的实体,个体的心只是这宇宙实体的表现。

---

[21] 《与郭邦逸》,《陆九渊集》卷十三,第171页。
[22] 《与唐司法》,《陆九渊集》卷十五,第196页。
[23] 《语录下》,《陆九渊集》卷三十五,第444页。
[24] 《与曾宅之》,《陆九渊集》卷一,第4—5页。

第十二章　陆九渊

为全面了解陆九渊的心即理思想，还需对陆学中"理"的问题进行必要的分疏。陆九渊说："此理乃宇宙之所固有。"㉕ 又说"此理在宇宙间，固不以人之明不明、行不行而加损"㉖，这表明陆九渊承认宇宙之理的客观性，承认宇宙之理的客观存在不受人的思维和行为的影响。陆九渊还认为："此理塞宇宙，谁能逃之。顺之则吉、逆之则凶。"㉗ "此理在宇宙间，未尝有所隐遁，天地之所以为天地者，顺此理而无私焉耳。人与天地并立而为三极，安得自私而不顺此理哉。"㉘ "此道充塞宇宙，天地顺此而动，故日月不过而四时不忒"㉙，表明陆九渊也承认理具有的普遍必然性。人与天地万物都不能逃避理的制约，不能违背这一普遍规律，顺理而动，才能保持宇宙与社会的正常运动。陆九渊还认为："塞宇宙一理耳，学者之所以学，欲明此理耳。"㉚ "宇宙间自有实理，所贵乎学者，为能明此理耳。"㉛

以上表明，不管"理"是道德法则还是普遍规律，陆九渊并不认为天地之理是人心所生。"充塞宇宙"表示理在宇宙间的普遍存在。理既存在于人心，又普遍存在于天地之间，他说，"万物森然于方寸之间，满心而发，充塞宇宙，无非此理"㉜，

㉕ 《与朱元晦》，《陆九渊集》卷二，第28页。
㉖ 同上书，第26页。
㉗ 《易说》，《陆九渊集》卷二十一，第257页。
㉘ 《与朱济道》，《陆九渊集》卷十一，第142页。
㉙ 《与黄康年》，《陆九渊集》卷十，第132页。
㉚ 《与赵咏道四》，《陆九渊集》卷十二，第161页。
㉛ 《与包详道》，《陆九渊集》卷十四，第182页。
㉜ 《语录上》，《陆九渊集》卷三十四，第423页。

"是极是彝,根乎人心,而塞乎天地"③,这都是强调内心的道德准则与宇宙普遍之理的同一性,而不是指宇宙之理是人心的产物。理的客观性、必然性、普遍性、可知性是陆九渊所不否认的,只有了解这一点才能正确理解陆九渊"心即理"的思想。

三 论格物与静坐

北宋以来以二程为主的理学思潮特别重视《大学》的"格物致知"问题。程颐以穷理解释格物,这一思想在学术界有较大影响。陆九渊对格物的讨论也在一定程度上受到这种影响。如他说:

> 格,至也,与穷字、究字同义,皆研磨考索以求其至耳。④

他认为"格"的意思就是穷究至极,这个解释与程朱是一致的。《语录》载:

> 先生云:"……致知在格物,格物是下手处。"伯敏云:"如何样格物?"先生云:"研究物理。"伯敏云:"天下万物不胜其繁,如何尽研究得?"先生云:"万物皆备于我,只

---

③ 《杂说》,《陆九渊集》卷二十二,第269页。
④ 《格矫斋说》,《陆九渊集》卷二十,第253页。

第十二章　陆九渊

要明理。"㉟

陆九渊也赞成以"格物"为工夫下手处。然而陆九渊的格物说并不与程朱相同，他所主张考究的理并不是外在事物的规律，他说：

> 复斋家兄一日见问云："吾弟今在何处做工夫？"某答云："在人情、事势、物理上做些工夫。"复斋应而已。若知物价之低昂与夫辨物之美恶真伪，则吾不可不谓之能，然吾之所谓做工夫，非此之谓也。㊱

陆九渊所强调的在物理上做工夫，并不是指程朱穷物之所以然的工夫，也不是指读书穷理的工夫，他说过："且如'弟子入则孝，出则弟'，是分明说与你入便孝、出便弟，何须得《传》《注》？学者疲精神于此，是以担子越重。到某这里，只是与他减担，只此便是格物。"㊲ 陆学反对经典传注，提倡诉诸践履的易简工夫，因此他的格物说与朱子不同。

这种不同主要是陆学中格的对象是万物皆备的"我"，这个"我"实际上即是心，他说：

㉟ 《语录下》，《陆九渊集》卷三十五，第440页。
㊱ 《语录上》，《陆九渊集》卷三十四，第400页。
㊲ 《语录下》，《陆九渊集》卷三十五，第441页。

> 格物者，格此者也。伏羲仰象俯法，亦先于此尽力焉耳。㊳

这个"格此者也"也是指格心，因此他的格物是指先立乎其大的修身正心，他认为这是学问的大本。不仅格物是格此心，穷尽此心皆备之理，致知也是不失其本心（《敬斋记》），穷理也是"穷此理"，尽心也是"尽此心"（《与李宰书》），都是要在那"心即理"的心上来做工夫，保存、养护这个本心。由于陆学理解中的穷理主要指道德法则，又主张心即是理，从而决定了陆学工夫论主要是围绕发明本心展开的。

陆学很重视以静坐发明本心。朱熹曾指出陆学的修养方法是"不读书，不求义理，只静坐澄心"㊴，陈淳也说"象山教人终日静坐以存本心，无用许多辨说劳攘"㊵，叶适也指出："初朱元晦、吕伯恭以道学教闽浙士，有陆子静后出，号称径要简捷，诸生或立语已感动悟入矣，以故越人为其学尤众，雨并笠、夜续灯，聚崇礼之家，皆澄坐内观。"㊶ 这都说明，陆九渊把静坐澄心作为他的一个重要的存心工夫。据他的弟子记载：

> 先生谓曰："学者能常闭目亦佳。"某因此无事则安坐瞑目，用力操存，夜以继日，如此者半月。一日下楼，忽觉此

㊳ 《语录下》，《陆九渊集》卷三十五，第478页。
㊴ 《朱子语类》卷五十二，第1264页。
㊵ 《与黄寅仲》，《北溪大全集》卷三十一，四库本。《北溪学案》，《宋元学案》卷五十八，第2232页。
㊶ 《胡崇礼墓志铭》，《叶适集》卷十七，中华书局，1961年，第338页。

心已复澄莹中立，窃异之，遂见先生。先生目逆而视之曰："此理已显也。"某问先生："何以知之？"曰："占之眸子而已"，因谓某曰："道果在迩乎？"某曰："然。……"㊷

这表明陆九渊确实有静坐及此种体验，在他的教学实践中把静坐体验作为一种重要的体道明理的方法对学生进行引导。

四 尊德性而后道问学

淳熙二年（1175）夏，由吕祖谦出面召集，朱熹、陆九渊兄弟等相会于江西信州鹅湖寺，讨论学术异同，史称"鹅湖之会"。据与会者记述其大略：

> 鹅湖之会，论及教人，元晦之意，欲令人泛观博览，而后归之约。二陆之意，欲先发明人之本心，而后使之博览。朱以陆之教人为太简，陆以朱之教人为支离，此颇不合。先生更欲与元晦辩，以为尧舜之前何书可读？复斋止之。㊸

朱熹、陆九渊争论的焦点是如何看待和处理为学工夫中心性的道德涵养与经典的研究两者之间的关系。陆九渊认为，为学的目的只是实现道德的境界，经典的学习或外物的研究都不能直接有助于这个目的，人的本心就是道德的根源，因此只要扩大、

㊷ 《语录下》，《陆九渊集》卷三十五，第471页。
㊸ 《年谱》，《陆九渊集》卷三十六，第491页。

完善人的良心结构，就能够实现这个目的。在陆学的体系中，求放心、存心的工夫并不需要以读书穷理为手段。陆九渊强调，尧舜之前无书无典册，而尧舜仍能成圣成贤，这说明对成圣成贤来说读书不是必要的途径，从这个立场上，人若一字不识仍可堂堂正正地做个人，即做一个真正的人、道德的人。当然，陆九渊也不绝对反对读圣人之书，但他强调，如果不在主体方面发明本心以确立选择取舍的标准，而去徒然泛观，那就无法对纷然复杂、真伪相混、精粗并淆的内容进行拣择，其结果正足以蔽害本心。

陆学的这个立场，用《中庸》的语言来说，就是始终强调"尊德性"对"道问学"的优先性。尊德性是本，道问学是末，道问学必须服从于尊德性，用孟子的话说，就是要"先立乎其大者"。语录载：

> 朱元晦曾作书与学者云："陆子静专以尊德性诲人，故游其门者多践履之士，然于道问学处欠了。某教人岂不是道问学处多了些子，故游某之门者践履多不及之。"观此，则是元晦欲去两短、合两长。然吾以为不可，既不知尊德性，焉有所谓道问学？[44]

在陆九渊看来，经典和知识的学习并不能增进道德，因而没有独立的价值和意义。

---

[44] 《语录上》，《陆九渊集》卷三十四，第400页。

第十二章　陆九渊

陆九渊认为知识并不能直接促进德性，这一点并不错，但他有一种贬低读书学习、轻视知识及经典的倾向，他的学生们受他这种影响较大。㊺

陆九渊不仅认为读书穷理是末不是本，而且他认为严格遵循行为的具体规范也不是学问的根本。我们知道，程颐学说十分重视外在行为的规范，讲究非礼勿视听言动，陆九渊认为：

> 今世论学者，本末先后，一时颠倒错乱，曾不知详细处未可遽责于人，如非礼勿视、听、言、动，颜子已知"道"，夫子乃语之以此，今先以此责人，正是躐等。㊻
>
> 近有议吾者云："除了'先立乎其大者'一句，全无伎俩。"吾闻之曰："诚然。"㊼

发明本心是先立其大，行为之详细，义理之精微，都是在先立其大的基础上用以维持、保养此心的，把为学精力集中于读书以尽精微，或躬行以尽礼文，都是本末颠倒。由于陆学以直指本心为宗旨，所以他说重读书穷理的学问是"只务添人底"，他自己的学问则"只是减他底"㊽，注重经典考索的是"支离"，他自己的主张是"易简"。

㊺　如包显道以读书为充塞仁义，詹阜民尽摒诸书，沈叔晦不以读书教人，皆是此种表现。
㊻　《语录上》，《陆九渊集》卷三十四，第398页。
㊼　同上书，第400页。
㊽　同上书，第401页。

五 收拾精神，自作主宰

陆九渊一次与他的学生讨论如何做一个道德高尚的人，学生说："非僻未尝敢为。"即不作任何不道德的行为。陆九渊说："不过是硬制在这里，其间有不可制者，如此将来亦费力，所以要得知天之所予我者。"㊾ 这是说，仅仅克制自己的欲望不去做违反道德的事，只是一种强制，还没有把道德的行为变为主动的自觉行为，而要由强制变为自觉，就必须首先了解人人具有天赋的本心。在陆九渊看来，道德境界的提高，关键在于充分发挥道德主体的能动性。人的道德完善只能是每个人的自我实现，他要求人要在个体心灵中建立起道德的自觉性。

基于如上立场，陆九渊强调："明得此理，即是主宰，真能为主，则外物不能移，邪说不能惑。"㊿ 他还说："请尊兄即今自立，正坐拱手，收拾精神，自作主宰，万物皆备于我，有何欠阙！"[51] 自主、自立都是指人应真正树立主体的道德自觉，让本心良心成为意识的主宰，这样任何邪说外诱都不能使你动摇。他强调不要追随权威与经典，把精力花费到"寻行数墨"上去，只能使人"六神无主"。任何人只要默坐澄心，把意识集中在内心，排除各种成见包括经典的解说，体验"本心"，就能发现内心本来就有的主宰，这个主宰可以最可靠地引导我们成为一个

㊾ 《语录下》，《陆九渊集》卷三十五，第 440 页。
㊿ 《与曾宅之》，《陆九渊集》卷一，第 4 页。
[51] 《语录下》，《陆九渊集》卷三十五，第 455 页。

第十二章 陆九渊

真正的人。

为了强调摆脱成见，反对盲目追随权威，强调本心的绝对权威，陆九渊甚至提出"六经皆我注脚"[52]的口号，曾有学生问他："先生何不著书？"他回答说："六经注我，我（安）注六经！"[53]在他看来，六经只是记载了良心运用的各种例证，人只要在内心真正树立起良心的主宰就真正确立起道德的自主性，不必在经典上去穷求考索。

陆九渊认为，他的注重发明本心、自作主宰的学问继承了孟子的有本之学，他认为朱熹一派"终日营营，如无根之木，无源之水，有采摘汲引之劳，而盈涸荣枯无常"[54]，他向往和提倡的则是孟子所说的"源泉混混，不舍昼夜，盈科而后进，放乎四海，有本者如是"[55]的学问。他说：

> 涓涓之流，积成江河，泉源方动，虽只有涓涓之微，去江河尚远，却有成江河之理。若能混混，不舍昼夜，如今虽未盈科，将来自盈科。……然学者不能自信，见夫标末之盛者便自慌忙，舍其涓涓而趋之，却自坏了，曾不知我之涓涓虽微却是真，彼之标末虽多却是伪，恰似担水来相似，其涸可立而待也。[56]

---

[52] 《语录上》，《陆九渊集》卷三十四，第395页。
[53] 同上书，第399页。"安"字为引者据文意所加。
[54] 《与曾宅之》，《陆九渊集》卷一，第6页。
[55] 《孟子·离娄下》。
[56] 《语录上》，《陆九渊集》卷三十四，第398页。

这也就是陆九渊鹅湖诗"涓流积至沧溟水","真伪先须辨只今"的意思。陆氏所谓"涓涓之流、汇成江河"与朱子所谓积累贯通意义不同,涓流是指本心之发,江河是指扩充至大用流行,指一个人若能保有本心,就像有源之流,终能盈科而放乎四海。他认为朱子不去发明和保有内在的道德源泉实际上是求无源之水,无源之水不可能沛然成流,因此所谓道德的修养工夫就是要挖掘出内在的源泉,保有扩充,混混不舍。他说:"今吾友既得其本心矣,继此能养之而无害,则谁得而御之。如木有根,苟有培浸而无伤伐,则枝叶当日益畅茂;如水有源,苟有疏浚而无壅窒,则波流当日益充积,所谓'源泉混混,不舍昼夜,盈科而后进,放乎四海'。有本者如是。"[57] 所以,为学首先要辨本末,"凡物必有本末,……大概使其本常重,不为末所累"[58],他认为他的全部思想都是基于孟子以源泉混混为有本的思想,认为这也正是《中庸》说的"溥溥渊泉,而时出之"。

陆九渊发明本心的本源之学旨在为人的道德行为找到一种取之不尽、用之不竭的内在源泉,以最大限度地获得道德的自觉性与自主性。而就人的意识主体来说,这种源泉并不是在其他地方找得来的,本心代表的先验的道德意识,不是得自外在环境和后天经验,所以实践中的道德完善的过程本质上是每个人的自我实现。因此,至少就思想资料来说,他的思想主要吸收的是孟学,而与濂洛之学以《中庸》《大学》为基础的思想表现为不同的特点,这也表明陆学还不能说是程门中的一派,应

---

[57] 《与邵中孚》,《陆九渊集》卷七,第92页。
[58] 《语录上》,《陆九渊集》卷七,第407页。

第十二章　陆九渊

当是独立的一派。

陆九渊特别反对道德上缺乏主体性的意识，即"自暴自弃"，所谓自作主宰也是要人树立起道德主体性。他认为孟子学说主要是"病其自暴自弃，则为之发四端"[59]，"孟子当来，只是发出人有是四端，以明人性之善，不可自暴自弃"[60]，他自己一方面强调本心的具足，一方面特别注重倡导自主，自主又叫作"收拾精神，自作主宰"。他认为"自"字十分重要。

> 诚者自诚也，而道自道也。君子以自昭明德。人之有是四端，而自谓不能者，自贼者也。暴谓自暴，弃谓自弃，侮谓自侮，反谓自反，得谓自得。福祸无不自己求之者，圣贤道一个自字煞好。[61]

道德实践的成功与失败决定于自我的意志，而不决定于任何外部力量，人只有开发出自我本来涵具的资源，并坚决地确信人的内在资源是人的自我实现的充分基础和条件，才能在成圣成贤的道路上达成目标。

为了使人坚信"此心之良"，他有时把本心的现成性强调得较为过分：

> 居象山多告学者云：女耳自聪，目自明，事父自能孝，

---

[59] 《与邵叔谊》，《陆九渊集》卷一，第2页。
[60] 《语录上》，《陆九渊集》卷三十四，第396页。
[61] 同上书，第427页。

事兄自能弟，本无欠阙，不必他求，在自立而已。[52]

圣人之言自明白，且如"弟子入则孝、出则弟"，是分明说与你入便孝、出便弟，何须得传注？[53]

目能视、耳能听，鼻能知香臭，口能知味，心能思，手足能运动，如何更要甚存诚持敬？硬要将一物去治一物，须要如此做甚？咏归舞雩，自是吾子家风。[54]

陆九渊的这些说法给人一种强烈的印象，似乎他认为道德行为是一种伦理的本能，就像耳目自然能知觉外物一样。而且，他的表述正好使人想起了佛家"作用是性"的讨论，异见王与波罗提问答：

问："如何是佛？"答："见性是佛。"又问："如何是性？"答："作用是性。"又问："如何是作用？"曰："在目能视，在耳能闻，在手执捉，在足运奔，在鼻嗅浥，在口谈论。遍现俱该沙界，收摄在一微尘。识者知道是性，不识唤作精魂。"[55]

陆九渊当然不认为人的一切"作用"（人的一切物理、心理活动）都是"性"的自然表现。"耳自聪、目自明、自能孝、自能

---

[52] 《语录上》，《陆九渊集》卷三十四，第399页。
[53] 《语录下》，《陆九渊集》卷三十四，第441页。
[54] 《朱子语类》卷一百一十六，第2798页。
[55] 引自《北溪字义》，参见《景德传灯录》卷三，载《新修大正藏》五十一卷，第27页。

第十二章　陆九渊

弟"的说法只是强调：主体的自我自身提供了孝悌的要求与能力，孝悌之心是人的良知与良能。同时，按照陆九渊的思想体系，"自能"要体现为真正的道德实践，是以"自立"为前提的。他指出：

> 苟此心之存，则此理自明，当恻隐处自恻隐，当羞恶，当辞逊，是非在前，自能辨之。㊻

自能恻隐，自能羞恶，是以"苟此心之存"为前提的，因此，"自能"说并不主张不假修为、因任自然。陆九渊还指出：

> 人精神在外，至死也劳攘。须收拾作主宰。收得精神在内时，当恻隐即恻隐，当羞恶即羞恶，谁欺得你？谁瞒得你？㊼
>
> 请尊兄即今自立，正坐拱手，收拾精神，自作主宰，万物皆备于我，有何欠阙！当恻隐时自然恻隐，当羞恶时自然羞恶。㊽

"收拾精神"即把精神收摄向里，不要把精神花费在对外部事物包括古人传注的追求上面。"自作主宰"就是不要依傍外在的权威包括圣贤的经典，而要以自己的本心作为判断和实践的准则。

㊻ 《语录上》，《陆九渊集》卷三十四，第 396 页。
㊼ 《语录下》，《陆九渊集》卷三十五，第 454 页。
㊽ 同上书，第 455—456 页。

人只要能反身内求，明得本心，就有了主宰，外物不能移，邪说不能惑，也就自然当恻隐即恻隐，当羞恶即羞恶了。

六　义利之辨

陆九渊有两个弟子傅子渊、陈正己，二人有一段对话，陈问："陆先生教人何先！"对曰："辨志。"正己复问曰："何辨？"对曰："义利之辨。"陆九渊闻此对话，说："若子渊之对，可谓切要。"⑲

志是指意识的动机，是一个主观性的范畴，从心学的立场上看，行为是否具有道德价值，直接取决于行为由以发生的动机，即意识所依据的原则。所谓辨志就是要分辨意识活动的动机是以什么原则来决定的。儒家一贯强调，人必须以"义"来立志，即以"义"为支配行为的动机。

宋孝宗淳熙八年（1181）春天，陆九渊到南康拜访正在做知南康军的朱熹。朱子在南康时修复了庐山白鹿洞书院，于是在陆九渊来访时便请陆登白鹿讲席，为诸生讲《论语》中"君子喻于义，小人喻于利"一章。在这次讲演中陆九渊充分发挥了他的讲演天才，阐明了他对义利之辨的看法。讲演十分成功，听众受到了很大感动，座中至有流涕者。时逢早春，天气微冷，朱熹也为之感动得汗出挥扇。讲演结束，朱熹立即请陆将讲演内容书成《讲义》。不过，今天我们看到的作为书面文字的《讲

---

⑲　《语录上》，《陆九渊集》卷三十四，第398页。

第十二章 陆九渊

义》已无法把当时痛快淋漓的话语完全反映出来了。

陆九渊在讲演中围绕"义""利"问题进行了发挥，他认为，每个人的思想决定于其日常所习，人的所习又决定于他的志趣和动机。一个人的志向和动机在于义，他的所习所喻就在于义；一个人的志向动机在乎利，他的所习所喻也就在乎利。因而，要做君子，不做小人，首先必须检查自己的"志"，看自己的追求、志趣是义还是利。换言之，一个人首先必须正确地树立他的精神世界中的价值。

陆九渊提出，决定一个人是否是有道德的人（君子）或不道德的人（小人），主要不在于他的表面行为，而在于他的内心动机。他举例说，一个人终日埋头学习圣贤之书，这个行为看起来很好，可是如果他读书的动机只是为了求取科举功名，那他就不能被称作一个君子。陆九渊举的这个例子切中在座不少学者的心病，所以听者皆为之悚然动心。陆九渊后来也说过："某观人不在言行上，不在功过上，直截是雕出心肝。"也就是说，一个人是小人还是君子，主要在"辨志"，即辨察其决定行为的动机原则。

陆九渊认为，评价某人是道德的人（君子）还是不道德的人（小人），显然不能仅仅依据某人行为上是否合于准则的要求，而必须考察其内在的动机，从道德原则出发，为了道德原则的行为，才具有道德的性质。在这个意义上，所谓义利之辨，"义"即道德动机，"利"即利己动机。陆九渊认为，一个动机是道德的，则必定是与利己主义对立的，也就是说，道德性原则是与自然利己主义完全对立的。因此，义利之辨要解决的是道德评价和道德人格的问题，并不是要排斥任何建功立业的行为。譬如，对于儒家来说，富民强国本身并不是必须排斥的，必须排斥的只是利己主义的动机。

陆九渊虽与伊洛传统有所不同，但也是宋代理学中的一个派别，在道统的问题上，他也受到了北宋道学的影响。如他也同意"姬周之衰此道不行，孟子之没此道不明。千有五百余年之间，格言至训熟烂于浮文外饰，功利之习泛滥于天下"⑩，又说"至于近时伊洛诸贤，研道益深，讲道益详，志向之专，践行之笃，乃汉唐所无有，其所植之成就，可谓盛矣"⑪。在这个意义上，他认为"本朝理学，远过汉唐"⑫。虽然如此，他认为伊洛诸公未如曾子、子思、孟子，所以他说："至伊洛诸公，得千载不传之学，但草创未为光明，到今日若不大段光明，更干当甚事！"⑬他甚至说："窃不自揆，区区之学，自谓孟子之后至是而始一明也。"⑭他认为他自己才是真正承接和光明了孟子之后中断了千五百年的不传之学。

陆九渊担当道统的意识也许使他过分高估了他在新儒家中的地位，但他对于当时道学与反道学之争的看法是值得注意的，如他说："此道本日用常行，近日学者却把作一事张大虚声，名过于实，起人不平之心，是以为'道学'之说者，必为人深排

---

⑩《与赵然道三》，《陆九渊集》卷十二，第158页。
⑪《与侄孙濬》，《陆九渊集》卷一，第13页。
⑫《与李省幹》，《陆九渊集》卷一，第14页。
⑬《语录下》，《陆九渊集》卷三十五，第436页。
⑭《与路彦彬》，《陆九渊集》卷十，第134页。

第十二章 陆九渊

力诋。"⑦ 他认为朱熹等人把道学当成自己的专利，以为真理（道）只在自己手里，表现出强烈的排他性和骄气，这就难免激起别人的不平之心，导致不必要的非议。陆九渊的这个看法是比较实事求是的。

陆九渊的学说在当时有相当大的影响，然而在他死后的一个时期里，他所代表的"心学"相对于"理学"而言趋于沉寂，到了明中期，在王阳明的倡导之下才重新活跃起来，并得到了很大的发展。他与朱熹学说的分歧主要在于：陆强调尊德性，朱强调道问学；陆讲心即理，朱主性即理，陆重明心，朱重格物。这些分歧也可以说并不只是朱陆两人的分歧，而代表着宋明理学自身的一系列矛盾。

---

⑦ 《语录下》，《陆九渊集》卷三十五，第437页。

第十三章 杨　简

杨简（1141—1226），字敬仲，慈溪人。曾任富阳县主簿、知乐平、国子博士，晚年知温州。因筑室于慈湖之上，人称慈湖先生。其主要著作为《慈湖遗书》《杨氏易传》。他是陆九渊门下最有影响的学生。

一　神明妙用

杨简富于神秘主义气质，其为学历程每与神秘体验相伴。他曾说：

> 某之行年二十有八也，居太学之循理斋。时首秋，入夜，斋仆以灯至。某坐于床，思先大夫尝有训曰："时复反观。"某方反观，忽觉空洞无内外、无际畔，三才、万物、

第十三章 杨 简

> 万化、万事、幽明,有无通为一体,略无缝罅。①

这是他第一次神秘经验,"反观"是静坐的一种体验,根据他自己所述,他体验到万物浑然一体,感受到一切差别、界限的消失。

杨简三十一岁时,陆九渊过富阳,以扇讼指示其本心,又一次引发了他的神秘体验:

> 先生(杨简)闻之,忽觉此心澄然清明,亟问曰:"止如斯邪?"象山厉声答曰:"更何有也?"先生退,拱坐达旦,质明纳拜,遂称弟子。已而沿檄宿山间,观书有疑,终夜不能寐,曈曈欲晓,洒然如有物脱去,此心益明。②

杨简在循理斋的体验是宇宙万物通为一体,富阳时的体验则是心体的澄明。他在富阳的体验仍是从"拱坐"入手,"洒然有物脱去"也是指内心澄然的一种体验。

杨简三十三岁时丧母,居丧时又一次得到体验:

> 及后居姚氏丧,哀恸切痛,不可云喻,既久略省察,曩正哀恸时,乃亦寂然不动,自然不自知,方悟孔子哭颜渊至于恸矣而不自知,正合无思无为之妙,益信吾心

---

① 《炳讲师求训》,《慈湖遗书》卷十九,四明丛书本卷一。
② 《慈湖学案》,《宋元学案》卷七十四,第2466页。

有此神明妙用。③

　　母丧去官，营葬车厩，更觉日用酬应未能无碍，沉思屡日，一事偶触，始大悟变化云为之旨，交错万变，而虚明寂然。④

与前两次体验不同，杨简这一次居母丧所体验的既不是万物一体，也不是心体澄明，而是心体的"寂然不动"。杨简的这三次体验，从外向转向内向，越来越变为纯粹的内心的自我体验。在宋明理学家中，有过杨简前两次体验的人不在少数，但很少有对心体不动的真正体验。所谓此心不动并不是说没有意识或情感活动，而是指心境的内在稳定、平和与宁静。杨简认为，他对心体"澄莹清明"和"寂然不动"的体验证明了心具有"神明妙用"的特性。

但是，一次体验到寂然不动，并不能保证总能够保持寂然不动，这也是杨简后来为之苦恼的，他在十几年后对此有了进一步体验：

　　学者初觉，纵心之所之，无不玄妙，往往遂足，不知进学。而旧习难遽消，未能念念不动。……予自三十有二微觉之后，正坠斯病。后十余年，念年迈而德不加进，殊为大害，偶得古圣遗训，谓学道之初，系心一致，久而精纯，思为自泯。予始敢观省，果觉微进。后又于梦中获古

---

③ 《杨氏易传》卷二十。
④ 《慈湖学案》，《宋元学案》卷七十四，第 2466 页。

第十三章 杨　简

圣面训,谓某未离意象。觉而益通,纵所思为,全体全妙。其改过也,不动而自泯,泯然无际,不可以动静言。⑤

为了克服"未能念念不动",他先采取了"系心一致"的方法,即使心思专一而不散乱,后来又注意克服"未离意象",这个"意象"也就是他后来反复强调要克服的"意"。

人的内心体验,包括神秘体验,其实都是和体验者潜意识中的追求有关,杨简曾自述:"少读《易大传》,深爱'无思也、无为也,寂然不动,感而遂通天下之故',窃自念学道必造此妙。"⑥ 这说明,杨简很早就把"无思无为,寂然感通"作为他努力追求的精神境界了。这个无思无为的境界不仅是"从心所欲不逾矩",而且是一种自然、不觉其动的境界。他的不起意说也正是要实现这样一种境界。

二　不起意

杨简认为,人的一切过失都起源于"意","意是恶的根源",他说:

> 人性皆善,皆可以为尧舜,特动乎意,则恶。⑦
> 千失万过,孰不由意虑而生乎？意动于爱恶,故有过;

---

⑤ 《泛论学》,《慈湖遗书》卷十五。
⑥ 《杨氏易传》卷二十。
⑦ 《乡记序》,《慈湖遗书》卷一。

意动于声色，故有过；意动于云为，故有过。意无所动，本亦无过。⑧

人心本正，起而为意而后昏，不起不昏。⑨

这都是说性本来是善的，心本来是正的，而人所以会有恶，是由于"意"之起、"意"之动。他发挥孔子"毋意"的提法，认为只有绝去止息"意"之起动，才是入道之门。

杨简认为人心至灵至明，意起之后，灵明之心便受了蒙蔽，"微生意焉，故蔽之"⑩。那么，什么是意？他说：

何谓意？微起焉，皆谓之意，微止焉，皆谓之意。意之为状，不可胜穷，有利有害，有是有非，有进有退，有虚有实，有多有寡，有散有合，有依有违，有前有后，有上有下，有体有用，有本有末，有此有彼，有动有静，有今有古。若此之类，虽穷日之力、穷年之力，纵说横说、广说备说，不可得而尽。然则心与意奚辨？是二者未始不一，蔽者自不一。一则为心，二则为意；直则为心，支则为意；通则为心，阻则为意。直心直用，不识不知，变化云为，岂支岂离？⑪

---

⑧ 《乐平县学记》，《慈湖遗书》卷二。
⑨ 《诗解序》，《慈湖遗书》卷一。
⑩ 《绝四记》，《慈湖遗书》卷二；又参见《宋元学案》卷七十四，第2476页。
⑪ 同上。

第十三章 杨 简

"意"本来是指现实意识活动的观念，但杨简所要求不起意的意并不是泛指一切意念、意识。他说："周公仰而思之，夜以继日，非意也；孔子临事而惧，好谋而成，非意也。"[12] 又说："孔子莞尔而笑，喜也，非动乎意也。曰'野哉，由也'，怒也，非动乎意也。哭颜渊至于恸，哀也，非动乎意也。"[13] 他认为周公、孔子的思虑情感都不属于意，都不是动乎意，他说："不起意，非谓都不理事，凡作事只要合理，若起私意则不可。"[14] 因此，杨简所说的意，其中的一个意义是指私意，即各种从私我出发的意念。

意不仅指私意即一般的私心杂念，更以指深层的意向状态，据载，杨简曾与宁宗皇帝论及不起意：

> 面奏："陛下自信此心即大道乎？"宁宗曰："然。"问："日用如何？"宁宗曰："止学定耳。"先生谓："定无用学，但不起意，自然静定，是非贤否自明。"他日，又言："陛下意念不起，已觉如太虚乎？"宁宗曰："是如此。"问："贤否是非历历明照否？"宁宗曰："朕已照破。"[15]

所谓不起意，不仅指因无私意发生而本心自然流行所形成的对是非曲直的直接明觉，而且指心境的静定，也就是寂然不动。

---

[12] 《绝四记》，《慈湖遗书》卷二；又参见《宋元学案》卷七十四，第2476页。
[13] 《临安府学记》，《慈湖遗书》卷二。
[14] 《论中庸》，《慈湖遗书》卷十三。
[15] 《慈湖学案》，《宋元学案》卷七十四，第2467页。

杨简居丧时的体验"哀恸时,乃亦寂然不动"正是指的这种深层心境的不起意。所以不起意并非要人如枯槁木石一样全不思虑,而是指深层心境的无思无为、寂然不动。所以他说:"意虑不作,澄然虚明,如日月之光,无思无为而万物毕照。"⑯ 可见,杨简的"毋意"学说不仅要人去恶扬善,亦要人由动归定,以达到他所向往的"无思也,无为也,寂然不动,感而遂通天下之故"的境界。

三 天地万物通为一体

杨简二十八岁时反观体验,"觉天地万物通为一体",这成了后来他的哲学的主要精神。他根据神秘体验建立的哲学,不仅一般地像程颢等人那样宣称万物一体,更继承了陆九渊"宇宙便是吾心,吾心即是宇宙"的思想,以"心"为整个实在,我与整个实在合而为一。他的思想是"心学"系统中一个有特色的形态。

杨简所赋予心的一个基本规定是"虚明无体",虚表示自然静定的状态,明表示区分辨察的功能,无体是表示思维与意识的范围是无限制的,人既可以思维其小无内的东西,又可以思维其大无外的东西。他说:"心皆虚明无体,无体则无际畔,天地万物尽在吾虚明无体之中。"⑰ 他进而认为,心的作用范围既是广大无际的,也可以说心之体本身是广大无际的,因而心与

---

⑯ 《永嘉郡学永堂记》,《慈湖遗书》卷二。
⑰ 《永堂记》,《慈湖遗书》卷二。

第十三章 杨 简

宇宙就是同一的，在这个意义上说，四时运动于心之中，万物发育于心之中，风雨散生于心之中。

在理学中，"易"在宇宙论的意义上被理解为万物变化的总体，由于杨简认为意识与整个宇宙实在是同一的，所以他对《周易》的解释是从"己"出发的，他说：

> 《易》者，己也，非有他也。以《易》为书，不以《易》为己，不可也。以《易》为天地之变化，不以《易》为己之变化，不可也。天地，我之天地；变化，我之变化，非他物也。……清明者，吾之清明；博厚者，吾之博厚，而人不自知也。人不自知，而相与指名曰，彼天也，彼地也。如不自知其为我之手足，而曰彼手也，彼足也。……夫所以为我者，毋曰血气形貌而已也，吾性澄然清明而非物，吾性洞然无际而非量，天者，吾性中之象；地者，吾性中之形，故曰'在天成象，在地成形'，皆我之所为也，混融无内外，贯通无异殊。⑬

在杨简看来，吾心（意识）与天地万物通为一体，"我"或"己"广大无际，与宇宙同一，因而天和地不过是"我"的一部分，宇宙中的种种变化不过是"我"的变化，宇宙的一切现象可以说都是"我"的现象，天的清明实即我的清明，地之博厚实即我之博厚，宇宙的变易过程"易"，就是"我"，所以，

---

⑬ 《慈湖己易》，引自《宋元学案》卷七十四，第2467—2468页。

"我"并不是限于血肉形躯的小我,而是与宇宙混融贯通的具有无限神明妙用的意识之我。他所倡导的"毋意"工夫最后也要引向这个混融贯通的境界,在他看来,只有做到意不起动,人才能觉体到"此心无体,清明无际,本与天地同范围,无内外,发育无疆界"[19]。

杨简这种把个体的心视为与宇宙同其广大无际的大我(或大己或大心)说,更多的是表达了一种体验与境界,表示一个站在很高精神境界上的人对宇宙、自我的一种看法,一种见解,而不是一种理性的本体思维。这种学说所注重的并不在于宇宙的本质是否为精神,而在于有了这种大我之境对于人生所体验到的意义。

---

[19] 《绝四记》,《慈湖遗书》卷二;又参见《宋元学案》卷七十四,第2477页。

第四编

明代前期理学的发展

第十四章 曹 端

明前期是朱学占统治地位的时期,这一时期理学的主要代表为曹端、薛瑄、胡居仁。清人曾说:"明代醇儒,以端及胡居仁、薛瑄为最,而端又开二人之先。"①

曹端(1376—1434),字正夫,号月川,河南渑池人,"永乐戊子举于乡,明年登乙榜第一,授山西霍州学正"②。曹端前后在霍州任职近二十年,此外没有什么其他仕宦活动。平生不信轮回、福祸、巫觋、风水之说,不喜佛、老,以读儒书、明儒礼劝人,为学主于力行,对理学的形而上学也有所发明。

---

① 《四库全书总目》卷九十二。
② 《诸儒学案上二》,《明儒学案》卷四十四,中华书局,1985年,第1063页。

一　太极之动

曹端继承了朱熹的思想,认为"太极"就是"理"。他说:"太极,理之别名耳,天道之立,实理所为;理学之源,实天所出。"③ 他认为孔子之后的许多学者把太极理解为气,以气言太极,使得太极本义湮而不明。他十分推崇周敦颐的《太极图说》,认为"微周子启千载不传之秘,则孰知太极之为理而非气也哉"④。

曹端在对《太极图说》的解释方面,基本上沿袭朱熹的思想,唯独在太极是否能动静的问题,提出了与朱熹不同的意见,他说:

先贤之解《太极图说》,固将以发明周子之微奥,用释后生之疑惑矣。然而有人各一说者焉,有一人之说而自相龃龉者焉,且周子谓"太极动而生阳,静而生阴",则阴阳之生,由乎太极之动静。而朱子之解,极明备矣,其曰"有太极,则一动一静而两仪分。有阴阳,则一变一合而五行具",尤不异焉。及观《语录》,却谓"太极不自会动静,乘阴阳之动静而动静"耳,遂谓"理之乘气,犹人之乘马,马之一出一入,而人亦与之一出一入",以喻气之一动一静,而理亦与之一动一静。若然,则人为死人,而不足以

---

③　《太极图说述解序》,《周子全书》卷五,第79页。
④　同上书,第80页。

第十四章 曹　端

为万物之灵；理为死理，而不足以为万化之原。理何足尚而人何足贵哉？今使活人乘马，则其出入、行止、疾徐，一由乎人驭之何如耳。活理亦然。⑤

曹端这里说的《语录》是指朱熹的语录，他认为《太极图说》和朱子的《太极解义》都主张太极自身会动静，而《朱子语类》记载的朱熹语录却说太极自身不会运动，只是乘载在运动的气上而有动静，正如人骑在马上，人自己并没有跑，而是随着马的跑动而相对于地面有运动。曹端不赞成朱熹这个用人骑马而动来比喻太极的做法。他认为，如果只说理乘气动如人乘马，那么理的作用就完全表现不出来了，理就成了一种完全被动的、在事物运动过程中不起作用的东西了。他指出，即使就人乘马这个比喻来说，还应区分活人乘马与死人乘马的不同。死人乘马只是被动地乘载在马上随其动静而动静，活人乘马则是主动地驾驭马的前进或停止，朱熹并没有把这两种情况加以区别。他认为，朱熹所理解的人乘马实际上是死人乘马的关系。

曹端要强调的是理（太极）对于事物运动的能动作用，这种能动性并不意味着太极具有时空内的机械位移。他所理解的理的能动性近于活人骑马，理对于气虽然有乘载其上的关系，但更有主导、驾驭的作用。因此曹端反对朱熹"太极不自会动静"，并不是认为太极自身会运动，而是突出太极作为所以动静者对于气之运动的能动作用，用他自己的话来说，就是把"死

---

⑤　《辩戾》，《周子全书》卷五，第86页。

理"变为"活理"。曹端这个思想就理学史来说是有其理由的。二程把理规定为气之动静的所以然,这种内在地支配气之运动的理,并不是死理,而就朱熹在论太极动静时用的"乘载"观念而言,并不能反映出理或太极作为气之动静的所以然的思想,因而曹端的这种修正对朱熹理论上的问题是有所见的。

二 敬与乐

《明儒学案》说曹端"立基于敬,体验于无欲",以此为曹端为学的宗旨。曹端确实很重视"敬",他说的敬近于程颐说的敬。他说:"吾辈做事,件件不离一敬字。"⑥"学者须要置身在法度之中,一毫不可放肆。"⑦"一诚足以消万伪,一敬足以敌千邪。"⑧又说:"圣人之所以为圣人,只是这忧勤惕励之心,须臾毫忽,不敢自逸。"⑨他所说的敬主要是指时常警惕人欲的干扰,时时以道德规范约束自己,不使有一丝一毫的放逸之心。

曹端不赞成"主静"的工夫。他认为敬自然会静,他说:"非礼勿视,则心自静。"⑩"不是不动便是静,不妄动方是静,故曰'无欲而静'。到此地位,静固静也,动亦静也。"⑪这些说法继承了程颐以外无妄动、内无妄思为敬和敬则自然静的

---

⑥ 《诸儒学案上二》,《明儒学案》卷四十四,第1065页。
⑦ 同上。
⑧ 同上。
⑨ 同上书,第1066页。
⑩ 同上书,第1065页。
⑪ 同上。

第十四章 曹　端

思想。

曹端还强调："事事都于心上做工夫，是入孔门底大路"，注重"事心之学"[12]，明确指出在本体论上"太极"是宇宙根源，而在人的精神道德修养方面，必须时时事事注意意识的修养，一切工夫都要在"心"上来做。这个提法与心学工夫论有相通之处，所以后来刘宗周、黄宗羲都很推崇他的这个思想。

曹端也讨论了孔颜之乐的问题，他说：

> 孔、颜之乐者，仁也。非是乐这仁，仁中自有其乐耳。且孔子安仁而乐在其中，颜子不违仁而不改其乐。安仁者，天然自有之仁，而乐在其中者，天然自有之乐也。不违仁者，守之之仁；而不改其乐者，守之之乐也。《语》曰"仁者不忧"，不忧非乐而何？周、程、朱子不直说破，欲学者自得之。[13]

这就是说，孔颜乐处之乐是仁者之乐。这种"乐"并不是以"仁"为对象发生的乐，而是"仁"的境界自然具有的乐。我们知道，程颢、程颐谈到孔颜乐处的时候都语焉未详。程颢只说周敦颐教他们寻孔颜乐处，程颐则只说乐并不是乐道，都没有正面阐述乐是乐什么或什么乐。这显然是因为这种乐是一种个人的体验，这种体验又不容易被语言清楚地加以说明。曹端把孔颜之乐解释为仁中自有之乐，是合乎程颢《识仁篇》的思想

---

[12] 《诸儒学案上二》，《明儒学案》卷四十四，第1064、1065页。
[13] 同上书，第1067页。

的，与程颐反对把乐理解为对于某一对象的乐也是一致的，这说明曹端在这个问题上是有较为深刻的体验的。他把乐理解为一个具有很高精神境界（仁）的人所具有的一种心理状态，比起二程要来得明确。

"求孔颜乐处"本来是道学创立初期用来与辞章训诂之学相对立的口号，表示人的学问应当摆脱浮华文辞与烦琐训诂，追求精神的自由与发展。但是，就儒家文化的终极取向来看，"乐"并不是儒者精神发展的目的，乐只是儒者达到最高人格境界（仁）而自然具有的内心状态之一。仁可以包括乐，但乐却无法包容仁。若把精神的和乐愉悦当作人生全部精神发展的唯一目的，就仍然预设了一种追求自佚的动机，与追求感性快乐的快乐主义在终极取向上仍不能完全划清界限，也无法与佛家、道家划清界限，从这个方面看，曹端坚持仁的本源性，坚持仁是儒学的最高的完满的境界，是符合儒学传统的。

第十五章 薛 瑄

薛瑄（1389—1464），字德温，号敬轩，山西河津人。永乐中登进士第，宣德初授监察御史，后差监湖广银场。正统初为山东提学佥事，又除大理寺少卿，因拒绝阿附中官王振，曾被诬下狱论死，后传旨戍边，寻放还家。景泰初年起任南京大理寺卿。英宗复辟后，升礼部右侍郎兼翰林学士，并入内阁。晚年致仕居家。临终时留诗说"七十六年无一事，此心始觉性天通"①，后谥文清。

薛瑄是一个"实践之儒"，立身行事，严辨公私，不惜上忤权贵，决不枉公徇私。他的学问也是由程朱提倡的"主敬"入手，他曾说："余于坐立方向、器用安顿之类，稍有不正，即不乐，必正而后已。"②他注重存心、收放心的工夫，实践"有

---

① 见《河东学案上》，《明儒学案》卷七，第110页。
② 同上书，第116页。

主"的持敬，认真检省自己的所作所为，他说："余每呼此心曰：'主人翁在室否?'至夕必自省曰：'一日所为之事合理否?'"③他还努力制怒，曾说"二十年治一怒字，尚未消磨得尽"④。这些都说明，薛瑄是一个笃实的实践的理学家。其主要著作为《读书录》。

一 理气说

薛瑄的理学思想曾受曹端的影响，刘宗周曾指出："薛文清亦闻先生（指曹端）之风而起者。"⑤薛瑄继承了曹端批判地考察朱熹理气观的做法，但他与曹端着力辨太极是否自会动静不同，他的理气之辨集中在讨论理是否在气之先。他的思想虽然在总体上仍然没有摆脱理本论的立场，但他的思想倾向对后来气本论的思想家有一定影响。

薛瑄首先继承了曹端反对朱子关于"太极不自会动静"的思想，他指出：

> 临川吴氏曰："太极无动静，故朱子释太极图曰'太极之有动静，是天命之流行也'，此是为周子分解太极不当言动静，以天命有流行，故只得以动静言。"窃谓天命即天道也，天道非太极乎？天命既有流行，太极岂无动静乎？朱

---

③ 《薛文清公读书录》卷之五《省察》，商务印书馆丛书集成初编本，第96页。
④ 《河东学案上》，《明儒学案》卷七，第112页。
⑤ 《师说》，《明儒学案》，第2页。

第十五章 薛　瑄

> 子曰："太极，本然之妙也；动静，所乘之机也。"是则动静虽属阴阳，而所以能动静者，实太极为之也。使太极无动静，则为枯寂无用之物，又焉能为造化之枢纽、品汇之根柢乎？以是而观，则太极能为动静也明矣。⑥

曹端曾指出，朱子把理乘气动喻为人之乘马，这种理解下的"理"只是一种"死理"。薛瑄也认为，如果说太极无动静，则太极便成了"枯寂无用之物"，就不可能成为万物运动变化的根源。因而，薛瑄与曹端的立场相近，也是主张"太极能为动静"。

曹端所理解的与活人骑马相似的"活理"，和薛瑄这里所说的太极有动静，都并不意味着他们认定太极有独立的、时空中的位置移动。曹端是努力突出理对于气的主导、驾驭作用，薛瑄则强调太极应当是运动的内在根据和动因。在古希腊哲学中，亚里士多德曾有"不动的动者"的提法，即造成运动的动因其本身是不动的。而在曹端、薛瑄这些理学家看来，既然太极（理）是所以动静者，是阴阳二气运动变化的根源和驾驭者，在这个意义上，理是有能动性的。而为了肯定这种能动性，必须说太极能为动静。

薛瑄对于朱子"未有天地之先，毕竟先有此理"等"理在气先"的说法也提出异议。他指出：

> 或言"未有天地之先，毕竟先有此理"……窃谓理气不

---

⑥ 《读书录》卷九，四库全书本。又参见《周子全书》卷六，第 94 页。

可分先后，盖未有天地之先，天地之形虽未成，而所以为天地之气，则浑浑乎未尝间断止息，而理涵乎气之中也。⑦

这就是说，天地没有形成之前，构成天地的气已存在着。这些能够构成天地的气在未构成天地前是浑然未分的，但从来没有消灭过，而这浑然未分的气之中就包含着理。因此，天地是有限的形体，如果追索天地未有之先，那么不仅有理，也有气。用"未有天地之先"去证明理先于气是不正确的。

正如胡宏等人早就指出的，我们所处的这个天地，其形成与开始只是整个宇宙演化过程的一个阶段，这个天地的开始并不表示宇宙的开端。薛瑄也认为，天地是不断形成、破坏、再形成的，而气的存在与宇宙一样，是永恒的。他说：

今天地之始，即前天地之终。其终也，虽天地混合为一，而气则未尝有息。但翕寂之余，犹四时之贞，乃静之极耳。至静之中，而动之端已萌，即所谓"太极动而生阳"也。……原夫前天地之终静，而太极已具；今天地之始动，而太极已行。是则太极或在静中，或在动中，虽不杂乎气，亦不离乎气也。若以太极在气先，则是气有断绝，而太极别为一悬空之物，而能生夫气矣。是岂"动静无端、阴阳无始"之谓乎？⑧

---

⑦ 《读书录》卷三。
⑧ 《薛文清公读书录》卷之四《天地》，第68页。

第十五章 薛 瑄

薛瑄认为，如果以为阴阳生于太极，那就承认宇宙有一个阶段并没有气，是由理产生出气，这样气就不是永恒的，而是有生灭的，这与程颐"阴阳无始"的思想就有矛盾。薛瑄主张，气及其运动是宇宙永恒过程自身的一部分，气的运动可以有相对静止和显著变化的不同阶段，而无论在气的哪一种运动状态或阶段上，理都存在于气之中，因此他强调："理只在气中，决不可分先后。如太极动而生阳，动前便是静，静便是气，岂可说理先而气后也？"⑨

薛瑄又认为，理是无形的，气是有形的，"有形者可以聚散言，无形者不可以聚散言"⑩，即认为气是有聚散的，而理就说不上有没有聚散了。气有聚散这个思想认为，在宇宙演化的各个阶段都有气存在，因而宏观地看，气是永恒的。但气的这种总体上的永恒，并不排斥个体的生灭。就是说，宇宙是一个新的气不断产生，旧的气不断消尽的过程。局部地看，个别的气有产生和消尽，总体上看，宇宙中永远有气存在。理与气不同，理并不是具体的、有形体的存在，因而聚散生灭的观念不适用于理。薛瑄说："理既无形，安得有尽？"⑪ 他又引朱子说"聚散者气也，若理只泊在气上，初不是凝结自为一物"⑫。理不仅不是具体存在，而且是绝对永恒的。

薛瑄的思想中暴露出理学理气论的一些矛盾。他为了反对

---

⑨ 《河东学案上》，《明儒学案》卷七，第118页。
⑩ 同上书，第119页。
⑪ 同上书，第118页。
⑫ 同上。

理在气先,强调"四方上下,往来古今,实理实气,无丝毫之空隙,无一息之间断"[13],强调理气总是结合无间的。但是按照气有聚散,理无聚散的说法,如果某些气由聚变散,最后消尽,那么原来"泊"在这些气上并与这些气密合无隙的理由于无聚散,必然与归于散尽的气脱离,这样,就不能说"无丝毫之空隙"。薛瑄理气说中的这种矛盾,是因为薛瑄像他的一些前辈理学家一样,把理理解为气之中的一种实体。所以后来的罗钦顺也对薛瑄提出了批评。

薛瑄还提出了"日光载鸟"的比喻,以说明气有聚散、理无聚散:

> 理如日光,气如飞鸟,理乘气机而动,如日光载鸟背而飞。鸟飞而日光虽不离其背,实未尝与之俱往而有间断之处。亦犹气动,而理虽未尝与之暂离,实未尝与之俱尽而有灭息之时。气有聚散,理无聚散,于此可见。[14]

他还说:

> 理如日月之光,小大之物各得其光之一分,物在则光在物,物尽则光在光。[15]

---

[13] 《河东学案上》,《明儒学案》卷七,第122页。
[14] 同上书,第119页。
[15] 同上。

第十五章 薛 瑄

薛瑄这个比喻,对于理学所要表达的思想来说,有很大缺陷。把理比作日光,气比作飞鸟,理不仅完全成了一种外在于气的特殊实体,就理气动静而言,也无法显示出理"能为动静"的特质。当然,薛瑄在主观上并不是以这个比喻整个地来讨论理气关系,而是侧重于说明理气的聚散关系。然而,如果鸟的飞行运动表示气的聚散变化,那么,由于鸟在甲处被照射的一束日光与在乙处被照射的一束日光虽然都来自太阳,却并不是同一束日光,于是,随着气的运动变化,气之中的理也就成了不断变化的了。

与朱熹以人骑马比喻理乘气来解释理自身只有相对运动相比,薛瑄的提法与朱熹确有不同,这里不再有一个骑在马上随马而动的人(理),日光在这里是绝对不动的。从聚散的观点来看,薛瑄是用鸟之"飞"比喻气之"散",而以日光并未随鸟的运动而运动,来说明理并不随气之散而散。然而,气散之后,原来泊在此气上的理又如何了呢?照"物在则光在物,物尽则光在光"的说法看,物之气散尽之后,原来泊在此气此物上的理就成为无所依附的理,而这等于否定了他自己关于"理只泊在气上,初不是凝结自为一物"的说法。由于理是永恒、不动的,气在局部和微观上是有生灭的,因而理气两者之间无法达到周敦颐所谓"妙合"的程度。

当然,在某种意义上,薛瑄把理比成日光,也是有其理由的。他正是用这种无所不照的日光来比喻理学所想象的、充塞宇宙而无具体形体的"理",与这个比喻相协调,气只能被比喻为飘动聚散的云。但不管理学使用什么比喻,总有一个问题难以解决，这就是：由于理被规定或理解为一种永恒、普遍的实体，理与气结合时可在气之中，而气物散尽之后，理又回归为永恒普遍的实体自身。除了这种构成论自身的困难外，这种构成论无法与理学的另一立场即理应是支配事物运动的所以然相协调。因为一种像日光一样充塞天地间的理，怎么在禀入一定的气物之中可以转而成为一种具有能动作用的"所以然"，这一点理学并未给以说明。

二 格物穷理论

薛瑄详细讨论了穷理的问题，他说："统天地万物言之，一理也；天地万物各有一理，分殊也。"[16]《读书录》的物理篇所讨论的各种物理，在相当程度上表现了理学对于格物的实践。

薛瑄说："天地之间，物各有理。理者，其中脉络条理合当如此者是也。"[17] 大而天地四时，小而鸟虫草木，无不具有"合当之理"，人身所具之性、社会的种种规范，也都是合当之理，所以他说："只是合当如是便是理。"在薛瑄这个理解中，虽然并没有排除天地万物各种具体物理作为理的含义，但他以"合当"来作理的规定，"当然"和"规范"的色彩较重。应当与否是一个社会规范的问题，自然界的规律是自然如此，在存在的意义上不存在应当不应当的问题。所以，薛瑄的定义表明，他更为重视人伦之理。他强调："如君之仁、臣之敬、父之慈、子

---

[16]《薛文清公读书录》卷之三《性理诸书发明》，第37页。
[17]《薛文清公读书录》卷之六《体认》，第102页。

第十五章 薛 瑄

之孝之类,皆在物之理也。于此处之各得其宜,乃处物之义也。"⑱

在格物穷理的问题上,薛瑄主张既要穷人之理,又要穷物之理。他说:"穷理者,穷人物之理也。人之理则有降衷秉彝之性,物之理则有水火木金土之性,以至万物万事皆有当然之理。于众理莫不穷究其极而无一毫之疑,所谓穷理也。"⑲降衷秉彝之性指人所禀受的天命之性,他认为穷理就是要穷透人物之理。他还说:

> 格物,所包者广,自一身言之,耳目口鼻身心,皆物也。如耳则当格其聪之理,目则当格其明之理,……推而至于天地万物,皆物也。天地则当格其健顺之理,人伦则当格其忠孝仁敬智信之理,鬼神则当格其屈伸变化之理,以至草木鸟兽昆虫则当格其各具之理。又推而至于圣贤之书、六艺之文、历代之政治,皆所谓物也。又当各求其义理精粗本末是非得失,皆所谓格物也。⑳

薛瑄继承了朱熹关于格物范围的思想,他不仅重申了格物的"物"包括了从人伦日用之常到天地鬼神之变这样一个广阔范围内的客观对象,而且明确指出"物"也包括圣贤之书。事实上,理学所说的日用之常到鬼神之变的"理"主要是通过读解圣贤

---

⑱ 《薛文清公读书录》卷之六《体认》,第99页。
⑲ 《薛文清公读书录》卷之一《易·系辞下》,第11页。
⑳ 《薛文清公读书录》卷之二《大学》,第20页。

之书来"穷"的。所以，理学虽然明显地具有知识性取向，但理学"穷理"的实践主要不是通过实验手段实际地从事实践性研究，而是学习综合已有的关于天地草木的知识，所以薛瑄说："致知格物，于读书得之者多。"[21]

关于薛瑄的格物论，还有一点应当指出，他十分强调理的客观属性。如他说："圣人应物，虽以此理应之，其实理只在彼物上，彼此元不移也。"[22] 又说："圣人治人，不是将自己道理分散与人，只是物各付物。"[23] 后来的王阳明曾提出，格物是以我心之理去正物，事事物物由此才各得其理，因而格物的过程是把本心之理通过实践赋予事物的过程。而薛瑄站在朱子学的立场，强调人的实践并不是把主体具有的东西赋予客体，理是客体自身具有的，人只是努力使事物按其固有的理存在而已。

三 心性工夫

薛瑄主张人的修养要"以理制气"，他认为："性纯是理，故有善而无恶。心杂乎气，故有不能无善恶。"[24] 在他看来，人的知觉意识活动是一种气的活动，而气中有理。圣人以理主气，以道德义理主宰意识活动，故知觉活动合于当然。而常人听任气之所为，气的作用胜于理的作用，知觉活动就常脱离规范。

---

[21] 《河东学案上》，《明儒学案》卷七，第124页。
[22] 同上书，第120页。
[23] 同上。
[24] 《薛文清公读书录》卷之五《论心》，第81页。

第十五章 薛 瑄

他说:"气强理弱,故昏明善恶,皆随气之所为,而理有不得制焉。至或理有时而发见,随复为气所掩,终不能长久开通。所谓为学者,正欲变此不美之气质,使理常发见流行耳。"㉕这里说的气不仅是一个结构成分的概念,也是一种情绪、欲念的活动,这里说的理不仅是一个性理的概念,也是一个理性、道德意识的概念,人的修养,就是用理(道德理性)制约气(知觉活动)。薛瑄认为,朱熹讲的"心统性情"不仅是心性论的,也是工夫论的,他说:

> 心统性之静,气未用事,心正则性亦善;心统情之动,气已用事,心正则情亦正。心有不正,则情亦不正矣。㉖

"心统性之静"的意义是指,当意识处于静的状态,情感欲念没有发作(气未用事)的时候,保持心的"正"可以使性无干扰地保持其本然之善。气已用事,即情感欲念发作的时候,意识的状态由静变为动,在这种动的状态下保持心的"正"可以规范引导情感,而不使发生偏差。这里的"气未用事"和"气已用事"接近于未发与已发的范畴,但气主要是指情感情绪。朱熹提出的"心统性情"本来也不只是用以说明心性结构的关联,其中包含的心主性情的思想就是用以说明心在不同意识状态下的主宰作用。薛瑄着重以心主性情解释心统性情,把这一点更明确化了,也显示出明代朱学注重实践的趋向。

㉕ 《薛文清公读书录》卷之五《论性》,第 78 页。
㉖ 《薛文清公读书录》卷之五《论心》,第 80 页。

所谓心正,从工夫上说,也就是"敬"。薛瑄说:"静而敬,以涵养喜怒哀乐未发之中;动而敬,以省察喜怒哀乐中节之和。此为学之切要也。"㉗ 薛瑄很重视"敬",他继承了朱熹的讲法,认为收敛身心便是居敬,寻思义理便是穷理,他主张"居敬以立本,穷理以达用"㉘。关于如何在动静工夫中主敬,他提出"学以静为本"㉙,"不静则心既杂乱,何由有得"㉚,这里说的静即气未用事时敬的涵养。他也注重动的省察,他说:"为学时时处处,是做工夫处,虽至鄙至陋处,皆当存谨畏之心而不可忽,且如就枕时,手足不敢妄动,心不敢乱想,这便是睡时做工夫。"㉛ 他的居敬工夫比起程颐似乎更加严峻了。由于薛瑄认为"千古圣贤之学,惟欲人存天理遏人欲而已"㉜,所以特别强调人的修养工夫不能间断,他认为孟子讲的"勿忘"就是时时刻刻不忘操存,他说:"勿忘,最是学者日用切要工夫,人所以心与理背驰者,正缘忘于有所事耳。诚能时时刻刻不忘于操存省察等事,即心常存而天理不忘矣。"㉝ 薛瑄与后来心学如陈献章、王阳明不同,他基本上仍是从道德修养的角度来谈"勿忘"的。

㉗ 《薛文清公读书录》卷之二《中庸》,第 23 页。
㉘ 《薛文清公读书录》卷之五《论敬》,第 88 页。
㉙ 《薛文清公读书录》卷之五《论学》,第 82 页。
㉚ 同上书,第 81 页。
㉛ 同上书,第 82 页。
㉜ 同上书,第 83 页。
㉝ 《薛文清公读书录》卷之二《孟子上》,第 31 页。

第十五章　薛　瑄

四　心之虚明

朱熹曾强调"心体虚明",注重保养主体的"虚"与"明"以认识事物之理,强调只有使心保持没有成见和清醒的理性才能认识事物之理。薛瑄也很注意"心"的虚明的问题,他说:

> 未应物时,心体只是至虚至明,不可先有忿懥恐惧好乐忧患在心。事至应之之际,当忿懥而忿懥,当恐惧好乐忧患而恐惧好乐忧患,使皆中节,无过不及之差。及应事之后,心体依旧至虚至明,不留前四者一事于心。故心体至虚至明、寂然不动,即喜怒哀乐未发之中,天下之大本也。㉞

薛瑄所说的虚明与朱熹不同,不是对穷理而言,而是对应事而言,指人在生活实践中注意保持虚、明的心理状态。他所说的这种虚、明的心理状态是指没有任何情感情绪波动、干扰的内心状态。他认为人在与外物发生接触以及建立各种关系时必然会发生情感情绪的反应,这是正常的。但必须注意,一方面,在接触事物之前应使内心不预置任何情感情绪,以避免这些情感情绪影响对于外部事物本来应当作出反应的程度;另一方面,与事物接触之后,接触事物时发生的情感情绪也应随即从意识

㉞　《薛文清公读书录》卷之二《大学》,第21页。

中排除，使心灵复归于虚、明的状态。薛瑄所注意的这个情感情绪的问题与明中期后心学的注意有一致处。但薛瑄没有说明，对于虚明的这种追求，其目的是为在应物时保持适宜的反应，还是为了保持心灵自身的某种感受体验。

薛瑄也注意到某些心理体验，他也提到心与理交相养。他认为，一方面"顺理则心悦豫"；另一方面，"欲淡则心清，心清则理见"[35]。他还说"心定气平，而身体之安和舒泰不可言"[36]。他主张通过颜子克己之学，达到颜子之乐，认为仰不愧、俯不怍、心广体胖，自然乐。他还说"不为物累，觉得身心甚轻"[37]，"气完体胖，有休休自得之趣"[38]。薛瑄的这些说法表明，他不仅强调严肃的主敬以进行道德意识的修养，也对心定气平的体验有所追求。

---

[35] 《薛文清公读书录》卷之六《体验》，第103页。
[36] 同上书，第104页。
[37] 同上书，第103页。
[38] 同上书，第104页。

第十六章　胡居仁

胡居仁（1434—1484），字叔心，江西余干人，学者称他为敬斋先生。胡居仁曾学于吴与弼门下，遂绝意科举，筑室于梅溪山中。他居家事亲极孝，"父病，尝粪以验其深浅。兄出则迎候于门，有疾则躬调药饮"①。他家世代为农，他又一生不仕，生活贫窭，但他始终逌然自得，努力追求精神生活的充实与发展。他信从朱子的主敬之学，他自己在持敬的实践中"严毅清苦，左绳右矩，每日必立课程，详书得失以自考，虽器物之微，区别精审，没齿不乱"②。他的主要著作为《居业录》。

---

① 《崇仁学案二》，《明儒学案》卷二，第29页。
② 同上。

一　因气以成理

明初的朱学对朱子的理气论有所纠正。如薛瑄认为"理气不可分先后",与朱子的"理在气先"说有所不同,但薛瑄也不是气本论或二元论,他的立场仍然是本体论的理本论立场。从曹端到薛瑄,所提出的与朱子理气观不同的看法,对后来学者有相当影响。

胡居仁也继承了薛瑄的讨论,提出他对理气聚散问题的看法,他说:

> 气则有聚散、有虚实、有生死,以有无言之犹可也。理则不可以有无言。[③]
> 若理则虽流行不息,乃形而上者,无有聚散,不可言虚实,不可言有无。[④]
> 理则无时而无也。[⑤]

胡居仁与胡宏、薛瑄一样,也认为有无、聚散、虚实都是气的规定,理无所谓聚散,因为理是形而上者,无形无象的理谈不上任何聚散有无。

胡居仁又认为:

[③] 《居业录》卷二,中文出版社,1975年,第202页。
[④] 同上书,第208—209页。
[⑤] 同上书,第217页。

第十六章　胡居仁

"立天之道，曰阴与阳"，阴阳气也，理在其中。"立地之道，曰柔与刚"，刚柔质也，因气以成体。"立人之道，曰仁与义"，仁义理也，具于气质之内。⑥

"有此理则有此气，气乃理之所为"是反说了。有此气则有此理，理乃气之所为。⑦

胡居仁的这些说法表示，他不赞成"有此理则有此气，气乃理之所为"的看法，他认为在理气之间不能说理是第一性的，气是第二性的；不能说理是本源，气是理所派生的，他表现出这样的思想，即气是第一性的，有气则有理，理由气决定。他坚持理在气中、理具气质之内。胡居仁的这些思想，提示出他是明代理学薛瑄到罗钦顺之间的一个重要环节。当然，胡居仁某些地方也强调理的作用，他的思想中还有一些矛盾，但总的来看他的理气观是反对把理气对立、割裂，主张"理乃气之理，气乃理之气。混之则无别，二之则不是"⑧。

二　明理与养气

明代理学的理气说更多的是把理气作为身心修养论的范畴，而不是把理气仅仅作为本体论的范畴来讨论。事实上在朱熹哲

---

⑥ 《崇仁学案二》，《明儒学案》卷二，第38页。
⑦ 同上书，第35页。
⑧ 《居业录》卷三，第315页。

学中理与气也不仅仅是本体论的范畴,朱熹曾说:"如这理寓于气了,日用间运用都由这个气,只是气强理弱。"⑨ 这里说的理与气就是指理性与气质在人的意识活动中的作用。

胡居仁认为:"欲生于气,是气为主而灭乎理。须使理为主而气顺焉。"⑩ 人的意识活动中的理欲的冲突根源于构成人体的性与气。欲望产生于构成人体物质基础的气,理性则发于内在于人心的"性"。意识修养的基本原则就是以理主气,用理性原则主导情感欲望。胡居仁也讨论了未发已发的问题,他说:

> 黄勉斋言"性虽为气质所杂,然其未发也,此心湛然,物欲不生,气虽偏而理自正",以释子思"未发之中"。又引朱子"未发之前气不用事"为证。窃恐误也。夫偏浊之人未发之前已失其中,故已发不能和。……不善之人亦有静时,然那时物欲固未动,然气已昏,心已偏倚,理已塞,本体已亏,故做未发以前工夫。⑪

胡居仁认为,不能说任何人任何时候的未发都是中,不善的人在静时的意识状态虽属未发,但已经气昏理塞,故其心不是中,而是有所偏倚。怎样做工夫使气由昏变清呢?显然这不是仅由养气所能改变的,需要把养心与养气结合起来,即把道德意识的培养和作为心理、生理现象的气的调养结合起来。胡居仁说:

---

⑨ 《朱子语类》卷四,第71页。
⑩ 《居业录》卷一,第98页。
⑪ 《居业录》卷二,第207页。

第十六章　胡居仁

> 心具是理，乃气之灵者。故养得心即养得气，能养气即养得心。心也、理也、气也，二而一者也。⑫
>
> 理与气不相离，心与理不二。心存则气清，气清则理益明，理明气清则心益泰然矣。故心与气须养，理须穷，不可偏废。⑬

也就是说，人的修养有三个方面，即心、气、理。这三者本来是联系的，如心是气之灵，而气之中又有理，因而对这三者的修养也是既有分工，又互相影响。存心与养气与明理三者不可偏废，气会受到心的引导，故存心可以帮助养气。气作为心理、情绪的流动体验，它的充养又可视为养心的一部分。气养得清明，就不会使理塞，即理性就会保持清醒明智，理明气清就会促进心的舒泰，获得一种比较安详的心境和感受。

三　静而操持

胡居仁学于吴与弼，与陈献章（白沙）为同门友。白沙之学主张静坐见心中有物，胡居仁则不赞成主静，因为在他看来，不善之人未发时已理塞气昏，纯粹静养是不能达到中的。他坚持朱子的主敬立场，对白沙一派的修养方法特别提出批评。

胡居仁认为："静中有物，只是常有个操持主宰，无空寂昏

---

⑫ 《居业录》卷一，第 97 页。
⑬ 《居业录》卷二，第 123 页。

塞之患。"⑭ 在理学中，朱子一派主张未发时的主敬涵养，这种未发的涵养有时也称为"静中有物"，是指当意识未发而静的时候，并不是只保持心无思虑，而是使意识仍然保持一种"静中有主"的状态。这种状态的特点是，虽然没有具体的思虑产生，但意识中有一种警觉。朱子学认为，这种警觉就是心的主宰功能在静的状态的表现，也就是主敬在静的状态所要达到的要求。这种表现与要求虽也称作"静中有物"，但却并不是像陈白沙那样要人在静坐中去体验心中呈现出来的东西。所以胡居仁站在朱学主静的立场上反对陈白沙。他还指出："今人屏绝思虑以求静，圣贤无此法，圣贤只戒慎恐惧，自无许多邪思妄念。不求静，未尝不静也。"⑮ 在朱学看来，静的工夫不是空无思虑，静中需有戒慎恐惧工夫。静作为安定的心境也并不是通过求静来实现的。

胡居仁说：

> 周子有主静之说，学者遂专意静坐，多流于禅。盖静者体，动者用；静者主，动者客。故曰主静，体立而用行也。亦是整理其心，不使纷乱躁妄，然后能制天下之动。但静之意重于动，非偏于静也。愚谓静坐中有个戒慎恐惧，则本体已立，自不流于空寂，虽静何害！⑯

因此，"静"并不是要人专心去静坐息念，即使是静坐的时候仍

---

⑭ 《崇仁学案二》，《明儒学案》卷二，第31页。
⑮ 同上书，第41页。
⑯ 同上书，第31页。

第十六章 胡居仁

然要保持戒慎恐惧的意识状态。孟子曾引用孔子论心的话"操则存,舍则亡,出入无时,莫知其向",胡居仁认为,存心的主要方法是"操",静的时候也要注意"操"。他说:

> 今人说"静时不可操,才操便是动",学之不讲,乃至于此,甚可惧也。静时不操,待何时去操?其意以为,不要惹动此心,待他自存,若操便要著意,著意便不得静。是欲以空寂杳冥为静,不知所谓静者,只是以思虑未萌、事物未至而言,其中操持之意常在也。若不操持,待其自存,决无此理。⑰

> 古人于静时,只下个操存涵养字,……今世又有一等学问,言静中不可著个操字,若操时又不是静,以何思何虑为主,悉屏思虑,以为静中工夫只是如此,所以流于老、佛。

> 不知操字是持守之意,即静时敬也。若无个操字,是中无主,悠悠茫茫,无所归著,若不外驰,定入空无。⑱

胡居仁认为,儒者提倡的方法是"敬"而不是"静"。儒学中所说的静不是指一种方法,而是指一种未发的时态,即在意识未发的时态需要保持一种操持之意,而不是谋求去达到静时的空的体验。对静中工夫是否有正确的认识,是区别儒与佛老的重要界限。

由于胡居仁坚持朱学静中涵养操存的立场,他不仅反对仅

---

⑰ 《崇仁学案二》,《明儒学案》卷二,第 32 页。
⑱ 同上书,第 33—34 页。

仅摒除思虑的静坐，也不赞成把静中工夫理解为调息。他说："视鼻端白，以之调息去疾则可，以之存心则全不是。盖取在身至近一物以系其心，如反观内视，亦是此法。佛家用数珠，亦是此法，羁制其心，不使妄动。"[19] 胡居仁虽然也提倡养气，但他所说的养气是从孟子"善养浩然之气"而来，所以他强调他的养气不同于气功家的养气，他认为"修养家所养乃一身之私气"[20]，基于这样的思想，他强调存心与调息的区别："只恭敬安详便是存心法，岂假调息以存心？"[21] 朱熹曾作过《调息箴》，但朱熹既没有把调息作为一种修养工夫，也没有明确否认调息在修养方面的作用。理学家本来也重视静坐的修持，又加上道教及各种炼气术的影响，不少儒者都以调息为安定心境的手段之一，认为调息至少可作为修养的入门工夫之一。胡居仁则坚持朱学主敬的立场，重视存心与调息的区别，反对一切偏离主敬的静中修养方法。

四 主敬无事

前面已经说过，胡居仁所理解的静中有物，他所理解的"操"就是程朱派的"敬"。他认为"主敬"是古典儒家存心工夫的基本方式，他说："孟子说出求放心以示人，人反无捉

---

[19] 《崇仁学案二》，《明儒学案》卷二，第34页。
[20] 《居业录》卷二，第123页。
[21] 《崇仁学案二》，《明儒学案》卷二，第36页。

第十六章 胡居仁

摸下工夫处，故程子说主敬。"㉒他的这个说法实际上是对孟子以下心学的存心工夫有所批评。在他看来，孟子讲的求放心、存心只是一种一般的原则，并不是具体的方法。把这种一般的原则当作具体方法，在实践上必然无法落实。他认为，程颐提出的主敬才是存心的具体的明确的方法，而无论佛教还是心学，他们存心工夫上的主要错误或缺点就在于不知主敬。他说：

> 禅家存心有两三样，一是要无心、空其心；一是羁制其心；一是照观其心。儒家则内存诚敬，外尽义理，而心存。㉓

空心即摒除思虑；制心即着力把意念集中在某一具体事项上，防止心念散乱（如数息念珠）；观心是在排除思虑情感之后体验内心的本然状态。胡居仁认为儒家主张的是存心，存心的具体意义是保持一种诚敬的道德意识状态，而这种存心又与充分履行社会道德义务相为补充。

胡居仁详细讨论了"敬"的方法，他说："敬便是操，非敬之外，别有个操存工夫。"㉔他把敬的方法归结为四种主要的方式：

㉒ 《崇仁学案二》，《明儒学案》卷二，第31页。
㉓ 同上书，第41页。
㉔ 同上书，第35页。

> 端庄整肃、严威俨恪,是敬之入头处;提撕唤醒,是敬之接续处;主一无适、湛然纯一,是敬之无间断处;惺惺不昧、精明不乱,是敬之效验处。㉕

整齐严肃、提撕唤醒、主一无适、常惺惺,这些都是理学派程颐到朱熹所肯定的关于主敬的内容,代表了理学派学者在北南宋期间各自对"敬"的理解。胡居仁把前辈理学各种不同的持敬之方都加以肯定,并把这些不同的说法理解为整个主敬修养过程的不同阶段或不同方面,企图把它们综合为一个包容了这些不同方面的系统,不过他的说法并不十分清楚,也不尽合理。如整齐严肃既是入头处,亦未尝不是落脚处;常惺惺不惟是效验,而且是工夫。胡居仁在另一个地方说:

> 敬该动静,静坐端严,敬也;随事检点致谨,亦敬也。敬兼内外,容貌庄正,敬也;心地湛然纯一,敬也。㉖

这就是说,敬兼内外,敬贯动静。分别来说,敬在内外动静不同方面、不同时态的表现和工夫各有差别,但都是主敬。这个说法较之前述"入头""效验"的说法要来得合理些。

从敬贯动静的立场来看,是要把"敬""操"贯穿在动、静的全过程。无论动时还是静时,戒慎之心需始终主宰着意识状态,因而必须十分强调心的"主宰"作用。胡居仁说:"心无主

㉕ 《崇仁学案二》,《明儒学案》卷二,第39页。
㉖ 同上。

第十六章 胡居仁

宰，静也不是工夫，动也不是工夫。静而无主，不是空了天性，便是昏了天性，此大本所以不立也。动而无主，若不猖狂妄动，便是逐物徇私，此达道所以不行也。"[27] 只有静时戒慎恐惧，才是静中有主；应事时主一省察，才是动中有主。静时敬，动时也敬，"敬之所以贯乎动静，为操存之要法也"[28]。主敬就是使意识在任何时间状态下都保持"敬"的态度。

五 论无事与放开

当时有一种流行的看法，认为操存便是著意。对此，胡居仁认为，一方面，"主敬"的"主"的确有一个用意、着力的含义，他说："主敬是专要如此而不间也。……若主敬熟后，以至不待著意，便是圣人。"[29] 不著意固然是理想的境界，但要达到不勉而中的从容之境必须经由著意的主敬才能实现。另一方面，主敬的著意并不就是佛教说的"执著"，他说："主敬是有意，以心言也；行其所无事，以理言也。心有所存主，故有意；循其理之当然，故无事。此有中未尝有，无中未尝无，心与理一也。"[30] 这是说，由于主敬要求戒慎恐惧，因而即使在静时意识的状态也并不是空无，还是有其意向的，这就是"有意"。但敬的意义是循理，主敬者理得而心安，并不会发生佛教所说的执

---

[27] 《崇仁学案二》，《明儒学案》卷二，第33页。
[28] 同上书，第32页。
[29] 《居业录》卷四，第445页。
[30] 《崇仁学案二》，《明儒学案》卷二，第36页。

著带来的烦恼，这就是"无事"，由于主敬者是"有意无事"，所以是有而不执，无而不空。

胡居仁讲学，特别反对陈白沙为代表的与"主敬"对立的"求乐"，他认为：

> 上蔡记明道语，言"既得后，须放开"。朱子疑之，以为"既得后，心胸自然开泰，若有意放开，反成病痛"。愚以为，得后放开，虽似涉安排，然病痛尚小，今人未得前，先放开，故流于庄佛。又有未能克己求仁，先要求颜子之乐处，所以卒至狂妄。殊不知周子令二程寻颜子之乐处，是要见得孔颜因甚有此乐？所乐何事？便要做颜子工夫，求至乎其地。岂有便来自己身上寻乐乎？故放开太早，求乐太早，皆流于异端。㉛

他认为，周敦颐指示二程寻孔颜乐处，是要人像颜子一样，做克己求仁的工夫，而不是要人舍弃工夫去追求感性放任的快乐。孔颜的"乐"是严肃切己修养实践的结果，并不是靠追求"乐"本身所能得到的。不去克己，先去求乐，其结果不是流入佛道，便是猖狂放任，都是异端。胡居仁一生得力处惟在"主敬"，他始终提倡敬畏，而反对求乐，他甚至批评黄庭坚对周敦颐的赞许，他说："'胸中洒落，如光风霁月'，虽曰形容有德气象，终带了些清高意思。"㉜ 他所追求的是一

㉛ 《崇仁学案二》，《明儒学案》卷二，第37页。
㉜ 《居业录》卷一，第18页。

第十六章　胡居仁

种严肃主义的境界,而对那种追求自得的浪漫主义境界始终有所警惕。这一方面表达了他自己对朱子代表的正统理学的理解,另一方面也显示出在他的时代,浪漫主义在理学中日益扩大的影响。

第十七章　陈献章

陈献章（1428—1500），字公甫，号石斋，晚年自谓石翁。他是广东新会人，因居白沙村，故学者都称他为"白沙先生"。

陈献章正统十二年（1447）中乡试，次年参加会试，只考中乙榜，遂入国子监读书。①景泰二年（1451）又赴进士考，下第。二十七岁时闻吴与弼讲伊洛之学于临川，即往从之游，半年而后归，讲学于乡中，不复有意科举。成化二年（1466），因钱溥劝他赴考以慰老母，复入国子监准备赴试，国子监祭酒邢让有意以《和杨龟山此日不再得》为题试验他的才学，看到他的和诗后，大惊曰"龟山不如也"。言于朝，一时京师以为真儒复出，名士皆与之游。成化五年（1469）再赴会试，又下第。于是南归杜门，潜心于学。成化十八年（1482）广东布政使彭

---

① 明代取士，进士考试取乙榜，又称副榜。中乙榜者虽未登进士第，但可入太学。

第十七章　陈献章

韶、总督朱英力荐，次年应召入京，有旨命参加考试，以根据成绩任用，白沙称病未就，寻闻母病告归，旨授翰林检讨，令母病愈即来供职。归家后奉亲讲学，屡荐不起，弘治十三年（1500）卒，年七十三岁。②

陈献章从学吴与弼时，早上贪睡，吴与弼大声叫："秀才，若为懒惰，即他日何从到伊川门下？何从到孟子门下？"③ 吴与弼命他种菜编篓，研墨接茶，磨炼他的意志，而间亦和他讲说典籍。陈献章归白沙后，足不出户，闭门读书，但累年无所得。于是筑一台，名曰"春阳台"，每日静坐其中，坚持数年，终于有所悟，从此建立了他自己的一套思想体系。

一　静坐见心体

陈献章学问的特色是注重静坐的修养，他曾回顾自己为学的经历与体会说：

> 仆才不逮人，年二十七始发愤从吴聘君学。其于古圣贤垂训之书，盖无所不讲，然未知入处。比归白沙，杜门不出，专求所以用力之方。既无师友指引，惟日靠书册寻之，忘寝忘食，如是者亦累年，而卒未得焉。所谓未得，谓吾此心与此理未有凑泊吻合处也。于是舍彼之繁，求吾

---

② 陈献章行实见《陈白沙先生年谱》《白沙先生行状》，皆附《陈献章集》，中华书局，1987年。

③ 《年谱及传记资料》，《陈献章集》附录二，第806页。

之约,惟在静坐,久之,然后见吾此心之体隐然呈露,常若有物。日用间种种应酬,随吾所欲,如马之御衔勒也。体认物理,稽诸圣训,各有头绪来历,如水之有源委也。于是涣然自信曰:"作圣之功,其在兹乎!"有学于仆者,辄教之静坐。④

白沙早年按朱学的方法,读书求理,但终觉无所收益,心与理总不能相合,于是舍去书册,专意静坐。静中恍然有悟,将所悟用之日用,十分自如,又验之经典,无所不合。他认为这就是悟道,所以此后凡有学者向他问学,他都教以静坐。

据白沙自己所说,他在静坐中得到了一种体验,这种体验就是"此心之体隐然呈露,常若有物"。也就是说他体见到了心的本体。他后来教人说:"为学须从静坐中养出个端倪来,方有商量处。"⑤ 所谓静中养出端倪,就是指在静中见呈露的心体,有一种"常若有物"的体验。他用自己的实践说明,有了这种体验,在日用伦常之中就如同掌握了驾驭意识活动的主宰。

周敦颐曾提出"主静",但程朱派提倡"主敬",不赞成主静。后来的学者多同意程朱的看法,认为主静与禅宗的修习方法难以区别。陈白沙则认为主静是道学的固有传统,应予阐发:

> 伊川先生每见人静坐,便叹其善学。此一静字,自濂溪先生主静发源,后来程门诸公递相传授,至于豫章、延

---

④ 《复赵提学佥宪一》,《陈献章集》卷二,第145页。
⑤ 《与贺克恭黄门二》,《陈献章集》卷二,第133页。

第十七章 陈献章

平二先生,尤专提此教人,学者亦以此得力,晦庵恐人差入禅去,故少说静,只说敬,如伊川晚年之训。此是防微虑远之道,然在学者须自量度何如,若不至为禅所诱,仍多静方有入处。⑥

周敦颐首倡主静,明道在扶沟教上蔡静坐,伊川见人静坐亦叹其善学,后来龟山门人罗从彦静中观喜怒哀乐未发气象,其弟子李侗更发明之。道学前期的发展中"静"的确是伊洛传统中的一个重要方面。但自李侗弟子朱熹开始,强调伊川更为注重的"敬",以"主敬"取代"主静",明确贬抑静功。又以穷理与主敬并提,作为道学的两个基本工夫,后来学者都以此为说。陈白沙早年穷理无所得,这个"得"并不是知解的收获,而是一种心灵的受用,故转而求之静坐。因此,他的主静既是对穷理的否定,也是对主敬的否定。他认为,只要把握住儒与禅的基本分际,静坐不但不是不足取,而且正是入圣的基本进路。

二 求之吾心

相对于即物穷理来说,静坐体验心体是使为学工夫的外向转为内向,陈白沙说:"为学当求诸心"⑦,正是强调在心上作工夫。另一方面,陈白沙要静中见心体呈露,又主张静中养出端倪,这个端倪除了神秘体验的一面,也是具有伦理意义的

---

⑥ 《与罗一峰二》,《陈献章集》卷二,第157页。
⑦ 《书自题大塘书屋诗后》,《陈献章集》卷一,第68页。

"善端",他说:

> 学者苟不但求之书而求诸吾心,察于动静有无之机,致养其在我者,而勿以闻见乱之,去耳目支离之用,全虚圆不测之神,一开卷尽得之矣。非得之书也,得自我者也。盖以我而观书,随处得益;以书博我,则释卷而茫然。⑧
>
> 夫养善端于静坐,而求义理于书册,则书册有时而可废,善端不可不涵养也。……诗、文章、末习、著述等路头,一齐塞断,一齐扫去,毋令半点芥蒂于我胸中,夫然后善端可养,静可能也。⑨

由于静中养的"端"亦是"善端",也就是孟子说的四端,陈白沙以为,这个善端是作圣的根本,它只能在静养中被体验、被把握,而不可能通过典籍的学习去获得,"求之书籍而弗得,反而求之吾心而道存焉,则求之吾心可也"⑩。陈白沙的这些说法也就是主张心中求道,心中求理,他虽然还没有提出或论证心即是理,但他显然把为学工夫完全心学化了,这个发展显然开了明代心学运动的先河,稍后的王阳明正是沿着这个方向进一步发展了心学的基本思想。同时,陈白沙把学问完全转向内心体验,舍书册,废文字,去闻见,静坐以涵养心神、体认善端,这些主张也表现出佛道的影响。

---

⑧ 《道学传序》,《陈献章集》卷一,第 20 页。
⑨ 《诗文续补遗·与林缉熙十五》,同上书,第 975 页。
⑩ 同上书,第 974 页。

第十七章 陈献章

三 自然为宗

陈白沙为明代心学的先驱,不仅在于他把讲习著述一齐塞断,断然转向彻底的反求内心的路线,还在于他所开启的明代心学特别表现出一种对于超道德的精神境界的追求,这种精神境界的主要特点是"乐"或"洒落"或"自然"。其中"自然"还兼有达到此种境界的工夫的意义。

所谓"自然"是指心灵的自由、不受牵抑制累,也就是"无滞"。白沙说:

> 人与天地同体,四时以行,百物以生。若滞在一处,安能为造化之主耶?古之善学者,常令此心在无物处,便运用得转耳。学者以自然为宗,不可不著意理会。[11]

正如春去秋来,运转无滞一样,如果时令永远滞于某一季节,万物的自然生长过程就要被破坏。人心也是如此,人心不能停滞在某一事物之上,所谓心在无物处,就是心不要滞在一个念头、一个事物上,这样的方法就叫"自然",这样的境界也叫"自然"。这种自然的精神境界的基本特征是充溢着和乐,白沙说"此学以自然为宗者也","自然之乐,乃真乐也"[12],他的全部学问都是为了努力追求这个具有真乐的自然之境。

---

[11] 《与湛民泽七》,《陈献章集》卷二,第192页。
[12] 《与湛民泽九》,《陈献章集》卷二,第193页。

在孔门传统中本来有"曾点之乐"的一面，孔子也表示过"吾与点也"的意愿。而这个问题在宋明理学则成为一个基本的问题，获得了古典儒学中所没有的重要意义。宋明理学中围绕着这一问题有两种不同意见，一派是周濂溪、程明道开始的洒落派，另一派是程伊川与朱子代表的敬畏派。前一派主张寻孔颜之乐，有与点之意，求洒落胸次；后一派则主张敬畏恐惧，常切提撕，注重整齐严肃。陈白沙继承了濂溪、明道的路线，他说：

> 夫学有由积累而至者；有不由积累而至者；有可以言传者，有不可以言传者。夫道至无而动，至近而神，故藏而后发，形而斯存。大抵由积累而至者，可以言传也；不由积累而至者，不可以言传也。……义理之融液，未易言也；操存之洒落，未易言也。夫动，已形者也，形斯实矣。其未形者，虚而已。虚，其本也；致虚之所以立本也。戒慎恐惧，所以闲之而非以为害也。然而世之学者不得其说，而以用心失之者多矣。斯理也，宋儒言之备矣。吾尝恶其太严也，使著于见闻者不睹其真，而徒与我哓哓也。[13]

陈白沙认为，《中庸》讲的"戒慎恐惧"是为了防除邪恶，这是必要的，但应注意不要使戒慎恐惧伤害了心境的自得与和乐。在他看来，朱子代表的格物穷理之学，是可以言传的，可由积

---

[13] 《复张东白内翰》，《陈献章集》卷二，第131页。

第十七章　陈献章

累而至的。他所强调的自然之学，追求洒落自得的心灵境界，却是不可言传、不由积累而得的。陈白沙显然更加重视人的心灵体验，而不是知识积累。

"自然"的境界也叫作"自得"，白沙说："山林朝市一也，死生常变一也，富贵贫贱、夷狄患难一也，而无以动其心，是名曰'自得'。自得者，不累于外，不累于耳目，不累于一切，鸢飞鱼跃在我。知此者谓之善，不知此者虽学无益也。"⑭ 由于这个境界无滞无物，也可称为"虚"，达到这个境界的工夫也可称为"致虚"。因为"自然"就意味着把心中所累所滞的东西加以虚无化。用儒家固有的语言来说，这种"自然"的工夫也就是孟子所说的"勿忘勿助"：

> 色色信他本来，何用尔脚劳手攘？舞雩三三两两，正在勿忘勿助之间。曾点些儿活计，被孟子一口打并出来，便都是鸢飞鱼跃。若无孟子工夫，骤而语之，以曾点见趣，一似说梦。会得，虽尧舜事业，只如一点浮云过目。⑮

"色色信他本来，何用尔脚劳手攘"，就是要顺事物本来之自然；"舞雩三三两两"是曾点乐处；"鸢飞鱼跃"是程颢借用《中庸》赞叹的活泼境界；"尧舜事业如浮云过目"是上蔡所说的精神境界。白沙认为，自然之乐来自孟子讲的勿忘勿助工夫，曾点只

---

⑭ 引自《陈白沙先生年谱》成化十八年条，《年谱及传记资料》，《陈献章集》附录二，第 825 页。

⑮ 《与林郡博七》，《陈献章集》卷二，第 217 页。

讲了乐，没有讲工夫。孟子则把工夫也讲出来了。离开了孟子勿忘勿助及养气的工夫去谈论曾点之乐，不过是说梦而已。有了孟子所说的工夫，无处而不自得，就能达到"不著一事"的尧舜气象。

陈白沙认为，只有真正达到了这样自然之境的人才是得道，才能真正做到周敦颐提出的"铢视轩冕，尘视金玉"，他说："至大者道而已，而君子得之。一身之微，其所得者，富贵、贫贱、死生、祸福，曾足以为君子所得乎？""天下之物尽在我而不足以增损我，故卒然遇之而不惊，无故失之而不介，舜禹之有天下而不与，烈风雷雨而弗迷，尚何铢轩冕尘金玉之足言哉。"[16] 他还说："人争一个觉，才觉便我大而物小，物尽而我无尽。夫无尽者，微尘六合，瞬息千古，生不知爱，死不知恶，尚奚暇铢轩冕而尘金玉耶？"[17] "觉"就是达到一种很高的觉悟或境界，有这种境界的人就会有孟子所说"万物皆备于我"的感受，会觉得自我的无比充足性，会感到宇宙的一切与自我比起来都是微不足道的，在这种境界的体验中，人会觉得自我与宇宙是同一的。所谓"天地我立，万化我出""微尘六合，瞬息千古"并不是指宇宙论意义上的自我创立宇宙，而都是那种充足感体验的描述，都是那一种境界具有的胸怀。因而，有了这种"觉"的人，会觉得任何身外之物与无限、充足的"大我"相比都是渺小的，他连生死的区别都不在意，一切得失都不足以动其心，更何谈轩冕金玉呢？陈白沙的这些思想典型地表现

---

[16] 《论前辈言铢视轩冕尘视金玉上》，《陈献章集》卷一，第55页。
[17] 《与林时矩一》，《陈献章集》卷三，第243页。

第十七章　陈献章

了中国传统思想中的"大我"论。这种思想并不是西方哲学意义上的唯我论或主观唯心论,它并不是一种本体论或认识论的陈述,而是一种精神境界的体验,了解这一点是很重要的。

陈白沙从吴与弼学时本来是尊崇朱学的,他在后来那首和杨龟山诗中也说:"吾道有宗主,千秋朱紫阳。说敬不离口,示我入德方。义利分两途,析之极毫芒。圣学信匪难,要在用心藏。善端日培养,庶免物欲戕。道德乃膏腴,文章固粃糠。俯仰天地间,此身何昂藏。"这里说的藏即收敛,即前面所说的藏而后发的藏,指静养。在这首诗里他以朱子为宗主,对朱子学亦颇赞美,诗的后面还说自己不敢奢望追踪朱子,但求稍被余泽。事实上,他自己后来的发展是向着邵雍式的路线前进的,即追求心境的闲适怡乐。正如他自己所说,"悠然得趣于山水之中,超然用意于簿书之外"[18]。据他的门人说,他早年学问主静,故去耳目支离之用,全虚圆不测之神;但后来又悟道非至静,而应动亦定静亦定,故改倡"不离乎日用而见鸢飞鱼跃之妙"[19]。刘宗周后来评论白沙说:"识趣近濂溪而穷理不逮,学术类康节而受用太早。"[20]

---

[18]《复江右藩宪诸公》,《陈献章集》卷二,第138页。
[19] 张诩:《白沙先生行状》,《年谱及传记资料》,《陈献章集》附录,第880页。
[20]《师说》,《明儒学案》,第5页。

第五编

明代中后期的理学

第十八章　王守仁

王守仁，字伯安，生于明宪宗成化八年（1472），卒于明世宗嘉靖七年（1529），谥文成。他的祖籍是浙江余姚，青年时父亲迁家至山阴（越城），后来他结庐于距越城不远的会稽山阳明洞，自号阳明子，学者都称他为阳明先生，学术界也习称王阳明，他是明代理学中最有影响的思想家，也是明代"心学"运动的代表人物。

王阳明青年时热心骑射，留意兵法，泛滥辞章，出入释者。二十八岁时举进士，授刑部主事，后改兵部。三十五岁时，抗疏反对把持朝政的宦官刘瑾，为此受廷杖四十，被贬到偏远的贵州龙场驿，后知庐陵县，历任吏部主事、员外郎、郎中、南京太仆寺少卿、鸿胪寺卿。正德末年以左佥都御史、右副都御史巡抚南赣汀漳，平定闽、赣、粤交界的农民暴动。正德十四年（1519），江西的宁王朱宸濠在蓄谋多年之后，发动叛乱，以十万大军，自江西东下南京，当时正在江西的王守仁立即起兵讨之，在强弱悬殊的情况下，他运用机智的谋略，以卓越的胆识，率兵三十五天，三战而生擒朱宸濠，将这场震动朝野的大叛乱彻底平定，因受命兼巡抚江西，后以大功升南京兵部尚书，封为新建伯。晚年奉命兼都察院左都御史总督两广，平息广西少数民族暴动，功成病归，死于江西南安。王守仁一生所创造的事功业绩，在宋明时代的理学家中，是绝无仅有的。

王守仁虽为明王朝屡建奇功，但他本人却遭受和经历过"百死千难"的政治危机，他晚年时，其学说也受到压制，与朱熹一样，被视为伪学，尽管如此，他的思想不仅在当时产生了巨大影响，而且笼罩了整个明中后期思想的发展。王守仁的思想在整体上是对朱熹哲学的一个反动，他倡导的心学复兴运动不仅继承了宋代陆九渊心学的方向，而且针对着明中期政治极度腐败、程朱学逐渐僵化的现实，具有时代的意义。另一方面，他的思想努力在儒家思想基础上吸收佛教思想营养，把北宋以来理学扬弃佛老的过程推向一个高峰，并推进了此后三教合一的趋势。

王守仁的个人气质一方面近于古人所说的"豪雄"，他在平南赣及平藩后险恶的政治危机中展示的惊人的军事谋略与高度的政治技巧，要从这一面才能充分了解。他的精神上和气质上的另一面是浪漫主义与神秘主义，这影响了他思想发展的方向。王守仁富于创造精神，一脱程朱学派的经院习气，充满了活力，他能像禅宗大师一样利用惊人的指点方法使人领悟，他的思想中盈溢着他的生存体验与生命智慧。

第十八章 王守仁

王守仁的主要著作为《传习录》,后人把他的思想材料编为《阳明全书》,共三十七卷。

一 心外无理

青年时代的王守仁曾在朱熹的影响下尝试从事格物穷理的工夫,有一次他想到朱熹说过一草一木都有理,都应格过,由此逐步做到圣人,便与一个朋友,以庭前的竹子为对象,面对翠竹,冥思苦想地"格"了七天,结果不但没有穷到"理",两人反而都因此而累倒。从此,一直有一个问题困扰着他:理究竟在哪里?后来他被贬到龙场,在艰难困苦的条件下,端居默坐于静一之中,思考圣人处此将何所为,忽一夜大悟格物致知之旨,"始知圣人之道,吾性自足,向之求理于事物者,误也"①。史称为"龙场悟道"。龙场悟道在形式上是一种神秘体验的获得,但引导王守仁得到了一个实质的结论,这就是,理本来不是存在于外部事物,而完全地内在于我们的心中,龙场以后,他提出了心即是理和心外无理的思想。

王阳明反对朱熹的格物穷理说,首先是基于他把"理"基本上了解为道德原理。所以,当学生提出朱熹关于"事事物物皆有定理"的命题与王守仁心即是理思想的差别时,他说:"于事事物物上求至善,却是义外也。至善者心之本体。"② 这表

---

① 《年谱》戊辰条,《阳明全书》卷三十二,中华书局《四部备要》本,第446页。

② 《传习录上》,《阳明全书》卷一,第37页。

示,王守仁认为朱熹所说的事事物物皆有定理的理只是"至善"的"义"。而他认为,至善作为道德原理不可能存在于外部事物,道德法则是纯粹内在的,事物的道德秩序只是来自行动者赋予它的道德法则,如果把道德原理看成源于外部事物,这就犯了孟子所批判的"义外说"即把"义"代表的道德原则看作外在性的错误。所以,人之穷理求至善,只需在自己心上去发掘,去寻找。

《传习录》载王守仁与其弟子徐爱的对话:

> 爱问:"至善只求诸心,恐于天下事理有不能尽。"先生曰:"心即理也,天下又有心外之事、心外之理乎?"爱曰:"如事父之孝、事君之忠、交友之信、治民之仁,其间有许多理在,恐亦不可不察。"先生叹曰:"此说之蔽久矣,岂一语所能悟!今姑就所问者言之:且如事父,不成去父上求个孝的理;事君,不成去君上求个忠的理?交友治民,不成去友上、民上求个信与仁的理?都只在此心。心即理也。"③

阳明认为,如果就"理"作为道德法则而言,格物穷理的哲学意味着道德法则存在于心外的事物,而实际上道德法则并不存在于道德行为的对象上,如孝的法则并不存在于父母身上,忠的法则也不存在于君主身上。这些孝忠之理只是人的意识通过

---

③ 《传习录上》,《阳明全书》卷一,第37页。

第十八章 王守仁

实践所赋予行为与事物的。

"理"的问题不仅涉及道德法则,也联系着礼仪规范,在儒家传统中一直认为礼是理的观念的基本意义之一。礼即社会生活中具体的礼仪规定与节文准则。心即理的思想在一般的性善论者可能并不难接受,但要把"礼"也说成心的产物,就难免遇到困难,因为社会礼仪明显地更少先验性,而更多地依赖于社会和人为。《传习录》载:

> 爱曰:"闻先生如此说,爱已觉有省悟处。但旧说缠于胸中,尚有未脱然者。如事父一事,其间温凊定省之类,有许多节目,不亦须讲求否?"先生曰:"如何不讲求?只是有个头脑,只是就此心去人欲、存天理上讲求。……此心若无人欲,纯是天理,是个诚于孝亲的心,冬时自然思量父母的寒,便自要去求个温的道理;夏时自然思量父母的热,便自要去求个凊的道理。"[④]

在儒家文化中,一方面伦理原则通过礼仪节文具体化,另一方面也使社会生活的礼仪具有了伦理准则的意义。从而,"理"不仅指一般的伦理原则,还指根据不同情况制定的行为方式。在王守仁看来,礼所代表的行为的具体方式和规定,其意义本来是使伦理精神的表现规范化,而如果这些仪节本身被异化为目的,忘了它首先必须是真实的道德情感的表现方式,那就是本

---

④ 《传习录上》,《阳明全书》卷一,第37页。

末倒置了。他认为，人们只要能真正保有真实的道德意识和情感，他们就自然能选择对应具体情况的适宜的行为方式，因此，仪节应当是道德本心的作用和表现。从而，在根源上，仪节构成的礼也是来自人心的。更重要的是，"心即理"的命题表示，仪节的周全并非至善的完成，动机（心）的善才是真正的善。

王守仁说：

> 理也者，心之条理也。是理也，发之于亲则为孝，发之于君则为忠，发之于朋友则为信。千变万化，至不可穷竭，而莫非发于吾之一心。⑤

这表示，心即是理，在一个意义上，可以表述为"心之条理即是理"，是指人的知觉活动的展开有其自然的条理，这些条理也就是人的行为的道德准则。如依人的知觉的自然条理，事亲自然是孝，交友自然是信。因而，是人的知觉的自然条理在实践活动中赋予了事物以条理，使事物呈现出道德秩序。所以，事物之"理"论其根源不在心外。把道德原则看成人心固有的条理，认为这个条理是事物的道德秩序的根源，这是伦理准则上的主观主义。

根据这些思想，王守仁提出：

> 心外无物，心外无事，心外无理，心外无义，心外无

---

⑤ 《书诸阳卷》，《阳明全书》卷八，第141页。

第十八章 王守仁

善。吾心之处事物，纯乎理而无人伪之杂谓之善，非在事物有定所之可求也。处物为义，是吾心之得其宜也，义非在外可袭而取也。格者，格此也；致者，致此也。⑥

这表明，对于王守仁来说，心外无"理"主要强调心外无"善"，善的动机意识是使行为具备道德意义的根源，因而善只能来自主体而不是外物，格物与致知都必须围绕着挖掘、呈现这一至善的根源入手。

在"心即是理"或"心外无理"命题中的"心"，并不是泛指知觉意识活动，王守仁认为：

要非礼勿视听言动时，岂是汝之耳目口鼻四肢自能勿视听言动？须由汝心。……所谓汝心，却是那能视听言动的。⑦

心者身之主宰，……主宰一正，则发窍于目，自无非礼之视；发窍于耳，自无非礼之听；发窍于口与四肢，自无非礼之言动：此便是修身在正其心。然至善者，心之本体也。心之本体，哪有不善？如今要正心，本体上如何用得功？必就心之发动处才可着力也。⑧

王守仁主张的心即理，这里的心并不是指知觉而言，"心即理"

---

⑥ 《与王纯甫》，《阳明全书》卷四，第96页。
⑦ 《传习录上》，《阳明全书》卷一，第50页。
⑧ 《传习录下》，《阳明全书》卷三，第83页。

的心只是指"心体"或"心之本体"而言,这个心之本体也就是从孟子到陆九渊的"本心"的概念,它不是现象意识层面经验的自我,而是先验的纯粹道德主体。

在朱熹哲学中,所谓物理包含必然与当然两个方面,必然指自然法则,当然指道德法则,王守仁的心即理或心外无理说只提出了对当然的一种解释,而对于事物中是否存有必然之理,这一类物理能否归结为内心的条理,格此心能否穷尽此类物理,都没有给以回答。从而,在一般宋明理学的理解脉络中,"心"通常包含的知觉意义及"理"通常包含的规律意义,使得"心外无理"说在令人接受方面遇到很大的困难。

二 心外无物

王守仁根据《大学》里"正心""诚意""致知""格物"的排列,对心、意、知、物作了一个定义:

> 身之主宰便是心,心之所发便是意,意之本体便是知,意之所在便是物。⑨

在这四句话里的前两句,明显地受到朱子哲学的影响,朱熹曾反复指出心者身之主宰,又说过意是心之运用。王守仁接过这两个命题并赋予了自己的理解,即心是一个纯粹自我的范畴,

---

⑨ 《传习录上》,《阳明全书》卷一,第38页。

第十八章　王守仁

而意是一个经验意识的范畴。

在《传习录》上记载了王守仁与其弟子的答问：

> 爱曰："昨闻先生之教，亦影影见得功夫须是如此。今闻此说，益无可疑。爱昨晓思格物的'物'字即是'事'字，皆从心上说。"先生曰："然。身之主宰便是心，心之所发便是意，意之本体便是知，意之所在便是物。如意在于事亲，即事亲便是一物；意在于事君，即事君便是一物；意在于仁民爱物，即仁民爱物便是一物；意在于视听言动，即视听言动便是一物。所以某说无心外之理，无心外之物。"⑩

这表明，在王守仁关于心、意、知、物四句话的解说中，"意之所在便是物"具有重要的地位。"意之所在便是物"是要为"物"下一个定义，照整个问答特别是"物字即是事字"的说法，这里的"物"并不是泛指山川草木等物，而是指"事"。就是说，"心外无物"这个命题在一开始提出来时，主要是指"事"而言。

在"意之所在便是物"这句话中，"意"指意识、意向、意念，"意之所在"指意向对象、意识对象，"物"主要指事，即构成人类社会实践的政治活动、道德活动、教育活动等。这个命题表示，意识必然有其对象，意识是对对象的意识，而事物

---

⑩　《传习录上》，《阳明全书》卷一，第38页。

只有在与意识、意向相关的结构中才能被定义,所以这个定义本质上是"从心上说物"。他认为,事物作为人的意向结构的一个极,是不能脱离主体的,正如我们日常生活中看到的,一切活动都是意识参与下的活动,在这个意义下,离开主体的事物是没有的。

在王守仁这个"意之所在便是物"的定义中,作为意之所在的物显然包括两种,一种是意所指向的实在之物或意识已投入其中的现实活动,一种是仅作为意识之中的对象。就是说,在"意之所在便是物"中他并未规定物(事)一定是客观的、外在的、现成的,这个意之所在可以是存在的,也可以是非存在的即仅仅是观念的;可以是实物,也可以仅仅是意识之流中的对象。王守仁只是强调"意"一定有其对象,有其内容,至于对象是否实在并不重要,因为他要强调的是意向行为本身。

王守仁认为,"意"具有一种对对象的指向性质,物只是作为意的对象才有意义,是意构成了事物的意义(理),事物的秩序来自构成它的意,因而物不能脱离意识结构来定义。由于意念是决定事物道德性的根源,事物的理必须由善的"意"赋予它,因而意是决定事物的要素,物不过是意的结果。在这里,意向对象是否实在,意向是否已对象化都是不重要的,重要的是意向行为本身,因为意向行为本身决定着作为对象的物的性质。"意在于事亲即事亲便为一物",事亲这个"物"既可以指正在实现的活动或已经实现的活动,也可以仅指意念内容。对于王守仁来说,"物"主要不是指现实的东西,而是指意向之物,即呈现在意识中的东西。

第十八章　王守仁

从前面论述和引文中可知,"意之所在便是物"是王守仁"心外无物"说的主要论点和论证。在了解王守仁心外无物说的问题上,十分重要的一点是,我们必须了解他提出这一原理的目的是什么,用他自己的话来说,须辨明其"立言宗旨"。这个作为宗旨的目的就是:他的心外无物说及其中所有对"物"的解说都是针对自青年时代面竹格物以来一直困扰他的"格物"问题。他的"意之所在便是物"的命题根本上是要把物归结为意念,只有把格物的物归结为意念,才能把"格物"解释为"格心",心外无物的意义就是要人在心上做格物工夫。

然而,尽管阳明曾肯定心外无物的"物"是指"事"而言,但他始终没有明确地把实在的客观物体(如山川草木)排除在心外无物这一命题的适用范围之外。由于"物"的通常意义包括山川草木乃至人与万物,这使得王守仁心外无物说必然会面对外界事物客观实在性的挑战。《传习录》下载:

> 先生游南镇,一友指岩中花树问曰:"天下无心外之物,如此花树,在深山中自开自落,于我心亦何相关?"先生曰:"你未看此花时,此花与汝心同归于寂;你来看此花时,则此花颜色一时明白起来。便知此花不在你的心外。"⑪

王守仁回避了花是否不依我们的意识所在而自开自落的问题,

---

⑪ 《传习录下》,《阳明全书》卷三,第79页。

只是用"你未看此花时，此花与汝心同归于寂"说明意向作用与意向对象的不可分离性。对王守仁来说，心外无物说的提出本来不是面对外在的客观存在的物体，而是着眼于实践意向对"事"的构成作用，因而心外无物说本来与那种认为个体意识之外什么都不存在的思想不相干，至少对于一个儒家学者，决不可能认为父母在逻辑上后于我的意识而存在，也不可能认为我的"意之所在"不在父母时父母便不存在。然而，"心外无物"这一命题的形式本身超出了阳明应用这一命题的特殊意旨，王守仁又没有选择其他的命题，由此产生像山中观花一类问题，是不可避免的。如果说他不能完满回答关于外界事物独立于人的意识的客观实在性问题，在很大程度上也是因为他本来不是面对这一问题的。

三 格物与格心

心外无理说与心外无物说虽然直接意义上讨论的是意识与法则、事物的关系，但其目的本来在于欲由此引出一种新的格物穷理论。

"格物""致知"语出《大学》，《大学》本为小戴《礼记》之第四十二篇。《大学》的内容可分为两部分，一部分提出了"明明德""亲民""止于至善"三项基本原则和"格物""致知""正心""诚意""修身""齐家""治国""平天下"八种方法；另一部分是对三原则和八种方法的解释与论证。朱熹把第一部分称为"经"，把第二部分称为"传"。朱熹在研究《大学》时

第十八章　王守仁

发现,"传"的这一部分是逐条解释三原则和八条目的,但在"逐条"解释中唯独缺少对"致知在格物""诚其意在致知"的论证,而且对"正心在诚其意"的解释论证也没有按八条目应有的次序出现。朱子认为,全文没有出现对格物致知的解释是"阙文"造成的,解释诚意的传文没有出现在八条目中应有的位置上,是由"错简"造成的。于是在朱熹的《大学章句》中一方面作了一个"补格物致知传"来弥补所谓阙文造成的不连贯,一方面把传文中诚意的解释移到正心之前。王守仁则一反朱熹的做法,认为既无阙文,也无错简,悉从旧本,他说:"《大学》古本乃孔门相传旧本耳。朱子疑其有所脱误,而改正补辑之,在某则谓其本无脱误,悉从其旧而已矣。"[12] 阳明这样做就可以甩掉朱子的补传及其对格物的解释,以便把格物纳入心学的体系来解释。

《传习录下》载王守仁自述早年格竹的故事:

> 先生曰:"众人只说格物要依晦翁(朱熹号),何曾把他的说去用?我著实曾用来。初年与钱友同论做圣贤,要格天下之物,如今安得这等大的力量?因指亭前竹子,令去格看。钱子早夜去穷格竹子的道理,竭其心思,至于三日,便致劳神成疾。当初说他这是精力不足,某因自去穷格,早夜不得其理,到七日,亦以劳思致疾,遂相与叹圣贤是做不得的,无他大力量去格物了。及在夷中三年,颇

---

[12]《答罗整庵少宰书》,《阳明全书》卷三,第66页。

见得此意思，乃知天下之物本无可格者。"⑬

龙场悟道是王守仁格物思想的转折点，自青年时代对格物的困惑在龙场"大悟"中得到解决，也标志了他与朱熹格物说的彻底决裂。龙场之悟既然否定了向物求理，认为外物本无可格，其积极结论必然是把格物穷理由外在事物引向主体自身，为此他发展出了心外无理、心外无物说，以打通把格物穷理解释为心上做工夫的道路。

既然格物不应向外求理，心即是理，意念所在即是所格之地，于是格物变成格心、求心，《传习录》载：

> 格物，如孟子"大人格君心"之"格"，是去其心之不正，以全其本体之正。但意念所在，即要去其不正以全其正，即无时无处不是存天理，即是穷理。天理即是"明德"，穷理即是"明明德"。⑭
>
> 问格物。先生曰："格者，正也。正其不正，以归于正也。"⑮

王守仁把"格"解释为"正"，即把不正纠正为正；"物"则定义为"意之所在"。因而，"格物"就是纠正意之所在。但"意之所在"既可以是实际事物，也可以仅仅是意念中的对象，格

---

⑬ 《传习录下》，《阳明全书》卷三，第84页。
⑭ 《传习录上》，《阳明全书》卷一，第39页。
⑮ 同上书，第45页。

第十八章 王守仁

物究竟是正实际事物,还是正意念行为本身,就是说,格物是正其事之不正,还是正其心之不正?照王守仁来看,格物的直接意义是"去其心之不正",心之本体无所不正,但常人之心已不是心之本体,已成为不正,格物就是纠正人心的不正,以恢复本体的正。根据这个解释,格物就是格心。所以王守仁强调,意之所在便是物,"但意念所在,即要去其不正以全其正",这就是格物。这里的意念所在,从上下文来看,就是具有某种内容的意念。所以,当时他的朋友,另一个著名理学家湛若水就指出,"以物为心意之所著,兄意只恐人舍心求之于外,故有是说"⑯,又说:"阳明格物之说谓正念头,既与下文正心之言为重复,又自古圣贤学于古训,学问、思辨、笃行之教,博文、约礼之教,修德、讲学、尊德性、道问学之语,又何故耶?"⑰湛若水强调王守仁的格物说是以格物为"正念头",并指出这个说法有两点困难:一是把格物说成正念头就和《大学》本有的"正心"条目重复;二是把学问完全转向内心,就把儒学传统中"学""问"的一面完全抹杀了。

在王守仁对格物的解释下,朱子学中格物的认识功能与意义被完全取消,代之以简易直接的方式把格物变为纠正克服非道德意识,否定了经典研究和对自然事物的考察,完全转向了一种内向性的立场。

---

⑯ 《与阳明鸿胪书》,《甘泉文集》卷七。
⑰ 《答杨少默书》,《甘泉文集》卷七。

四 知行合一

不管王守仁是否把知行合一论当作他自己思想的核心,人们一般是把知行合一说看成代表王守仁思想特色的学说。

就范畴的使用说,王守仁与宋儒对知行的了解有所差别,在宋儒,知与行不仅有知识与实践的区别,也可以指两种不同的行为(求知与躬行)。在阳明学中,知仅指主观形态的知,其范围较宋儒来的小。而行的范畴则较宋儒的使用为宽,一方面行可以指人的实践行为,另一方面还可以包括心理行为。

王阳明的知行观可以表述为以下几个提法或命题:

1. 知行本体

王守仁的学生曾问他,许多人知道对父当孝对兄当悌,却不行孝行悌,知和行明明是分开的,怎么说知行合一呢?王守仁说:"此已被私欲隔断,不是知行的本体了。未有知而不行者。知而不行,只是未知。"⑱ 在宋儒的知行讨论中,"真知"是一个较为常见的重要观念,真知指真切之知,这个观念表示,真知者必然会把他所了解的道德知识付诸行为,不会发生知而不行的问题。反过来说,知而不行,表示还没有达到"真知"。因此,在宋儒看来,"真知"的观念虽然并不直接包含行为,却包含了"必能行"这一性质。宋儒这个思想是王守仁知行合一

---

⑱ 《传习录上》,《阳明全书》卷一,第38页。

说的先导,他认为"未有知而不行者,知而不行只是未知",正是把宋儒"真知必能行"的思想作为起点。"知行本体"是王守仁用来代替真知的概念。"本体"这里指本来意义,是说知与行就其本来意义而言,是互相联系、互相包含的,一切知行分裂的现象都背离了知行的本来意义。按知行的本来意义,知包含了必能行,这是知行本体。在这个说法下,"晓得当孝悌而不能孝悌"的人就不是知而不行,而根本被认为是"未知"。

根据这个思想,王守仁认为,就其本来意义,知行是合一的,这个合一并不是说二者完全是一回事,而是强调二者是不能割裂的,知行的规定是互相包含的。

2. 真知即所以为行,不行不足谓之知

王守仁知行合一说的表述之一,即"真知即所以为行,不行不足谓之知"[19]。不行不足谓之知,首先是指,当我们用知说明人的道德知识水平时,必然意味着这个知是与行联结的。他说:"就如称某人知孝、某人知弟,必是其人已曾行孝行弟,方可称他知孝知弟,不成只是晓得说些孝弟的话,便可称为孝弟?"[20] 对不行孝悌的人不能使用知孝知悌,所以道德评价上的知必然联系着、包含着行。

其次,不行不足谓之知也指一般认识活动而言,王守仁说过:

---

[19] 《答顾东桥书》,《阳明全书》卷二,第53页。
[20] 《传习录上》,《阳明全书》卷一,第38页。

> 知痛必已自痛了方知痛，知寒必已自寒了，知饥必已自饥了：知行如何分得开。㉑
>
> 食味之美恶必待入口而后知，岂有不待入口而已先知食味之美恶者邪？……路歧之险夷必待身亲履历而后知，岂有不待身亲履历而已先知路歧之险夷者邪？㉒

只有经历过痛感才知道什么是痛，只有经历过寒冷才知道什么是冷，这些与我们的感受性直接相关的体验之"知"显然是和我们有过亲身体验（行）相关的。食物是否好吃、道路是否平坦，也必须依赖实践活动才能为我们所"知"，所以不行不足谓之知。王守仁的这些说法，作为认识来源的讨论，强调人的认识来源于实践，这是正确的。

3. 知是行之始，行是知之成

王守仁在开始提出知行合一时，常常这样说：

> 知是行之始，行是知之成。若会得时，只说一个知，已自有行在；只说一个行，已自有知在。㉓

这个说法是从动态的过程来了解知行相互联系、相互包含的意义。意识属于知，若就意识活动是外部行为的开始来说，意识

㉑ 《传习录上》，《阳明全书》卷一，第38页。
㉒ 《答顾东桥书》，《阳明全书》卷二，第53页。
㉓ 《传习录上》，《阳明全书》卷一，第38页。

第十八章　王守仁

是整个行为过程的第一阶段,在此意义上,它是行为过程的一部分,从而可以说就是行。同理,行为属行,但就行为是思想的实现或实践是观念的完成来说,行可看成整个知识过程的终结,即知识过程的最后阶段,从而可以说就是知。所以"知"中有行的因素,"行"中有知的因素,两个范畴的规定是互相包含的,知行是合一的。

4. 知是行之主意,行是知之工夫

王守仁说:"某尝说知是行的主意,行是知的功夫。"[24] 这个提法是批评那种"说知行做两个,亦是要人见个分晓,一行做知的功夫,一行做行的功夫"[25] 的主张,主张没有脱离行的独立的知的工夫,也没有脱离知的独立的行的工夫。

王守仁这个命题的重点是强调"行是知的功夫",即知以行为自己的实现手段。这样,没有什么独立的、先于行或与行割裂的知,要达到知,就必须通过行。同时,行也不是一匹瞎马狂奔,它有知作为指导。所以,行不能无主意,故行不离知;知不能无手段,故知不离行。知与行是不可分离的。

王守仁曾经这样说过:"今人学问,只因知行分作两件,故有一念发动,虽是不善,然却未曾行,便不去禁止。我今说个知行合一,正要人晓得一念发动处,便即是行了。发动处有不善,就将这不善的念克倒了。须要彻底彻根,不使那一念不善

---

[24]　《传习录上》,《阳明全书》卷一,第38页。
[25]　同上。

潜伏在胸中，此是我立言宗旨。"㉕ 所谓一念发动不善即是行，从"知是行之始"方面来说，是王守仁知行合一说的一个合乎逻辑的推论，既然意念、动机被看作整个行为过程的开始，在此意义上意念之动亦属行。对于王守仁来说，他并未注意到，虽然从整个行为的连续过程看，知是行之始，但如果行为过程在意念活动后并未展开为行为过程，这种意念算不算行？

曾有不少学者认为王守仁知行合一学说可以概括为上边说的"一念发动即是行"，其实这是不正确的。从"为善"和"去恶"两方面看，王守仁认为，一念发动不善便是行恶了，而一念发动为善还不就是行善了。所以，只有善的意念或对善的了解还不是知善、行善，只有把善的意念落实为为善的行动，才是真正的知善、行善。而人并不是一定有明显的恶劣行为才是行恶，只要有恶的意念就是行恶了。从为善方面来说，有行才是知；从去恶方面来说，有不善之念便是行善了。王守仁的知行观是重"行"的，把他的知行观归结为"一念发动即是行"就抹杀了他的知行观的特点。

五　致良知

《大学》提出"致知"，王守仁认为致知的知就是孟子所讲的良知，因而把致知发挥为"致良知"。致良知说是王守仁心学思想在晚年更为成熟的一种形式。

㉕ 《传习录下》，《阳明全书》卷三，第75页。

第十八章 王守仁

孟子说:"人之所不学而能者,其良能也。所不虑而知者,其良知也。孩提之童,无不知爱其亲者;及其长也,无不知敬其兄也。"[27] 根据这个说法,良知是指人的不依赖于环境、教育而自然具有的道德意识与道德情感。"不学"表示其先验性,"不虑"表示其直觉性,"良"即兼此二者而言。王守仁继承了孟子的思想,他说:

> 心自然会知,见父自然知孝,见兄自然知弟,见孺子入井自然知恻隐,此便是良知,不假外求。[28]

"自然"表示不承认良知得自外界,把良知看作主体本有的内在的特征。

王守仁特别强调良知作为"是非之心"的意义:

> 尔那一点良知,是尔自家底准则。尔意念着处,他是便知是,非便知非,更瞒他一些不得。[29]
>
> 孟子云"是非之心,知也。""是非之心,人皆有之。"即所谓良知也。[30]
>
> 良知只是个是非之心,是非只是个好恶,只好恶就尽了是非,只是非就尽了万事万变。[31]

---

[27] 《孟子·尽心上》。
[28] 《传习录上》,《阳明全书》卷一,第39页。
[29] 《传习录下》,《阳明全书》卷三,第74页。
[30] 《与陆元静》,《阳明全书》卷五,第108页。
[31] 《传习录下》,《阳明全书》卷三,第80页。

这表明，良知是人的内在的道德判断与道德评价体系，良知作为意识结构中的一个独立部分，具有对意念活动的指导、监督、评价、判断的作用。良知作为先验原则，不仅表现为"知是知非"或"知善知恶"，还表现为"好善恶恶"，既是道德理性，又是道德情感。良知不仅指示我们何者为是何者为非，而且使我们"好"所是，而"恶"所非，它是道德意识与道德情感的统一。

良知不仅具有先验的性质，而且具有普遍的品格，王守仁认为："自圣人以至于愚人，自一人之心，以达于四海之远，自千古之前以至于万代之后，无有不同。是良知也者，是所谓'天下之大本'也。"[32] 良知作为人的内在准则，是人人固有、各个相同的。良知是我们道德实践的指南针。

王守仁晚年明确提出："致吾心之良知者，致知也。"[33] 王守仁以致知为致良知，什么是致良知？他曾说：

> 致者，至也，如云"丧致乎哀"之"致"。《易》言"知至至之"，"知至"者，知也；"至之"者，致也。"致知"云者，非若后儒所谓充广其知识之谓也，致吾心之良知焉耳。[34]

---

[32] 《书朱守乾卷》，《阳明全书》卷八，第141页。
[33] 《答顾东桥书》，《阳明全书》卷二，第55页。
[34] 《大学问》，《阳明全书》卷二十六，第374页。

第十八章 王守仁

如果说朱熹格物的观念有三个要点"即物""穷理""至极"的话，王守仁的致知的观念也有三个要点，即"扩充""至极""实行"。以"至"解释致，即扩充良知而至其极同时，王守仁强调："知如何而为温凊之节，知如何而为奉养之宜者，所谓知也，而未可谓之致知。必致其知如何为温凊之节者之知，而实以之温凊，致其知如何为奉养之宜者之知，而实以之奉养，然后谓之致知。"㉟"致知之必在于行，而不行之不可以为致知也，明矣。"㊱这都是指出"致知"包含着将所知诉诸实践的意义，表明"行"是致良知的一个内在的要求和规定。

所以，致良知，一方面是指人应扩充自己的良知，扩充到最大限度，另一方面是指把良知所知实在地付诸行为中去，从内外两方面加强为善去恶的道德实践。

王守仁的思想总体上说是强调道德实践，在他看来，道德意识不需要到外面去寻找，人具有先验的道德知识，因而所谓为学工夫，关键在依此知识而践行之。为了实现这一点，他早年提出知行本体只是一个，认为在本体的意义上，"未有知而不行者，知而不行只是未知"，在这个意义下，知识不见诸实践就不能算作"知"，但在晚年的致良知说中，他把良知与致良知纳入知行关系，这个理论在出发点上也是强调人把良知所知贯彻到行为实践，而因这个学说强调区分良知与致知，于是王守仁就不能像"知而未行只是未知"那样讲良知不致便不是良知。这样一来，他在晚年虽仍提倡知行合一，但反复强调的是良知

㉟ 《答顾东桥书》，《阳明全书》卷二，第56页。

㊱ 同上。

人人本有，而不能致其良知。其重点不再强调知行本体的合一，而是强调知行工夫的合一，即知之必实行之。

六　四句教

王守仁在晚年提出"四句教法"，这四句话是：

> 无善无恶心之体
> 有善有恶意之动
> 知善知恶是良知
> 为善去恶是格物

王守仁在死去的前一年，嘉靖六年（1527）秋被任命赴广西平息少数民族暴乱，临行前一晚，在越城天泉桥上应弟子钱德洪（字洪甫）、王畿（字汝中）之请，详细阐发了这四句宗旨的思想，史称之"天泉证道"。钱、王二人对四句教发生争论，王畿认为心体与意、知、物是体用关系，心体无善无恶，意、知、物也应都是无善无恶，所以他认为四句教后三句当改为"意即无善无恶之意，知即无善无恶之知，物即无善无恶之物"。就是说，心意知物都是无善无恶的，这种看法称为"四无"。而照钱德洪看，意有善有恶，所以才需为善去恶，否定意有善恶，就根本否定了工夫，他对心体无善恶的说法也有怀疑，在他看来，说心体至善无恶可能更好些。这种观点称为"四有"。为此两人请教王守仁为之证道，据载：

第十八章　王守仁

是日夜分，客始散，先生将入内，闻洪与畿候立庭下，先生复出，使移席天泉桥上。德洪举与畿论辩请问。先生喜曰："正要二君有此一问！我今将行，朋友中更无有论证及此者，二君之见正好相取，不可相病。汝中须用德洪功夫，德洪须透汝中本体。二君相取为益，吾学更无遗念矣。"

德洪请问。先生曰："有只是你自有，良知本体原来无有，本体只是太虚。太虚之中，日月星辰，风雨露雷，阴霾饐气，何物不有，而又何一物得为太虚之障？人心本体亦复如是。太虚无形，一过而化，亦何费纤毫气力？德洪功夫须要如此，便是合得本体功夫。"

畿请问。先生曰："汝中见得此意，只好默默自修，不可执以接人。上根之人，世亦难遇。一悟本体，即见功夫，物我内外，一齐尽透，此颜子、明道不敢承当，岂可轻易望人？二君已后与学者言，务要依我四句宗旨：无善无恶是心之体，有善有恶是意之动，知善知恶是良知，为善去恶是格物。以此自修，直跻圣位；以此接人，更无差失。"㉗

四句教中较难理解的是"无善无恶心之体"一句。根据王守仁对德洪的解释可知，"无善无恶心之体"所讨论的问题与伦理学的善恶无关，根本上是强调心作为情绪-心理的感受主体具有的

㉗ 《年谱》丁亥条，《阳明全书》卷三十四，第475页。

无滞性、无执著性。照他的说法，这种性质正如虚空一样，各种星辰风雷在太虚运动出没，一过而化，决不会成为滞泥在太虚之中的障碍，因为太虚本然之体是对任何事物无滞无执的。人心本体即本然状态也具有纯粹的无滞性，与太虚一样，喜怒哀乐往来出没人心，但心之本体无喜无怒无滞无执，因此人心虽生七情，却应使之一过而化，不使任何一种留滞心中。这个无滞无执著的心体就叫作无善无恶心之体。所以王守仁主张："七情顺其自然之流行，皆是良知之用，不可分别善恶，但不可有所著。"㊳

这个思想表示，"良知"不仅是知善知恶的道德主体，又是具有"无善无恶"的情绪主体。"无善无恶心之体"是指出良知作为情绪主体具有的"虚""无"（无滞）特性，这种特性表现在良知不会使自己"著"在哪一事物上，而使之成为良知流行无滞的障碍。因此，四句教中无善无恶的思想讨论的是一个与道德伦理不同面向的问题，指心对任何东西都不执著的本然特性是人实现理想的自在境界的内在根据。它所指向的，就是周敦颐、程颢、邵雍等追求的洒落、和乐的自得境界，其中也明显地吸收了禅宗的生存智慧。

七　本体与工夫

在王守仁阐发四句宗旨的天泉证道中，他提出了一对概念，

㊳　《传习录下》，《阳明全书》卷三，第80页。

第十八章 王守仁

即"本体"与"工夫"。本体即指心之本体，工夫则指复其心之本体的具体实践和过程。在王守仁天泉证道谈话中所说的"工夫"具体地指在意念上为善去恶，"本体"则侧重于以无滞性为特质的情绪主体。后来，本体-工夫之辨成了王学及中晚明理学的重要论题，在这些辩论中工夫多指意念上为善去恶的工夫，本体则指至善无恶的道德本心。

王守仁对四有、四无的分歧采取了一种调和的方法，他认为四无说是用来接引上根人（聪慧之士），四有说是用来接引下根人（一般资质）。上根人能当下彻悟心体无善无恶，一了百当；下根人需在意念上为善去恶，循序渐进。上根人以"悟"为工夫，下根人是渐修的方法。两种方法在不同范围内各有合理性。但两种工夫又各有局限，所以两种方法要相资为用。如即使对上根人而言，四无之说也还不是完全的；对于下根之人，四有之说也不是完全的。四有、四无说虽可分别接引下根、上根人入道，但不能成圣，上根人顿悟本体后仍需随时用渐修工夫，才能入圣。下根人在意念上渐修，最终也还要注意明了心体无善无恶。所以，四无说只重悟本体，不注重修工夫；四有说强调渐修工夫，而不了悟本体，无论上下根人，正确的方法应该本体工夫"打并为一"。四句教第一句指本体，后三句讲工夫，整个四句都是"彻上彻下"工夫，所以王守仁反复强调"已后与学者言，务要依我四句宗旨"，他自己主张本体、工夫的合一。

王守仁虽然强调四无之说不可轻易接人，但他在天泉桥谈话中对四无、四有的分别肯定，开启了王学后来的分化，四无即重"本体"的方向，鄙薄工夫之实，只求一悟心体；四有则重"工夫"的方向，以本体为虚，虽稳当切实，却于向上一机终少透悟。王学后来的发展也可以说正是以"本体"和"工夫"两个主要方向的分歧展开的。

第十九章 湛若水

湛若水（1466—1560），字元明，广东增城人。因居增城甘泉，故号甘泉。湛若水青年时曾师事陈白沙问学，白沙临终时把传道的重任郑重交付给湛若水。湛若水四十岁时中进士，即授翰林院庶吉士。正德中居母丧，服除后入西樵山烟霞洞养病讲学。嘉靖初复出，历仕侍读，南京国子监祭酒，南京吏部右侍郎，礼部右侍郎，南京礼部、吏部、兵部尚书。七十五岁致仕，晚年居家著述讲学，九十岁时犹登南岳，卒时九十五。他的主要著作为《格物通》《甘泉文集》。

甘泉学问的宗旨是"随处体认天理"，陈献章生时也曾对此称许。白沙死后，甘泉独立讲学，"足迹所至，必建书院以祀白沙"。但实际上他的体认天理说已与白沙学问方向不同。他在许多方面，调和理学与心学，而他的朋友王阳明则比甘泉更接近陈白沙。弘治末年甘泉与阳明定交，甘泉对当时的阳明有相当大的影响，阳明亦始终视甘泉为他最亲密的友人。湛甘泉在正德末与王阳明之间曾就格物致知与儒释之辨的问题进行过争论，尽管如此，他与王阳明共同推进了当时的心学思潮，这一点是众所公认的。

一　随处体认天理

与湛甘泉同时的王阳明提出"格物是正其不正以归于正"。以格为正，以物为意念，这种格物说遭到了湛甘泉的反对。湛甘泉认为，把格物解释为正念头，从经典上说，就造成了《大学》条目中格物与诚意、正心的互相重复。从思想上说，排斥接触外物，完全转向主观立场，是不符合孔子以来重学的立场。在批评王阳明的格物说中，湛甘泉提出了他自己的格物说，他认为：

> 格者，至也，即格于文祖、有苗之格；物者，天理也，即言有物，舜明于庶物之物，即道也。格即造诣之义，格物者即造道也。①

程朱本来也是以至训格，同时又以穷理释格物，表明程朱对"物"的了解也包含了"理"。"至"就是"到""到达"，照程朱的意思，至物就是即物去穷理。湛若水认为，至物主要不是即

---

① 《甘泉学案一》，《明儒学案》卷三十七，第882页。

第十九章　湛若水

物，而是达到道，也就是把握道和理，所以他又说"格物者，至其理也"②。湛若水认为，他的这个讲法在程颐的思想中是有根据的，程颐曾说："格者至也，物者理也，至其理乃格物也。"③

湛若水进一步指出，至其理作为方法原则，就是"体认天理"。他说："仆之所以训格者，至其理也。至其理云者，体认天理也。"④ 因此，"格物云者，体认天理而存之也"⑤。他认为，"至其理"这个"至"的主体不只是心，也是意，也是身；这个"理"不只是心身之理，家国天下及天地之理也都是"至"的目标和对象。这样，他的思想，就为学的范围来看，就与王阳明只强调格心的格物说大相径庭了。根据湛若水这个立场，他认为所谓"格物""造道""体认天理"，其具体方法是多种多样的：

> 知行并进，学问思辨行，所以造道也，故读书、亲师友、酬应，随时随处，皆求体认天理而涵养之，无非造道之功。⑥
>
> 近而心身，远而天下，暂而一日，久而一世，只是格物一事而已。⑦
>
> 意心身与家国天下，随处体认天理也。所谓至者，意

---

② 《甘泉学案一》，《明儒学案》卷三十七，第882页。
③ 同上书，第884页。
④ 同上书，第887页。
⑤ 同上书，第882—883页。
⑥ 同上书，第882页。
⑦ 同上。

心身至之也，世以想像记诵为穷理者远矣。⑧

这是说格物不只是知（心至），也是行（身至）；不只要穷至身心之理，也要穷至家国天下之理。就是说，湛若水了解的格物是一内外、兼知行的。所以他说："自意心身至家国天下，无非随处体认天理，体认天理，即格物也。盖自一念之微，以至事为之著，无非用力处也。"⑨ 这样，湛若水就把朱熹格物说的"察之念虑之微"到"考之事为之著"⑩全部肯定下来了。

体认天理除了一内外、兼知行的特点外，另一重要特点是贯动静，他说："所谓随处体认天理者，随未发已发，随动随静。"⑪ 他还指出：

> 体认天理，而云随处，则动静心事，皆尽之矣。若云随事，恐有逐外之病也。孔子所谓居处恭，乃无事静坐时体认也，所谓执事敬，与人忠，乃有事动静一致时体认也，体认之功贯通动静显隐。⑫

就是说，强调随处体认天理，表明体认天理不只是静时、未发时的工夫，也是动时、已发时的工夫。随处的处不只是一个空间观念，也是一个时间观念，指时时处处事事体认天理。

---

⑧ 《甘泉学案一》，《明儒学案》卷三十七，第882—883页。
⑨ 同上书，第883页。
⑩ 《大学或问》卷二。
⑪ 《甘泉学案一》，《明儒学案》卷三十七，第885页。
⑫ 同上书，第904页。

第十九章　湛若水

以上说明，"随处体认天理"的格物说，具有一内外、兼知行、贯动静三个基本特点。这个格物的解释，既纠正了王阳明专内遗外的毛病，也避免了当时理学中知行割裂的流弊，而且与陈白沙以来的主静工夫不同。而在总体上看，由于他把格物穷理解释为体认"天理"，这样一种规定，使得这种实践在格物的时候就不是注重于穷究事物本来的性质和规律，而是体验、印证天理，从而使得朱子之后理学受到心学攻击的溺物之病也在理论上得到克服。

二　心包万物

湛若水的随处体认天理说是与他对"心"的看法相联系的。王阳明当时曾批评他的体认天理说"是求之于外了"[13]，他向王阳明解释他的立场：

> 兄意只恐人舍心求之于外，故有是说。不肖则以为，人心与天地万物为体，心体物而不遗，认得心体广大，则物不能外矣，故格物非在外也，格之至之，心又非在外也。[14]

内与外在理学中是指是否在心上用功，完全的内向的意识修养与体验为内，读书应事研究物理为外。湛若水反驳王阳明对他

---

[13]《传习录下》，《阳明全书》卷三，第73页。
[14]《甘泉学案一》，《明儒学案》卷三十七，第879页。

"求之于外"的批评,而他用以自我辩护的理论是人心与物为体的大心说。什么是"心与天地万物为体"呢?就是说,"心"并不是仅指我们的头脑或心脏,或我们的意识,天地万物都是心借以表现活动的现象。在这个意义上,天地万物都属于心的范围之内。因而,格天地万物仍然是"格心",并不是求"外"。显然,湛若水在这个意义上所说的"心"是包罗宇宙的"大心",所以他在《心性图说》中说:

> 心也者,包乎天地万物之外,而贯夫天地万物之中者也。中外非二也。天地无内外,心亦无内外,极言之耳矣。故谓内为本心,而外天地万物以为心者,小之为心也甚矣。[15]

湛若水所了解的"心"包罗万物,又内在于万物之中,因而对于他来说不存在有心内、心外的差别。在他看来,只有把心理解为个体的心的人,才会把天地万物看作心外之物,这样的看法把心看得太小了。他说"吾之所为心者,体万物而不遗者也,故无内外;阳明之所谓心者,指腔子里而为言者也,故以吾之说为外"[16],他认为王阳明说的心是个体的意识,而他自己说的心则是通贯万物的实体。基于这种立场,他认为他的格物说虽然主张在万事万物上体认天理,但并不是求之"心"外,他认为自己仍然是"心学":

---

[15] 《甘泉学案一》,《明儒学案》卷三十七,第878页。
[16] 同上书,第883—884页。

第十九章　湛若水

> 圣人之学，皆是心学。所谓心者，非偏指腔子里方寸内与事为对者也，无事而非心也。⑰

在理学的传统上，"心体万物而不遗"主要是指功能而言，一方面仁者之心与万物为一体，悯恤万物；另一方面指思维的功能与范围是不受时空限制的，可以思考万物、把握万物之理。湛若水的心体万物说，在目的上是为了他的格物说所作的一种论证，但在理论上成为一种泛心论。在这个意义上，他也可以赞成"心外无物"的命题，但由于对心理解的不同，他所理解的心外无物与王阳明是不同的。

根据以上对随处体认及心体万物的叙述，我们可以了解，湛若水主张为学之功不能局限于个体意识，要即事即物去格。但是，"随处体认天理"的天理是在事物之中还是在我们的意识之中？照"至其理"的说法，这个"理"本应是主体至之的对象，而不是意识现成占有的、具备的，然而湛若水又说：

> 心与事应，然后天理见焉。天理非在外也，特因事之来，随感而应耳。故事物之来，体之者心也，心得中正，则天理矣。⑱

又说：

> 至其理云者，体认天理也；体认天理云者，兼知行合

---

⑰ 《甘泉学案一》，《明儒学案》卷三十七，第898页。
⑱ 同上书，第884页。

内外言之也。天理无内外也。陈世杰书报吾兄,疑仆随处体认天理之说,为求于外。若然,不几于义外之说乎?求即无内外也。吾之所谓随处云者,随心随意随身随家随国随天下,盖随其所寂所感时耳。一耳,寂则廓然大公,感则物来顺应。所寂所感不同,而皆不离于吾心中正之本体。本体即实体也、天理也、至善也、物也,而谓求之外,可乎?致知云者,盖知此实体也、天理也、至善也、物也,乃吾之良知良能也,不假外求也。但人为气习所蔽,故生而蒙,长而不学则愚。故学问思辨笃行诸训,所以破其愚,去其蔽,警发其良知良能者耳,非有加也。……若徒守其心,而无学问思辨笃行之功,则恐无所警发,虽似正实邪。[19]

湛若水认为,为学之方即是求,求是无内外的,身心家国上都可以去求,不能仅仅求之于心、求之于静。但求虽然无内外,"理"却不是外在于个体意识的对象。理是人的道德意识。心与外物接触而发生具体的意识活动反应,如果这个反应是中正不偏的,这样的意识状态就是"天理"。他认为人心的本来状态(本体)就是中正无偏的,就是天理,就是至善。所谓格物致知,就是去体认道德意识。因而,天理并不是外在的,就是人的良知和一切道德意识。

然而,天理虽然是人的良知,人却并非在任何时候都能保

---

[19] 《甘泉学案一》,《明儒学案》卷三十七,第887页。

持意识的道德状态。这是由于人有"气习",气指气禀之杂,习指习行之染,气习蒙蔽了良知,使良知难以显发。所以,格物之所以不能仅求于心,是因为,一方面,道德意识是在人心与外物接触后发生的;另一方面,只有通过孔子强调的学问思辨笃行,才能唤醒、启发人所固有的良知去冲破一切气习的障蔽。

湛甘泉的格物思想在一定意义上可以说是对朱熹代表的理学与陆王代表的心学的一种调和。在理的问题上,他以天理为心之中正之体,是心学的立场。在物的问题上,他用大心说把朱子格物的范围肯定了下来,与王阳明以物为意念不同。从整体上看,他的思想和为学还是属于心学。王阳明晚年的致良知说,以格物为即物正心,与甘泉以格物为即物体认道心,在基本方向和立场上并没有根本分歧。

三 执事敬

陈白沙的修养方法特别提倡"主静",在这一点上湛若水与他的老师不同,他说:"若不察见天理,随他入关入定,三年九年,与天理何干?"[20] 他还说:"静坐久,隐然见吾心之体者,盖为初学言之,其实何有动静之间!心熟后,虽终日酬酢万变,朝廷百官万事,金革百万之众,造次颠沛,而吾心之本体,澄然无一物,何往而不呈露耶?"[21] 他不赞成陈白沙"静中隐然见心体呈露"的主张,认为静见心体只是对初学者的一种引导方

---

[20] 《甘泉学案一》,《明儒学案》卷三十七,第894页。
[21] 同上书,第905页。

式，其实不只静可见心体，动也可以见心体，甚至于，只有动才能真正呈露心体。他在有些地方对"主静"批评得更严厉：

> 古之论学，未有以静为言者。以静为言者，皆禅也。故孔门之教，皆欲事上求仁，动静着力。何者？静不可以致力，才致力，即已非静矣。故《论语》曰"执事敬"，《易》曰"敬以直内，义以方外"。《中庸》戒慎恐惧慎独，皆动以致其力之方也。……故善学者，必令动静一于敬，敬立则动静浑矣。此合内外之道也。[22]

我们知道，"主敬"是理学强调的主要修养方法，而心学传统中并不重视持敬，陈白沙更是反对以主敬伤害自然洒落。而湛若水则不然，一方面，从随动随静体认天理来说，体认天理是贯通动静的一个原则，即静时在静中体认天理，动时即物以体认天理。另一方面，"主敬"是贯通动静工夫的另一基本原则。他认为孔子讲"居处恭"是讲静时敬，孔子讲"执事敬"是讲动时"敬"，"敬"必须贯彻于一切阶段和状态。由于湛若水更重视动时敬，所以特别强调"执事敬"。他指出："元来只是敬上理会未透，故未有得力处，又或以内外为二而离之。吾人切要，只于执事敬用功，自独处以至读书酬应，无非此意，一以贯之。"[23]"大抵至紧要处，在执事敬一句"[24]，"执事敬，最是切

---

[22] 《甘泉学案一》，《明儒学案》卷三十七，第880页。
[23] 同上。
[24] 同上。

第十九章　湛若水

要，彻上彻下，一了百了。"㉕ 他还自认为是"程学"，他说："涵养须用敬，进学在致知，如车两轮。……而谓有二者，非知程学者也。"㉖

理学的主敬，包含着主一、戒惧、慎独等。湛若水也讲主一，他认为主一并不是主"中"或主"理"，他说："主一，便是无一物，若主中主天理，则又多了中与天理，即是二矣。但主一，则中与天理自在其中矣。"㉗ 王阳明不赞成朱子以主一为专一之说，主张主一只是主一个天理；湛若水也不赞成王阳明的说法，他所理解的主一就是心中没有任何杂念。

在主敬的问题上，湛若水更多的是用体认天理说来解释传统的具体持敬之方。如"慎独"，独的意思本指人的闲居独处，而按朱子的解释，独是指人所不知而己所独知，即自己独有的内心世界。慎独就是要慎重地检省别人看不到的自己的内心世界。湛若水则认为，独是指心中之理，不是指暗室屋漏的独知之地，他说："独者，独知之理，若以为独知之地，则或有时而非中正矣，故独者，天理也。此理惟己自知之，不但暗室屋漏，日用酬应皆然。慎者，所以体认乎此而已。"㉘ 他认为独即是天理，即是自己内心的道德意识，所以只是己之所知而人所不知；慎是体认、体察，这样，慎独就与体认天理成为同一工夫的不同说法了。

湛若水不仅用体认天理的模式解释慎独，也同样用来解释

㉕　《甘泉学案一》，《明儒学案》卷三十七，第881页。
㉖　同上书，第880页。
㉗　同上书，第883页。
㉘　同上书，第889页。

"戒慎恐惧"。《中庸》说"戒慎乎其所不睹,恐惧乎其所不闻",其本意也是说外在行为是别人看得到的,纠正外在行为比较容易;而内心世界是别人看不到的,不要因为别人看不到就不去纠正内心中不正确的活动,应更加注意别人看不见的时候和看不见的地方。朱熹则认为,"独"是人所不知而己所独知,而"不睹不闻"则指自己无所见闻思虑的时候。湛若水认为"戒慎""恐惧"是体认工夫,而"不睹""不闻"是指作为体认对象的天理,"戒慎恐惧是工夫,所不睹不闻是天理,工夫所以体认此天理也"㉙。所以,虽然湛若水很强调执事敬,但在一些具体问题上,他的说法与程朱有所不同。

湛甘泉认为,体认天理除了要"随处"之外,还要在主观上注意"勿忘勿助"。勿忘勿助就是主一,也是主敬的内容之一。勿忘勿助在这里指一种特定的意向状态,在这种意识-心理状态中,不偏不倚,无过不及,既无所执著,又不是无所思虑,他说:

> 勿忘勿助,敬之谓也。㉚
> 勿忘勿助之间,乃是一,今云"心在于是而不放",谓之勿忘则可矣,恐不能不滞于此事,则不能不助也,可谓之敬乎?㉛
> 勿忘勿助只是说一个敬字,忘、助皆非心之本体,此是

㉙ 《甘泉学案一》,《明儒学案》卷三十七,第889页。
㉚ 同上书,第883页。
㉛ 同上书,第884页。

心学最精密处，不容一毫人力，故先师又发出自然之说，至矣。㉜

勿忘勿助是指对做工夫时内心状态的一种要求，这种状态要体现自然、平和、适中，因此，它是指心理意向的强度而言。正像煎中药一样，急火、慢火都不行，要温火来养，既不要有急于求成的迫切，也不要有全无所谓的散漫。湛若水认为，只有意识状态处于勿忘勿助时，才能使心之本体的天理显现无疑。"勿忘勿助"也就是陈白沙所说的自然，只是在甘泉的理解中勿忘勿助与主敬并不像陈白沙那里那么矛盾。

四　初心与习心

湛若水的心性论主张"性者，天地万物一体者也"㉝，认为宇宙万物共同具有同一本性，他还说："性也者，心之生理也，心性非二也。譬之谷焉，具生意而未发，未发故浑然而不可见。及其发也，恻隐羞恶辞让是非萌焉，仁义礼智自此焉始分矣，故谓之四端。"㉞ 这是强调性与心不是两个不同的实体，性是心所具有的一种内在的倾向和属性。正是根于这些内在倾向和属性，心的活动才表现出四端。这个说法与朱子学的差别并不大。

那么，心性的区别何在呢？心的主要功能是精神活动、思

㉜ 《甘泉学案一》，《明儒学案》卷三十七，第885页。
㉝ 同上书，第877页。
㉞ 同上。

维、意识等,这种精神活动的功能叫作"虚":

> 夫至虚者心也,非性之体也。性无虚实,说甚灵耀?心具生理,故谓之性;性触物而发,故谓之情。㉟

性没有思维的功能,所以"虚""灵"不是性的特质,由此可以区别心与性。心具有理,正如谷种有生意。谷之生意(性)在有利的外部条件(水土)下发芽,心之生理与外部事物接触发为情。在这些讨论中的"心"都是指人心,不是指包贯宇宙的大心。

湛若水提出"初心"的观念,他说:

> 人心一念萌动,即是初心,无有不善,如孟子乍见孺子将入于井,便有怵惕恻隐之心,乍见处亦是初心复时也。人之良心,何尝不在?特于初动时见耳。若到纳交要誉,恶其声时,便不是本来初心了。故孟子欲人就于初动处扩充涵养,以保四海。㊱

就是说,意念的每一次最初发动都是本心的发见,因此,可以在意识对外物的最初的本能式反应时体察良心。而人所以常常失其本心,正是没有按照直觉的初心去行,而产生出许多私心杂念来。道德的修养就是察见、保有一念萌动而有的初心。不使受到侵害,并扩充这个初心。

㉟ 《甘泉学案一》,《明儒学案》卷三十七,第882页。
㊱ 同上书,第895页。

第十九章　湛若水

湛甘泉还特别注意克治"习心"的问题。他认为，习心不是人所固有的，而是人有了形体之后才有的，也是外在的东西影响所造成的。他说：

> 认得本体，便知习心，习心去而本体完全矣，不是将本体来换了习心，本体元自在，习心蔽之，故若不见耳。……故煎销习心，便是体认天理工夫，到见得天理时，习心便退听。[37]

习本来是指心之习，因而习心是一个经验的、后天的范畴，人有了形体才有独立的意识活动，有了意识活动才有意识活动的"习"，这种习的形成既有由生理躯体决定的意识活动造成的一面，又有外部社会文化浸染而内化的一面。由于习心对于本心始终是异在的，所以，正如乌云过后红日高照，积尘抹去镜体复莹一样，人需像炼金一样，不断炼去习心，才能恢复心的本然之体。湛若水也强调，这种煎销习心的锻炼不能离开事上磨炼的实践。

五　知行交进

由于正德中王阳明大倡知行合一，知行问题在明中期又成了思想界的一大问题。在这个问题上，湛若水与王阳明有

---

[37]《甘泉学案一》，《明儒学案》卷三十七，第893页。

不少相近之处。他提出"知行交进"[38]，知指穷索，行指存养。他又说"学不过知行，知行不可离，又不可混"[39]。他不赞成知行混一说，认为儒家经典都强调先知后行、行难于知，所以知与行不可相混而有明确区别。但他自己并不主张知先行后，他说：

> 后世儒者，认行字别了，皆以施为班布者为行，殊不知行在一念之间耳。自一念之存存，以至于事为之施布，皆行也。且事为施布，岂非一念为之乎？所谓存心即行也。[40]

王阳明在当时也有"一念发动即是行了"之说（详见本书第十八章），湛若水与之类似，也强调"行在一念之间"。但就王阳明的知行观的逻辑来说，一念发动为恶就是行了，而一念发动为善还不就是行。而湛若水的知行观讨论得没有王阳明那么细致，他说的"行在一念之间"主要是指道德的践履并不止于外在的事为，人若在一念之间存心，体认天理，即使没有伴随外部行为，也是行。他从体认天理说的立场出发，以体认天理贯通知行，这也是他的知行观的特点。

总之，湛若水的"随处体认天理"说是他的思想的一个核心，他的其他思想，无论主敬，还是知行，都与这一"随处体

---

[38] 《甘泉学案一》，《明儒学案》卷三十七，第881页。
[39] 同上。
[40] 同上书，第897页。

第十九章　湛若水

论天理"的思想联系着。他的"随处体认天理"虽然反对"徒守此心",肯定了儒学传统中的学、问、思、辨、行,但这个体认,不仅是以心体之,而且是体认于心,他自己说:"吾所谓天理者,体认于心,即心学也。"㊶ 所以他的体系基本上还是心学的体系。

㊶ 《甘泉学案一》,《明儒学案》卷三十七,第901页。

第二十章　罗钦顺

明代的朱学发展到罗钦顺,成为一个重要的里程碑,也发生了较之朱学原来的理论有较大变异的改变。从哲学史的角度来看,罗钦顺与朱熹的理气观有很大差异,明显地从"理学"向"气学"发展。但从理学史的观点来看,决定一个思想家的学派属性,主要决定于他的心性论和工夫论,即他对于心性的看法和对修养方法的看法,这是我们研究理学史的一个基本方法原则。否则,我们就难以理解罗钦顺这一类思想家对朱学的明确认同,难以理解当时及后来学者视罗钦顺为"朱学后劲"的普遍提法。

罗钦顺(1465—1547),字允升,号整庵,江西泰和人。弘治六年(1493)进士,授翰林编修,又任南京国子司业。刘瑾当政时,因不附阿刘瑾,被夺职为民。刘瑾死后任南京太常少卿,后升南京礼部右侍郎、吏部右侍郎。嘉靖初年转为吏部左

第二十章 罗钦顺

侍郎,后任南京吏部尚书、礼部尚书。父亲死后,致仕居家二十余年,潜心学问之道。他的主要著作是《困知记》。

罗钦顺弘治间曾留意学佛,他后来自述早年为学说:

> 及官京师,偶逢一老僧,漫问何由成佛,渠亦漫举禅语为答云:"佛在庭前柏树子。"愚意其必有所谓,为之精思达旦。揽衣将起,则恍然而悟,不觉流汗通体。既而得禅家《证道歌》一编,读之,如合符节。自以为至奇至妙,天下之理莫或加焉。①

罗钦顺的"悟道"是一种禅宗式"参话头"所得的神秘体验,这种神秘体验的基本特点是由静坐入手,使意识高度集中,尔后突发地获得一种特别的心理-生理感受。正德中在南京任官时,他大量阅读儒家经典及理学语录,渐渐醒悟佛教的神秘体验只是迷惑于意识的某种特殊功能或特殊状态,并不能由此真正体见天道性理。在四十岁前后,他才慨然有志于儒学。六十岁后致仕,钻研体究,并把他的思想加以总结,记载在《困知记》中。他的思想,一方面继承了明初以来理学理气论发展的趋向,最后从理学的理气论发展为一种气本论的形态。另一方面,他对佛教和宋代以来心学的发展,特别是当时盛行的白沙、阳明心学,从理学的立场上给予了强烈的批判。

---

① 《困知记》卷下,中华书局标点本,1990年,第34页。

一　理气一物

罗钦顺思想的特色首先体现在他的理气观。理学从二程开始，在哲学的宇宙论上，把"理"作为宇宙的普遍原理，同时又认为这个"理"是气的存在、运动的"所以然"。朱熹继承并发展了这一思想，强调"理"作为气之所以然，是不杂于气又不离于气的形上实体。这个思想在后来理学的发展中受到不少怀疑，罗钦顺就是对朱熹理气观提出异议的学者的代表之一。

罗钦顺指出朱熹理气观有严重失误，断言理并不是形而上的实体，而是气之运动的条理，他说：

> 理只是气之理，当于气之转折处观之，往而来，来而往，便是转折处也。夫往而不能不来，来而不能不往，有莫知其所以然而然，若有一物主宰乎其间而使之然者，此理之所以名也。②

罗钦顺认为，气是不断变化运动的，气之所以往复变易，有其内在的根据。正如一个物体，在阻力为零的情况下，只要给它一个力，它就会作直线运动不断向前；如果该物体运行到某一点上又向相反的方向运动，那么一定另有外力或内部装置操纵它。从程颐到朱熹都认为，理对于气的作用正像一个作往复运

---

② 《困知记》续卷上，第68页。

第二十章 罗钦顺

动物体的操纵者,支配着气的往而复、复而往的变化运行。罗钦顺提出,从功能上看,理虽然支配着气的运动,但理并不是神,也不是气之中的另一实体。而程朱在这一点上,总是不能摆脱以实体化的观点看待理的倾向。他们一方面承认理具有气之运动的规律的意义,另一方面又宣称"理与气决是二物",这样一来,作为事物规律的理就被实体化了。罗钦顺明确反对这一点,他说:

> 自夫子赞《易》,始以穷理为言。理果何物也哉?盖通天地、亘古今,无非一气而已。气本一也,而一动一静,一往一来,一阖一辟,一升一降,循环无已。积微而著,由著复微,为四时之温凉寒暑,为万物之生长收藏,为斯民之日用彝伦,为人事之成败得失。千条万绪,纷纭胶轕,而卒不可乱,有莫知其所以然而然,是即所谓理也。初非别有一物,依于气而立,附于气以行也。
>
> 或者因"《易》有太极"一言,乃疑阴阳之变易,类有一物主宰乎其间者,是不然。夫《易》乃两仪、四象、八卦之总名,太极则众理之总名也。云"易有太极",明万殊之原于一本也,因而推其生生之序,明一本之散为万殊也。斯固自然之机,不宰之宰,夫岂可以形迹求哉?斯义也,惟程伯子言之最精,叔子与朱子似乎小有未合。……所谓叔子小有未合者,刘元承记其语有云"所以阴阳者道",又云"所以阖辟者道"。窃详"所以"二字,固指言形而上者,然未免微有二物之嫌。以伯子"元来只此是道"之语

观之，自见浑然之妙，似不须更着"所以"字也。所谓朱子小有未合者，盖其言有云"理与气决是二物"，又云"气强理弱"，又云"若无此气，则此理如何顿放"，似此类颇多。③

罗钦顺指出，理作为气之理，作为气之运动的根据和内在法则，并不像朱熹所说的是依附于气的另一实体（物），理与气并不是"二物"，理只是气的运动变化的规律。他提出"仆从来认理气为一物"④，就是说，理与气不是两个实体，实体只是气，理只是这一实体自身的规定、这一实体固有的属性与条理。理与气不是二元的对待。

根据"理气一物"不可分的观点，他还批评了朱熹关于理气合凝的说法，他说：

> 周子《太极图说》，……至于"无极之真，二五之精，妙合而凝"三语，愚则不能无疑。凡物必两而后可以言合，太极与阴阳果二物乎？其为物也果二，则方其未合之先各安在耶？朱子终身认理气为二物，其源盖出于此。⑤

如果理和气像朱熹所解释的是"妙合而凝"，那就等于意味着，具体事物产生之前，理与气是各自独立流行于宇宙之中的，理

---

③ 《困知记》卷上，第4—5页。
④ 《与林次崖佥宪》，《困知记》附录，第151页。
⑤ 《困知记》卷下，第29页。

第二十章 罗钦顺

只是在一定的形气结聚时才"搭附""安顿"到气之中。罗钦顺认为这是不可能的,因为不可能有没有理的纯粹的气,也不可能有离开气而独立的理。根据这一点他还批评了朱熹的"堕入"说,朱子曾认为"气质之性"是太极全体堕入气质之中而成,罗钦顺指出:"夫既以堕言,理气不容无罅缝矣。"⑥ 因为,"堕入"意味着两者在"堕入"之前是分离的。

理学的理气分离及实体化的问题还因为它总是与理气聚散的问题纠结在一起,而这一问题一直未得到解决。明代理学中如薛瑄曾对此提出过一些与朱熹不完全相同的提法,但薛瑄一方面主张理气无缝隙,却另一方面又用理如日光、气如飞鸟的比喻说明气有聚散的运动,理无聚散的运动,于是最终还是把理与气看成有"隙缝"的。罗钦顺认为:

> 薛文清《读书录》甚有体认工夫……,然亦有未能尽合处。……《录》中有云"理气无缝隙,故曰器亦道、道亦器",其言当矣。至于反覆证明"气有聚散、理无聚散"之说,愚则不能无疑。夫一有一无,其为缝隙也大矣,安得谓之"器亦道、道亦器"耶?盖文清之于理气亦始终认为二物,故其言未免时有窒碍也。⑦

罗钦顺正确地指出,薛瑄思想中的这种矛盾根源还在于他把理气看成两个实体。在理气聚散的问题上罗钦顺认为,对于人与

---

⑥ 《困知记》卷上,第8页。
⑦ 《困知记》卷下,第38页。

物而言,"气聚而生,形而为有,有此物即有此理;气散而死,终归于无,无此物即无此理,安得所谓'死而不亡者'耶?"[8]就是说,一个事物或一类事物消散之后,这个事物的理或此类事物的理也就不再存在,不能说这些理是永恒的。对于"天地"来说,由于"若夫天地之运,万古如一,又何死生存亡之有"[9],所以天地之理与天地一样,都是永恒的。在这里,罗钦顺显然区分了特殊规律与普遍规律。事物的特殊属性和规律不是永恒的,是与这些事物的存在相始终的,而宇宙的普遍本性与规律则是没有生灭的,罗钦顺的这些看法以及他敏锐地把理的聚散问题归结为理是否有生灭的问题,是有见地的。

罗钦顺还指出:

> 尝窃以为,气之聚便是聚之理,气之散便是散之理,惟其有聚有散,是乃所谓理也。[10]
>
> "若论一,则不徒理一,而气亦一也。若论万,则不徒气万,而理亦万也",此言甚当,但"亦"字稍觉未安。[11]

既然理只是气的规律,如果气是单一的,理也必然是单一的;气若是多样的,理也必然是复杂的。"亦"仍有视理气为"二物"之嫌。罗钦顺的这个思想也表明,他认为气一则理一,气

---

[8] 《困知记》卷下,第30页。
[9] 同上。
[10] 同上书,第38页。
[11] 同上书,第43页。

第二十章　罗钦顺

万则理万，理并不是气之中某种不变的抽象实体，理是作为实体的气自身的某种条理和规定，这就超过了薛瑄等人未能摆脱理学本体论的局限的思想，同时的王廷相显然进一步发展了这一思想。

从哲学的本体论上说，罗钦顺的理气观对于朱子学的挑战在于，一方面，理气一物说逻辑上包含了对理在气先说的批判。另一方面，强调理气一物，反对认理气为二物，是反对本体论的二元论，主张一元论，而这种一元论是以气为实体的一元论。

二　理一分殊

"理一分殊"始提出于程颐答杨时书，后来杨时、朱熹加以大力发展，成为理学传统中的一个重要论题，也为理学提供了一种方法，处理各种与一和多、一般和个别的关系。罗钦顺特别重视"理一分殊"，而且强调以"理一分殊"为方法处理人物之性的问题，在这方面他提出了与朱熹不同的思想。他说：

> 窃以性命之妙，无出理一分殊四字。……盖人物之生，受气之初，其理惟一；成形之后，其分则殊。其分之殊，莫非自然之理；其理之一，常在分殊之中。此所以为性命之妙也。语其一，故人皆可以为尧舜；语其殊，故上智与下愚不移。[12]

---

[12] 《困知记》卷上，第7页。

在这一段话里,"理一"是指人物具有的共同本性,"分殊"是人物各自具有的不同特性。罗钦顺认为,万物受气初生之际,它们的理都是相同的,这表现了"理一";而万物各自具有了自己特定形体之后,它们的性就有了差别,这表现了"分殊"。因而,在构成论的意义上,可以说,气所构成的形质在理一到分殊的演化中起了决定作用,即特定的形质有其特定的理、性。

罗钦顺又说:

> "性善",理之一也,而其言未及乎分殊;"有性善,有性不善",分之殊也,而其言未及乎理一。程、张本思、孟以言性,既专主乎理,复推气质之说,则分之殊者诚亦尽之。但曰"天命之性",固已就气质而言之矣;曰"气质之性",性非天命之谓乎?一性而两名,且以气质与天命对言,语终未莹。朱子尤恐人之视为二物也,乃曰"气质之性,即太极全体堕在气质之中",夫既以堕言,理气不容无罅缝矣。惟以理一分殊蔽之,自无往而不通。[13]

罗钦顺是从一般与特殊的角度来理解古典人性问题的争论。他认为,天、地、人都是物,因而他们的理有统一性。类的属性与个体的属性是一般与个别的关系,也就是理一与分殊的关系。正如一切马都是"马",但个体的马有黄有白、有牡有牝。万物之性都是"性",但个别表现有仁有智、有贤有愚,就是说,没

---

[13] 《困知记》卷上,第7—8页。

第二十章 罗钦顺

有什么独立的堕在形体中的实体式的一般本性，天命之性并不是这样的东西。每个人或物的性可以说都是宇宙自然赋予的，都是天命之性，但其表现差别不同。理一即寓于分殊之中。那种认为人物中既有一个一般的天命之性，又有一个具体的气质之性的看法，罗钦顺是不赞成的，他不主张把一般实体化，主张辩证地理解一般与特殊的关系。他认为，孟子讲性善，只看到了人性的普遍的一面，即都有成圣成贤的根据和可能性，但并没有看到人性的具体的特殊性、差别性。告子等主张"有性善有性不善"，看到了人性的个体表现的差异，但却忽视了差异中也有普遍性。张载、程颐想把普遍性和差别性结合起来，但走了一条错误的实体化的道路。在罗钦顺看来，普遍即寓于特殊之中，普遍表现为特殊。天命是理，气质是气。天命是气质的天命，没有离开气质而孤立存在的天命。气质之性既然是性，表明它就是气质的理，也就是气质的天命，因而天命之性、气质之性只能是一个。根据他的理气观，理只是气之理，气流行于天地之间，其理为普遍之理，这是"气一则理一"；万物既生之后，形气获得了各自的规定，其理也各自不同，这属于"气万则理万"。根据理一分殊的原则论性，"自不须立天命、气质之两名"，人物只有一个性，不需要用天命之性、气质之性两个名称去指称它，更不能认为人或物中有两个不同的性。

朱熹也曾应用理一分殊的模式说明人性问题，但朱熹是用理一分殊论证宇宙本体与万物之性的同一性，如"统体一太极"，"各具一太极"。但在这种关系中，如果说各具一太极是分殊,则这个"殊"只是"多",殊与殊之间并无差异,这与朱熹用以处理万物分理的差异所赋予"理一分殊"的意义不同。罗钦顺则从理是气自身的规定这一立场出发,坚持用一般和特殊的关系来处理性理与分理。

从罗钦顺这种富于辩证意义的思想出发,人性的统一性并不排斥个体表现的差异,反而是以之为前提的;一般的单一规定并不排斥个别的现象差异,因为个别比一般更丰富、更具体。根据这个思想,那种把人性善理解为每个个体的人都表现为相同程度的纯粹善,只是一种形而上学的理解。

三 道心人心

罗钦顺继承了朱熹关于心性之辨的看法,认为"夫心者,人之神明;性者,人之生理。理之所在谓之心,心之所有谓之性,不可混而为一也"[14]。心只是思维活动的功能,性则是有道德意义的本质,二者不能混为一谈。

但是,按照朱熹哲学,道心人心都属于"心",而不是"性";道心属于"已发"之心,而并不是"未发"。在这一点,罗钦顺与朱熹的看法不同,他提出:

> 道心,"寂然不动"者也,至精之体不可见,故微;人心,"感而遂通者"也,至变之用不可测,故危。[15]

---

[14]《困知记》卷上,第1页。
[15] 同上书,第1—2页。

第二十章 罗钦顺

> 道心，性也；人心，情也。心一也，而两言之者，动静之分，体用之别也。⑯

罗钦顺认为，道心是性，是静，是寂然不动的。人心是情，是动，是感而遂通的。道心与人心的分别就是体与用的分别。这样一来，罗钦顺所说的道心就不是现实的意识活动，或者说，严格讲来，就不是"心"，而是"性"了。罗钦顺主张，《尚书》上说的"道心惟微"的"道心"就是《乐记》里说的"天性"，也就是《中庸》所说的"未发"，他坚持"决不可作已发看，若认道心为已发，则将何者以为大本乎？愚于此不能无少异于朱子者"⑰。在朱熹的思想体系中，心有体用，心之体为性，心之用为情。罗钦顺以心为基础，并把道心人心当作与性情相同的一对范畴。罗钦顺的这种看法在伦理意义上与朱熹并无区别，都是主张以"道心"代表的道德理性主宰感性情欲。而在思想方法上，罗之所以把道心人心理解为体用性情关系，相当程度上是由于他总是从一元论的思想模式理解事物，而反对二元论的思想模式。因而，他不同意那种道心人心并立的意识结构分析，坚持"道心以体言，人心以用言，体用原不相离，如何分得？"⑱ "道心，性也；性者，道之体。人心，情也；情者，道之用。其体一而已矣。"⑲ 体用的模式是支配他整个思考的主要

---

⑯ 《困知记》卷上，第2页。
⑰ 《诸儒学案中一》，《明儒学案》卷四十七，第1126页。
⑱ 《答林次崖第二书》，《困知记》附录，第158页。
⑲ 《答黄筠溪亚卿》，《困知记》附录，第115页。

模式。

人心道心的问题联系着天理人欲的问题,在这一点上罗钦顺也提出了一些与程朱不同的看法:

> "人心,人欲。道心,天理"。程子此言,本之《乐记》,自是分明。后来诸公,往往将人欲两字看得过了,故议论间有未归一处。夫性必有欲,非人也,天也。既曰天矣,其可去乎?欲之有节无节,非天也,人也。既曰人矣,其可纵乎?[20]
>
> 《乐记》"人生而静,天之性也;感于物而动,性之欲也"一段,义理精粹,要非圣人不能言。陆象山乃从而疑之,过矣。彼盖专以欲为恶也。夫人之有欲,固出于天,盖有必然而不容已,且有当然而不可易者。于其所不容已者而皆合乎当然之则,夫安往而非善乎?惟其恣情纵欲而不知反,斯为恶尔。先儒多以"去人欲""遏人欲"为言,盖所以防其流者不得不严,但语意似乎偏重。[21]

罗钦顺认为,把"人心"当作"人欲",这种说法"看得过了","去人欲"的讲法也"似乎偏重"。欲望是人性固有的要求,既然是天然而有的,就不仅是人欲,而且是天欲。因此,把欲完全看成"恶"是错误的。欲望的产生不仅有必然性,也有合理性。不违背道德准则的欲望是善的,只有听任情欲放荡而无所

---

[20] 《困知记》三续,第90页。
[21] 《困知记》卷下,第28页。

规范，才成为恶。罗钦顺对程朱理学理欲之辨的流弊的批评是中肯的，他既肯定了克制感性欲望的必要性，也肯定了正当欲望的必然性和合理性。

四　论格物

正德末年，罗钦顺与王阳明之间曾有过一次关于格物问题的重要辩论，罗钦顺站在朱子学的立场上，批评王阳明把格物解释为"格心"的做法，认为这样做的结果必然走向"局于内而遗其外"，使为学工夫完全转向内心修养，排斥读书应事和穷外物之理。后来罗钦顺还针对王阳明以"正"训"格"的做法指出，如果格物的格字解释为正，那么，对于山、川、鸢、鱼等客观事物，人怎么去"正其不正以归于正"？他还指出，阳明把格物致知的过程说成"致吾心之良知于事事物物"的过程，这样一来"则是道理全在人安排出，事物无复本然之则矣"[22]，就是说，如果事物的理是由我的良知通过格物所赋予事物的，那么"理"就完全是主观的，事物之中就不存在自己固有的客观法则了。罗钦顺认为："故欲见得此理分明，非用程朱格物工夫不可。夫物我并立，而内外形焉，乃其散殊之分。"[23] 我是内，物是外，主观和客观的统一必须通过程朱式的格物过程。这个思想继承了薛瑄关于理不是主观赋予事物的思想。罗钦顺是当时少数几个能向王阳明提出挑战的人，他的立论很扎实。

---

[22]《答欧阳少司成崇一》，《困知记》附录，第120页。
[23]《答刘贰守焕吾》，《困知记》附录，第124页。

他对王阳明的批评是很有分量的。

针对格物问题,罗钦顺也提出了他自己的格物的解释,他说:

> 格物之义,……当为万物无疑。人之有心,固然亦是一物,然专以格物为格此心则不可。[24]
>
> 格物之格,正是"通彻无间"之意。盖工夫至到,则通彻无间,物即我,我即物,浑然一致,虽合字亦不用矣。[25]

他认为,人心虽然也是一物,但格物的物指包括心在内的万物而言,因此把格物对象只限定在"心"的范围内是不正确的,这是反对王阳明把格物工夫完全变为反省内求的方法。在"格"的解释上,程朱以"至"训格,王阳明以"正"训格,罗钦顺以"通彻无间"解释格。罗钦顺的这个说法从经典的解释来说并不恰当,"通彻无间"并不是今日格一物、明日格一物的工夫,而是豁然贯通后达到的境界,"通彻无间"与朱子讲的"贯通"有一致之处。罗钦顺认为格物就是要最后达到万物一体、万物一理的觉解,所以他说"所贵乎格物者,正要见得天人物我原是一理,故能尽其性"[26],"天人物我所以通贯为一,只是

---

[24] 《答允恕弟》,《困知记》附录,第114页。
[25] 《困知记》卷上,第4页。
[26] 《答刘贰守焕吾》,《困知记》附录,第124页。

第二十章　罗钦顺

此理而已"[27]，"所贵乎格物者，正欲即其分之殊，而有见乎理之一，无彼无此，无欠无余，而实有所统会"[28]，这些都是说，格物要从具体分殊的万物入手，逐步体认到万理归一，达到物我浑然的境界。由此可见，罗钦顺所说的"通彻无间"其实是物格的境界，而不是格物的工夫。他的格物说是融合了程颢与朱熹的观点，在格物的具体工夫上，他肯定了程子九条，也肯定了朱子的格物说。他强调心物之理要互证，"是故察之于身，宜莫先于性情，即有见焉，推之于物而不通，非至理也。察之于物，固无分于鸟兽草木，即有见焉，反之于心而不合，非至理也"[29]，主张穷心之理，还要推之与物相合；穷物之理，也要反之与心相合，这才是格物。

在为学工夫上，罗钦顺除了格物外，也肯定了朱熹的"诚明两进"的原则，认为体认未发才能知性，平时存养才能致知。他反对陈白沙"静中养出端倪"，主张交物用思。他不赞成完全依靠良知的直觉，强调要结合理性的思考，认为"是则孟子吃紧为人处，不出乎思之一言"[30]，他对修养工夫的主张可以说是相当平实的。

---

[27]　《诸儒学案中一》，《明儒学案》卷四十七，第 1125 页。
[28]　《与王阳明书》，《困知记》附录，第 109 页。
[29]　《诸儒学案中一》，《明儒学案》卷四十七，第 1112 页。
[30]　同上书，第 1117 页。

第二十一章　王廷相

王廷相，字子衡，号浚川，河南仪封（今河南兰考）人，生于明宪宗成化十年（1474），卒于明世宗嘉靖二十三年（1544）。

王廷相"幼有文名"，他是明代文学著名的"前七子"之一，弘治十五年进士，正德初年受刘瑾迫害，遭到贬谪。后曾任御史、右副都御史、南京兵部尚书、左都御史，晚罢归家居。

王廷相正直刚毅，敢于和邪恶势力斗争，他除被刘瑾谪贬外，还因反对宦官廖鹏被逮下狱。嘉靖中他挺身而出，抨击严嵩弄权，在当时的朝士大夫中，气节卓然，很有威望。

王廷相继承、发展了宋代张载的气一元论哲学，对北宋至明代的理学唯心主义进行了深入批判。他是明代思想界中的一个具有独立见解的重要哲学家。

王廷相博学多识，对天文学、音律学都有颇深研究，对农

第二十一章　王廷相

学、生物学等也十分关心。自然科学的知识是他的唯物主义思想的来源之一。

王廷相的主要哲学著作是《雅述》和《慎言》。

一　元气实体

王廷相在哲学上继承了张载关于气的学说，他十分肯定地提出：

> 天内外皆气，地中亦气，物虚实皆气，通极上下造化之实体也。①

上天下地、虚空和实物，都是气所构成的。气作为造化的"实体"是整个宇宙统一的基础。

物虚实皆气，表明他也继承了张载哲学中关于虚空的理解。王廷相也认为，并不存在什么绝对的虚空，虚空不离气，气不离虚空，气是虚空中固有的、永恒的物质实在。和张载一样，他也承认"虚"不过是气的本然状态，用聚散来说明宇宙间万物的生成变化。气的结聚导致了万物的生成，气的弥散便返回到它的本来状态太虚。他强调："是故气有聚散，无灭息。雨水之始，气化也；得火之炎，复蒸而为气。草木之生，气结也；得火之灼，复化而为烟，以形观之，若有有无之分矣，而气之

---

① 《慎言·道体》，《王廷相集》，中华书局标点本，1989年，第753页。

出入于太虚者，初未尝减也。"② 水蒸而为气，气化而成雨，气结而为草，火化复还气，"气之出入于太虚者，初未尝减"，这里显然是指，物质的具体形态可以互相转化，但宇宙的物质总量是不会减少的。

在张载哲学中作为气之本体的太虚之气，王廷相又称之为"元气"。他说：

> 道体不可言无，生有有无。天地未判，元气混涵，清虚无间，造化之元机也，有虚即有气，虚不离气，气不离虚，无所始，无所终之妙也。不可知其所至，故曰太极；不可以为象，故曰太虚，非曰阴阳之外有极有虚也，二气感化，群象显设，天地万物所由以生也，非实体乎？③

他又称元气为"道体"，指变化流行的实体，并有本源的意义，他认为"太极"和"太虚"就是元气，元气作为造化实体，就其无穷、无限的意义上说称为太极，就其混涵无间、清虚无形的意义说称为太虚。

王廷相进而提出了我们直接生存的这个现实宇宙的生成理论。从这个宇宙的角度来看，元气是万物由以产生的原始物质。由元气分化为阴阳之气，二气的气化过程先产生了天，天是如浑天说理论中所说的，是有形体的。有天之后，又由气化产生日、星、雷、电、月、云、雨、露，于是有了水、火；由水火

---

② 《慎言·道体》，《王廷相集》，第753页。
③ 同上书，第751页。

第二十一章　王廷相

又蒸结为土（地），有了地才生出金、木。五行的产生有其先后之序。

根据这种宇宙发生论，他指出，君臣、父子、夫妇都是有天地、有气化之后才有的，因而礼义也不是永恒的，而是有人类社会之后才有的。

一切有形的物体，有生有灭，有始有终，元气则浑然充塞宇宙之中，无形无迹，无始无终，元气是宇宙的实体，是世界的本质。

在王廷相的元气宇宙论中还提出了一个有特色的"气种"说，张载在提出气一元论时主要用气的自身聚散说明宇宙间一切事物的产生和消灭，后来程朱学派认为，仅讲气的聚散还不能说明统一性如何表现为差别的多样性，同样是气，何以聚结为如此不同的万物呢？程朱派认为，归根到底决定气的聚散方式的是"理"，"理"造成了具体事物的不同形态。

王廷相认为，气化过程中形成了各种不同事物，乃是由于在原始物质元气中包含了后来发展为各种不同物类的"种子"，他认为在太虚元气中"天地日月万形之种，皆备于内"，他说：

> 愚尝谓天地、水火、万物皆从元气而化，盖由元气本体具有此种，故能化出天地、水火、万物。[④]

这反映了王廷相认为现存世界的每个事物（指自然事物），在宇

---

④ 《答何柏斋造化论十四首》，《王廷相集》，第974页。

宙的原始物质中已经具备了发展的潜在可能性，王廷相所说的种子，既不是阿那克萨哥拉所说的元素，也不是林耐所说的物种，在某种意义上他提出的是一种宇宙基因学说。

宇宙内万物的形态不断转化，地球上的物种也不断产生、进化，这是一个要以地质年代来计算的长期过程。在这个过程中，不仅有遗传，也有变异，而可以使人观察到的变异常常需要千万年以上。王廷相的种子说，是由于看到了生物的遗传方面，看到每一物种的形状代代传衍，看到大量物种在人类文明的记忆中很少变异，于是推断物种从来不变："万物巨细柔刚各异其材，声色臭味各殊其性，阅千古而不变者，气种之有定也。人不肖其父，则肖其母，数世之后，必有与祖同其体貌者，气种之复其本也。"⑤ 他认为这物种的因素在原始物质中就已经具备了。

二 理与气

王廷相哲学的一个显著特征是，具有强烈的批判性。他对程朱理学的理气观作了前所未有的深刻批判，他的理气关系论就是在这种批判中发展起来的。

王廷相认为，气分为元气和生气，元气无形，生气有形。元气相当于张载说的太虚之气，生气相当于张载说的游气。不论元气、生气，其中都具有理，理即寓于气之中，他说：

---

⑤ 《慎言·道体》，《王廷相集》，第 754 页。

第二十一章　王廷相

> 理载于气，非能始气也。世儒谓"理能生气"，即老氏道生天地矣。⑥
>
> 故气也者，道之体也；道也者，气之具也。⑦

他指出，宋儒以为理能生气，是完全错误的，理不能离气，气是宇宙的唯一实体，理是气所固有的秩序、规律、条理。"载"表明理不是独立存在的实体，理以气为受载的实体，理本身只是"虚而无著"的，既无形体迹象，又无动静运动，这样的理是不可能产生气的。理不能悬空独立存在，理必须以气为本，气则自然具有条理，元气中有元理，不能说元气之上、之先还有虚无而象的理。如果以为理在气先，那就与老庄没有区别了。王廷相认为，既然理不是实体，没有运动，气才是有运动的实体，所以气是第一性的，理是第二性的。他甚至提出，气与理的这种关系，有如有耳目才有聪明一样。王廷相的这些思想表现出鲜明的唯物主义立场。

程朱学派的唯理论哲学中有一个重要的论点，即认为气有变化，理无变化；气有生灭，理无生灭；因而理是一种永恒、不变的绝对。相对于变化不息的现象而言，规律是变中的恒常，表现了稳定性的特点，但规律并不是永恒不变的。王廷相在哲学史上的贡献之一即在于他自觉地抓住程朱理学这一认识上的失误。

在王廷相看来，气是宇宙间唯一的实体，理只是气的规律、条理、秩序。因而：

---

⑥ 《慎言·道体》，《王廷相集》，第753页。
⑦ 《慎言·五行》，《王廷相集》，第809页。

> 气有变化,是道有变化。……气有常有不常,则道有变有不变。一而不变,不足以该之也。⑧

王廷相认为,如果说气不断变化,道却永远不变,那么气与道就割裂开来了。自然界和人类社会的一切现象都处在永恒的变化运动之中,道和理也是有变化的。王廷相特别指出,人类社会的理是随着时代的发展而变化的:

> 儒者曰:"天地间万形皆有敝,惟理独不朽",此殆类痴言也。理无形质,安得而朽?以其情实论之,揖让之后为放伐,放伐之后为篡夺;井田坏而阡陌成,封建罢而郡县设。行于前者不能行于后,宜于古者不能宜于今,理因时致宜,逝者皆刍狗矣,不亦朽敝乎哉?⑨

王廷相这个思想是说,事物的规律决定于事物本身的物质存在条件,规律是物质过程的规律,物质过程及其条件变化了,相应地,它的规律的内容也要发生改变。因而,不能认为世界上一切规律都是永恒不变的,对于规律和法则应采取一种变化的辩证理解。他把这一思想应用于人类社会,直接显示出对程朱理学的批判的积极意义。因为程朱理学正是把人类社会某一发展阶段的某些原则说成是宇宙永恒规律的表现。王廷相认为,

---

⑧ 《雅述》上篇,《王廷相集》,第848页。
⑨ 《雅述》下篇,《王廷相集》,第887页。

第二十一章 王廷相

人类社会的各种原则（理）不是固定不变的，而是变化的、有消灭的。从形式上看，事物的法则并不像一个具体事物那样从生到死，从新颖变为腐朽，但是，不同时代有着很不相同的规范和原则，过去的东西一去不返，如同弃物，这表明理是"因时而宜"的，而不是绝对的。王廷相对程朱理学的这个批评是非常有力的。

王廷相认为，由于气的变化，理不但也有变化，而且表现出具体的差别，他说：

> 天地之间，一气生生，而常而变，万有不齐，故气一则理一，气万则理万。世儒专言理一而遗万，偏矣。天有天之理，地有地之理，人有人之理，物有物之理，幽有幽之理，明有明之理，各各差别。统而言之，皆气之化，大德敦厚，本始一源也。分而言之，气有百昌，小德川流，各正性命也。⑩

这是说，天地万物都是一气所化，气既是统一的，又是差别的。由于气化的具体过程不同形成了众多的不同事物，这些事物虽都是气所构成，但每个事物都有自己的构成方式，自己的条理秩序。天、人、物各自有自己特殊的规律。这就批判了程朱理学在强调统一性、普遍性的形式下把宇宙的自然法则同社会的道德规范比附起来的错误。他主张，气的变化既然是万殊的，

---

⑩ 《雅述》上篇，《王廷相集》，第848页。

理作为气的条理、规律必然也是万殊的、具体的。

朱熹哲学讲理一分殊，在他的哲学中虽然也承认具体事物的理是不同的，但朱熹更强调它们是统一的，要求人的认识通过格物穷理由差别的万理上升到统一的一理。而这个一理又被预先规定为至善的原理。按照这个方向，人的认识是指向最高的至善之理。而依照王廷相所指示的方向，人的认识将走向具体事物，注重具体事物的具体规律。这种重视具体、重视分殊、重视差别的方法原则，有利于科学的发展。王廷相的这个思想和他自己从事自然科学的研究有一定联系。同时，作为方法论，这个思想可以说为明末实学思潮的发展提供了方法论基础。

三 性有善恶，出于气质

王廷相对人性的看法与理学的代表性看法很不相同。如程颐提出的"性即理"，是一个广为理学内多数学者赞同的命题，王廷相对此提出异议，他认为"以理言性"并不妥当，他举例说，《易传》说"穷理尽性"就是把理与性相区分，不能把"尽性"说成"尽理"；他又举出程颢讲的"定性"，也不能改成"定理"，可见，"性即理"的说法是不正确的。

王廷相与程朱对性的看法的不同，主要在于他反对把性看成与气相独立的理，而把性看成由气所决定的属性。

他认为：

> 余以为人物之性无非气质所为者，离气言性，则性无

第二十一章 王廷相

处所,与虚同归;离性言气,则气非生动,与死同途;是性与气相资,而有不得相离者也。但主于气质,则性必有恶,而孟子性善之说不通矣。故又强出本然之性之论,超乎形气之外而不杂,以傅会于性善之旨,使孔子之论反为下乘,可乎哉?不思性之善者,莫有过于圣人,而其性亦惟具于气质之中,但其气之所禀清明淳粹,与众人异,故其性之所成,纯善而无恶耳,又何有所超出也哉?圣人之性,既不离乎气质,众人可知矣。气有清浊粹驳,则性安得无善恶之杂?故曰:"惟上智与下愚不移。"是性也者,乃气之生理,一本之道也。⑪

王廷相认为,性是由气质所决定的,气质清明的人性善,气质浊驳的人性恶,这就叫作"性出乎气"或"性出乎气质"。因此,不受气质影响的性是没有的。由于人的气禀有清浊粹驳之不同,所以"性善"的说法是儒者的一种迷惑,⑫根据这个立场,他认为宋儒区分"本然之性"与"气质之性"也是错误的,因为既然现实的人性没有不受气质影响的,既然性出于气,也就没有什么不受气质影响的本然之性。这个观点蕴涵着,人只有气质之性,而无脱离气不受气影响的本然之性。所以他说区分本然之性与气质之性"此儒者之大惑也"⑬。他强调性是"气之生理",就是强调性只是一定气质的性,而不是脱离气质的

---

⑪ 《答薛君采论性书》,《王廷相集》,第518页。
⑫ 王廷相云:"性善之说不足以尽天人之实蕴矣。"(同上书,第520页)
⑬ 《性辩》,《王廷相集》,第609页。

东西。

根据以上所说的看法,王廷相自然地认为性有善恶,所谓性"一本之道",就是说不仅善是性所本有,恶也是性所本有,"善固性也,恶亦人心所出,非有二本"[14]。他又说:"且以圣人之性亦自形气而出,其所发未尝有人欲之私,但以圣人之形气纯粹,故其性无不善耳;众人形气驳杂,故其性多不善耳,此性之大体如此。"[15]"是性之善与不善,人皆具之矣。"[16]

王廷相反对仅以理言性,反对仅以善言性,反对离气而论本然之性,这些观点都出于他强调"气"的作用。但王廷相也并不由此走向机械的命定论,他主张:"性出乎气而主乎气,道出于性而约乎性,此余自以为的然之理也。"[17]性决定于形气的清浊昏明,与道相合的性为善,与道相乖的性则为恶,而人的气禀造就的性不是不可以改变的,人生之后带来的气禀之性只是性之"始",性还可以不断地发展,因为气质可以变化。他提出"凡人之性成于习","然缘教而修,亦可变其气质而为善,苟习于恶,方与善日远矣"[18]。所以人要用道来裁乎性、约乎性的不善的方面,以性的善的方面主导变化气质。

王廷相所说的人性的恶的方面,主要是指情欲之私。他认为,由于性具善恶,所以不能说道心发于性、人心发于气,而应当说道心人心都是根于性而发,他说:"且舜之戒禹而以人心

---

[14] 《性辩》,《王廷相集》,第609页。
[15] 《雅述》上篇,《王廷相集》,第851页。
[16] 同上书,第850页。
[17] 《答薛君采论性书》,《王廷相集》,第518页。
[18] 同上书,第519页。

第二十一章　王廷相

道心言者，亦以形性为一统论，非形自形而性自性也。谓之人心者，自其情欲之发言之也；谓之道心者，自其道德之发言之也。二者，人性所必具者。"[19]

王廷相一反宋儒"梏于性善之说""守仲尼之旧"，他的人性论是气学的一个合乎逻辑的结论，在这一点上，他显然比罗钦顺更加完整地贯彻了气本论观点，也使得气学体系中人性论立场得到了澄清和表现。明中后期的思想家受此种气学及以气论性的思想影响很大。

四　论作圣之功

王廷相在修养方法论上受到"理学"和"心学"的相当影响，而总的看来，他力图有所综合，同时他对"理学"与"心学"的弊病也有所见。

王廷相赞成程朱的主敬涵养论，他说：

> 无事而主敬，涵养于静也，有内外交致之力；整齐严肃，正衣冠，尊瞻视，以一其外；冲淡虚明，无非僻纷扰之思，以一其内，由之不愧于屋漏矣。此学道入门第一义也。[20]

明道莫善于致知，体道莫先于涵养。求其极，有内外

---

[19]　《雅述》上篇，《王廷相集》，第851页。
[20]　《慎言·潜心篇》，《王廷相集》，第775页。

交致之道。㉑

　　是故君子主敬以养心，精义以体道。㉒

　　致知本于精思，力行本于守礼。㉓

王廷相以主敬、涵养及致知、力行分说，是受到程朱派修养方法的影响，他的主导思想是把内外、动静、知行统一起来，反对过分强调一面而否定、忽视另一面。

王廷相强调实行，他说："不徒讲究以为知也，而人事酬应得其妙焉，斯致知之实地也；不徒静涵以为养也，而言行检制中其则焉，实致养之熟途也。"㉔ 这是说，致知并不只是研讨学问，要在人伦日用中落实；涵养也不只是静养，省察言行也是涵养。他还反对把道学、政术歧而为二，批评"后之儒者，任耳而弃目，任载籍而弃心灵，任讲说而略行事"㉕。

王廷相也很重视"心"。他说："心有以本体言者，'心之官则思'与夫'心统性情'是也；有以运用言者，'出入无时，莫知其乡'与夫'收其放心'是也。乃不可一概论者，执其一义则固矣。"㉖ 又说："知觉者心之用。虚灵者心之体。"㉗ 就是说，心有体有用，"用"指具体的思维和知觉活动，"体"指作为能

㉑ 《慎言·潜心篇》，《王廷相集》，第778页。
㉒ 同上。
㉓ 《慎言·鲁两生篇》，《王廷相集》，第821页。
㉔ 《慎言·潜心篇》，《王廷相集》，第778页。
㉕ 《慎言·见闻篇》，《王廷相集》，第771页。
㉖ 《雅述》上篇，《王廷相集》，第834页。
㉗ 同上书，第838页。

第二十一章 王廷相

思能知的主体。心的本质在于它是一个虚灵能觉的主体，诸种具体的知觉活动是心的作用和具体表现。王廷相说："为学不先治心养性，决无入处。"[28]但他反对明中期"心学"的治心方法，他说："近世好高迂腐之儒，不知国家养贤育才，将以辅治，乃倡为讲求良知、体认天理之说，使后生小子澄心白坐，聚首虚谈，终岁嚣嚣于心性之玄幽，求之兴道致治之术，达权应变之机，则暗然而不知。"[29]"后学小生专务静坐理会，流于禅氏而不自知。"[30]他反对静坐澄心，而主张通过思与见闻来尽心。

王廷相也谈到"格物"问题，他说：

> 格物之解，程、朱皆训"至"字。程子则曰"格物而至于物"，此重叠不成文义；朱子则曰"穷至事物之理"，是"至"字上又添出一"穷"字，圣人之言直截，决不如此。不如训以"正"字。[31]
>
> 格物者，正物也，物各得其当然之实，则正矣。物物而能正之，知岂有不至乎？[32]

王廷相对"格"的这个解释当受王阳明的影响，但他的格物说不像王阳明的格物说，并不主张以格心来正物，他所主张的使

---

[28] 《雅述》上篇，《王廷相集》，第855页。
[29] 《雅述》下篇，《王廷相集》，第873页。
[30] 《雅述》上篇，《王廷相集》，第857页。
[31] 同上书，第838页。
[32] 《慎言·潜心篇》，《王廷相集》，第775页。

事物合于当然规范的思想并没有预设任何对心或理的先验的唯心论立场。

在作圣成性的思想中,王廷相也注意到超道德的境界,如他说"仁者,与物贯通而无间者也"㉝,"事物沓至,惟有道者能御之,盖心虚而气和尔"㉞。在关于成圣成贤的基础(心性论)和实践(为学之方)方面,王廷相的讨论还不是十分充分的,他虽然也广泛地涉及了"理学""心学"所讨论的一些重要心性修养问题,但总的来说,由于他并不认同于其中任何一派(这与罗钦顺不同),比较地宗法于张载的学问,所以对这些问题多只是略及而已。

五　知识与见闻

知是思与见闻之会。

王廷相的唯物主义认识论在批判理学中唯心论的先验论方面也做出了突出的贡献。

王廷相指出:"在物者感我之机;在我者应物之实。"㉟ 外部事物是引起我们感觉的对象,是客体;人的思维对外物做出反应,是主体。他还指出:"心者栖神之舍,神者知识之本,思者神识之妙用也。自圣人以下,必待此而后知。故神者在内之

㉝《慎言·作圣篇》,《王廷相集》,第762页。
㉞ 同上书,第760页。
㉟《雅述》上篇,《王廷相集》,第854页。

第二十一章 王廷相

灵,见闻者在外之资。"㊱也就是说心是人的思维器官,精神是人的认识能力,思维是认识活动。人的认识能力是认识的内部依据,人的感官见闻是认识的外部条件。同时,他认为,思维是认识的理性活动,感觉是认识的感性活动,因而离开了见闻就不可能了解物理,离开了思考认识就受局限。所以,"夫圣贤之所以为知者,不过思与见闻之会而已"。也就是说认识是感性和理性的结合。

王廷相十分重视经验,这使他得以对唯心主义理学的先验论实行有力的批判。在中国古典哲学中,从孟子到宋儒,儒家的先验主义都是用儿童对父母兄长的感情来说明人具有内在的道德意识和道德情感。这种理论有其认识上的根据,这就是婴儿在成长过程中,对父母兄弟的亲敬感情的产生和发展是一个十分自然的过程。在这个过程中没有人为的灌输或外在的强制,于是儒家认定这些感情是不依赖学习教育的先验本能。王廷相在阐明感性经验对知识形成的重要作用时对传统的这种性善论提出了大胆的诘难:

> 婴儿在胞中自能饮食,出胞时便能视听,此天性之知,神化之不容已者。自余因习而知,因悟而知,因过而知,因疑而知,皆人道之知也。父母兄弟之亲,亦积习稔熟然耳。何以故?使父母生之,孩提而乞诸他人养之,长而惟知所养者为亲耳。途而遇诸父母,视之则常人焉耳,可以

㊱ 《雅述》上篇,《王廷相集》,第836页。

侮，可以詈也，此可谓天性之知乎？由父子之亲观之，则诸凡万物万事之知，皆因习因悟因过因疑而然，人也，非天也。㊲

这是说人的道德感情完全是在社会生活中逐步培养起来的，一个婴儿从小寄养给别人，与亲生父母毫无接触，他就不会对亲生父母有任何感情。他还指出，人的认识能力虽然是天赋的，但如果没有感性经验的凭借，就无法获得知识。王廷相不止一次地强调，如果把一个婴儿闭之幽室，不让他接触外部世界，等到他长大成人走出室外，那么他就会对日用之物一无所知，更不可能知晓天地高远、鬼神幽冥、古今事变等等复杂深奥的事情。显然，在强调人的知识依赖人的社会生活经验方面，这对先验论的批驳是有力的。

王廷相重视感性经验——见闻，但他并没有由此陷入狭隘的经验论。他指出："耳目之闻见，善用之足以广其心，不善用之适以狭其心。"㊳善用之就是善于用理性思考分析、鉴别感官得来的经验，以之作为理性进一步活动的材料，以便从经验的积累上升到普遍的认识。

王廷相是一位具有科学精神的哲学家。他十分注意观察事物，对已有的理论敢于怀疑，并通过试验加以验证，平常人都说冬天的雪花六角形，春天的雪花是五角形，却从没有人亲自检验一下。只有王廷相，"每遇春雪，以袖承花观之，并皆六

㊲ 《雅述》上篇，《王廷相集》，第836页。
㊳ 《慎言·见闻》，《王廷相集》，第773页。

第二十一章 王廷相

出",他用自己的亲身经验证实春雪五出说法的谬误。古书上说,土蜂不产子,它把桑上的青虫衔入自己的窠中,七天以后桑虫就变成它的小土蜂了。王廷相居家时,年年取土蜂窠验之,他观察到,土蜂在自己的窠中生一子,然后用各种虫子填入窠中,几天之后,土蜂子成形而生,即将虫子作为食物吃尽,而后钻出窠来,王廷相"累年观之,无不皆然",由此他得出结论,古人的许多说法并没有经过实际验证。这些例子表明,王廷相具有一种鲜明的科学家的态度,也表明气学向实学发展的逻辑的必然性。在某种意义上,他的哲学正是为同时代科学技术发展提供世界观和方法论的论证,而具有十分重要的地位。

第二十二章 王　畿

　　王畿（1498—1583），字汝中，别号龙溪，王阳明高第，浙江山阴人。嘉靖十一年（1532）进士，授南京职方主事，不久以病告归，病愈起复原官，升兵部武选郎中，不久乞休。因得罪时相，以伪学被罢黜，其为官尚不足两年。此后专以讲学为业，达四十余年，卒年八十六岁。①

　　王畿为王阳明同郡宗人，但他从学于阳明较晚，阳明平定江西后归山阴闲居，王畿始受学。据载，王畿青年时落魄不羁，"每见方巾中衣往来之讲学者，窃骂之"，他与阳明比邻，但拒绝往见阳明。阳明为收揽他，曾多方诱之，派魏良器与同门友投壶雅歌，做给王畿看，王畿见了很惊奇，说"腐儒亦为是耶"，魏良器回答说，吾等在阳明先生门下日日如此，有何奇

---

①　徐阶：《龙溪王先生传》，赵锦：《龙溪王先生墓志铭》，皆载《龙溪王先生全集》首传。

第二十二章　王　畿

怪，道学家岂是你想象的那么呆板！于是王畿始见阳明听学，服味其言，遂北面事之。② 像王阳明这样不惜以饮酒赌博为诱饵引接门人的方式，在理学中是绝无仅有的。

王畿从学阳明后，阳明"为治静室，居之逾年，遂悟虚灵寂感通一无二之旨"③。王畿聪颖明悟，在王门受到阳明的特别赏识。他在王门从学虽晚，因特立拔群，很快就成了阳明讲学的主要助手。嘉靖五年他到都下参加考试，通过了会试，见当时主政者不喜心学，遂不廷试而归。嘉靖七年冬他正要赴廷试，闻阳明之讣，即往奔丧，再次放弃廷试，直至嘉靖十一年才中进士，而仕官仅两年而已。王畿把一生精力全部贡献给了讲学活动，他到处主持讲会，致力于宣传"致良知"学说，其"会讲数百人，讲舍遍于吴楚闽越，而江浙为尤盛，年至八十犹不废出游"④。他在各处讲会论学的记录（会语）记载了他的学术活动和主要思想，他的思想材料被编为《龙溪王先生全集》行于世。

一　顿悟与四无

在嘉靖六年秋天的天泉证道中，王阳明曾提出："吾教法原

---

② 事载《江右王门学案四·魏良器传》，《明儒学案》卷十九，第465页。又袁宗道亦云："于时王龙溪妙年任侠，日日在酒肆博场中，阳明亟欲一会，不来也。阳明却日令门弟子六博投壶，歌呼饮酒。久之，密遣一弟子瞰龙溪所至酒家与共赌，龙溪笑曰：'腐儒亦能博乎？'曰：'吾师门下日日如此。'龙溪乃惊，求见阳明，一睹眉宇，便称弟子矣。"（《白苏斋类集》卷二十二）

③ 徐阶：《龙溪王先生传》，《龙溪王先生全集》卷首。

④ 《龙溪王先生墓志铭》，《龙溪王先生全集》卷首。

有此两种……上根之人，悟得无善无恶心体，便从无处立根基，意与知物，皆从无生，一了百当，即本体便是工夫，易简直截，更无剩欠，顿悟之学也。中根以下之人，未尝悟得本体，未免在有善有恶上立根基，心与知物，皆从有生，须用为善去恶工夫随处对治，使之渐渐入悟，从有以归于无，复还本体。"⑤ 根据这个说法，王学从理论上说有两种教人之法，即顿教与渐教。但是，在实践上，因为一般人都不具有圣人的天赋，只能通过渐教即通过意念上不断去恶为善逐步跻入圣域。王阳明还特别嘱咐王畿，顿之之学理论上是有此理，但不可以"轻易示人"，否则就会造成"空想本体，流于虚寂"的弊病。

  王阳明在天泉证道的谈话表明，王学认为学问之道有两种方式，一种是从"本体"入手，一种是从"工夫"入手。"本体"即心之本体，从本体入手是指对心之本体要有所"悟"，因此，从本体入手不是不要工夫，而是以"悟"为工夫。"工夫"指修养的具体努力，从工夫入手是指在意念上修养，保养善念，克除恶念，通过这种意念上的为善去恶，使人逐渐恢复到心的本体。这是"本体-工夫"之辨的基本分野。从王阳明的四句教来看，他在四句教中强调的心之本体的规定是"无善无恶"。因此，"悟"是要悟到心体是"无"。同时，意念上的渐修，在最终也要返回、恢复到心体，这个心体也是"无善无恶"的心体，所以叫作"从有归无"。但王学后来的发展中，本体-工夫之辨主要集中在通过悟还是修来恢复本体的问题。而且明末王学思

---

⑤ 《天泉证道纪》，《龙溪王先生全集》卷之一。

第二十二章 王　畿

想家所理解的心之本体多是指"至善"的伦理规定的心体。

王畿在王阳明还在世的时候已经形成了他的"四无"的基本思想，他认为：

> 体用显微只是一机，心意知物只是一事，若悟得心是无善无恶之心，意即是无善无恶之意，知即是无善无恶之知，物即是无善无恶之物。盖无心之心则藏密，无意之意则应圆，无知之知则体寂，无物之物则用神。⑥

他还认为：

> 天命之性，粹然至善，神感神应，其机自不容已，无善可名。恶固本无，善亦不可得而有也，是谓无善无恶。若有善有恶，则意动于物，非自然之流行，著于有矣。自性流行者，动而无动；著于有者，动而动也。意是心之所发，若是有善有恶之意，则知与物一齐皆有，心亦不可谓之无矣。⑦

王畿主张，人的意识与情感作为本性（自性）的一种表现（发见），是由外感即外部事物刺激而发生的，主体对于外部刺激的反应，本来是十分自然的，不需要安排、计较、预期、计划、算计的。不计较就说明它并不预设对何者肯定（善）和对何者

---

⑥ 《天泉证道纪》，《龙溪王先生全集》卷之一。
⑦ 同上。

否定（恶），这种意向的状态就是"无善无恶"。如果主体的反应能够像它应该做到的那样不假思索、当下自然，这就叫"自性之流行"，即自性在外感的刺激下自然地做出反应。如果有所计较，就不是自然流行，这就叫作"著"，也就是"执著"。从程颢的《定性书》来说，自性的本来规定就是"定"，能做到自性流行，就是指情顺万物而定，也就是"动而无动"。所以，王畿这一套理论也是指向那种"定"的境界的。他还认为，如果意念的活动在任何时候都有执著，这就表明任何时候都预设了肯定与否定的差别，任何时候都是有善有恶，而这与承认心之本体是无执著这一点就相矛盾了，从而"心亦不可谓之无矣"。在他看来，人只要能真正顿悟"心体是无善无恶"，即心体是无执著的，那么他的意念和知觉活动也就达到无执著了，而外部事物对他来说也就不存在什么根本的差别，不需要去进行什么计较了，用他自己的话来说，就是心、意、知、物都是无善无恶的。王畿的这些思想，被王阳明概括为"四无之说"。从这些分析我们可以知道，王畿所谓"若悟得心体是无善无恶之心，意即是无善无恶之意，知即是无善无恶之知，物即是无善无恶之物"，后三句都是指人达到悟境之后具有的无我境界，并不是说意、知、物无条件地就是无善无恶的。

　　王畿的这些思想，正如阳明指出的，其基本特点是：一、从无处立根基；二、以顿悟心体为工夫。但是，仅就这两点而言，禅宗也是可以接受的。因此，只讲"四无"，无法区分儒家与佛家，也完全不能把儒家知善知恶、为善去恶的价值立场表达出来。所以王阳明也警告他，只讲四无，会流入空寂，"此个

第二十二章　王　畿

病痛不是小小"。然而，阳明死后，王畿并没有按照阳明嘱咐他的去做，他把他的"四无"说称为"先天之学"，把他的同门友人钱德洪的"四有说"叫作"后天之学"，主张以先天统后天，处处说悟，这也是同时和后来人批评他流入禅家的原因。

王畿的"悟"与"无"是分不开的，悟是悟无，悟到了无才是悟，他说：

> 当下本体，如空中鸟迹，水中月影，若有若无，若沉若浮，拟议即乖，趋向转背，神机妙应。当体本空，从何处识他？于此得个悟入，方是无形象中真面目。⑧

我们意识的本来状态就像空中鸟飞过的痕迹一样，是空灵无滞的，它本身并不是虚幻或空无的非实在，说它空是指它之中的一切意识情感活动都像空中鸟迹一样不会留积不化或妨碍未来的意识活动。所以他又说："良知知是知非，良知无是无非。知是知非即所谓规矩，忘是非而得其巧，即所谓悟也。"⑨可见，悟是要忘其是非，使心恢复到本体的无是无非的状态，如前所说，无是无非与无善无恶相同，都是强调顿悟就是把一切"凡心习态，全体斩断，令干干净净，从混沌中立根基"⑩，混沌即无，无分别，这也叫作"从无些子倚靠处，确然立定脚跟"⑪。

---

⑧ 《浙中王门学案二》，《明儒学案》卷十二，第246页。
⑨ 同上书，第249页。
⑩ 《斗山会语》，《龙溪王先生全集》卷之二。
⑪ 《与冯南江》，《龙溪王先生全集》卷之十。

这种对心体混沌本无的顿悟，既不依赖于经典文字，也不依赖于静坐调息，它是不依赖于任何积累的，王畿说：

> "涓流积至沧溟水，拳石崇成太华岑"，先师："此只说得象山自家所见，须知涓流即是沧海，拳石即是泰山。"此是最上一机……不由积累而成者也。⑫

王畿认为陆象山涓流拳石这两句诗表明陆九渊的工夫正是从积累入手，而他的四无说主张的"悟"是一种顿悟，当下悟得，一了百当，是不由积累而成的。他还说：

> 夫圣贤之学致知虽一，而所入不同。从顿入者，即本体为工夫，天机常运，终日兢业保任，不离性体，虽有欲念，一觉便化，不致为累，所谓性之也。从渐入者，用工夫以复本体，终日扫荡欲根，祛除杂念，以顺其天机，不使为累，所谓反之也。⑬

从时间上说，顿法是"当下认识本体"，渐法是"百倍工夫始达本体"，因为人有利钝，所以不可能都依照一种方法，他说：

> 本体有顿悟有渐悟，工夫有顿修有渐修。万握丝头一齐斩断，此顿法也。芽苗增长驯至秀实，此渐法也。或悟

---

⑫ 《抚州拟岘台会语》，《龙溪王先生全集》卷之一。
⑬ 《松原晤语》，《龙溪王先生全集》卷之二。

第二十二章　王　畿

中有修，或修中有悟，或顿中有渐，或渐中有顿，存乎根器之有利钝，及其成功一也。⑭

尽管王畿承认顿、渐二法分别适应于聪明的人（上根）和愚笨的人（下根），两种方法都可以成功，但是，他自己还是重视顿法。他把顿法称作先天之学，把渐法称作后天之学。因为顿法是悟得心之本体，心之本体是先验的，所以说顿法是在先天心体上用功的学问。渐法在意念上为善去恶，意念是心之感动而后有，不是先验的，所以说渐法是在后天意念活动上用功的学问。他说：

> 心本至善，动于意始有不善。若能在先天心体上立根，则意所动自无不善，一切世情嗜欲自无所容，致知工夫自然易简省力，所谓后天而奉天时也。若在后天动意上立根，未免有世情嗜欲之杂，才落牵缠便费斩截，致知工夫转觉烦难。⑮

他认为《大学》说的"正心"是在本心上用功，是先天之学；"诚意"是在动意上用功，是后天之学⑯，他提出："意即心之流行，心即意之主宰，何尝分得？但从心上立根，无善无恶之心即是无善无恶之意，先天统后天，上根之器也。若从意上立根，不免有善恶两端之抉择，而心亦不能无杂，是后天复先天，中

---

⑭　《留都会纪》，《龙溪王先生全集》卷之四。
⑮　《三山丽泽录》，《龙溪王先生全集》卷之一。
⑯　《陆五台赠言》，《龙溪王先生全集》卷之十六。

根以下之器也。"⑰ 先天之学不主张以意念上为善去恶为基础，力求直截彻悟心之本体。

王畿认为，本心或心之本体，用阳明学良知说的语言，也就是"独知"，他说"独知便是本体，慎独便是功夫"⑱，认为独知并不是仅仅表现为已发的东西，独知的作用也不是先预设了意念之动，然后由独知去鉴别，独知本身是未发的、先天的。他说："独知者，非念动而后知也，乃是先天灵窍，不因念有，不随念迁，不与万物作对，譬之清静本地，不待洒扫而自然无尘者也。"⑲ 王畿明显地把阳明的良知转化为佛家的清净本心。因而，慎独就不是祛除意念的不正，而是"慎之云者，非是强制之谓，只是兢业保护此灵窍，还他本来清净而已，在明道所谓明觉自然，慎独即是廓然顺应之学"⑳。所以王畿所讲的独知与王阳明所讲的知是知非的良知不同，对王畿来说，独知主要是指清净的本心，而慎独就是保有这个清净心，使内心经常保持为空中鸟迹的状态，他的致良知说完全倾向于"从无上立根基""归入于无"的一面。

二　一念之几

王畿的良知说中十分强调"一念之几"的观念，有时亦称

---

⑰ 《答冯纬川》，《龙溪王先生全集》卷之十。
⑱ 《答洪觉山》，《龙溪王先生全集》卷之十。
⑲ 《答王鲤湖》，《龙溪王先生全集》卷之十。
⑳ 同上。

第二十二章 王　畿

为"一念之微"或"一念真几"等。他说"千古学术,只在一念之微上求"[21],"一念之微,故曰千古圣学只在慎独"[22],又说"见在一念,无将迎、无住著,天机常活,便是了当千百年事业。"[23]他还说:"千古圣学,只从一念灵明识取……当下保此一念灵明便是学,以此触发感通便是教,随事不昧此一念灵明谓之格物,不欺此一念灵明谓之诚意,一念廓然无有一毫固必之私谓之正心。"[24]可见这个"一念"不是一般的意念,这个一念既"灵"且"明",而且"无将迎、无执著"是此一念的主要特点。

因此,这个一念的主要特性不是辨别善恶或一种善的冲动,而是"时时无是无非"的心之本体或清净自性的自然发见,他说:"思虑未起,不与已起相对,才有起时,便为鬼神觑破,便是修行无力,非退藏密机……日逐应感,只默默理会。当下一念,凝然洒然,无起无不起,时时觌面相呈,时时全体放下。"[25]这个"一念"对于王畿来说还有一个重要规定,即它是"当下""见在"的。什么是当下、见在的一念呢?王畿说:

> 今心为念,是为见在心,所谓正念也。二心为念,是为将迎心,所谓邪念也。[25]
>
> 若不转念,一切运谋设法,皆是良知之妙用,皆未尝

---

[21]　《水西精舍会语》,《龙溪王先生全集》卷之三。
[22]　同上。
[23]　《水西别言》,《龙溪王先生全集》卷之十六。
[24]　同上。
[25]　《万履庵漫语》,《龙溪王先生全集》卷之十六。
[26]　《念堂说》,《龙溪王先生全集》卷之十七。

有所起,所谓百虑而一致也。才有一毫纳交、要誉、恶声之心,即为转念,方是起了。㉗

"一念之几"就是指当下一念,见在一念,即人在对外部事物作反应时意识的最初活动或未经反思、权衡、思索而产生的类似本能地作出的意识反应,这就是王畿所讲的"一念",又叫初念。而在今心发动之后,经过反思、权衡、思考而产生的与初念不同的念头,就是转念。王畿认为,只要是见在心就是"正念",只要是转念,就是"邪念"。这表明王畿所理解的正邪之分并不是道德的,而是以是否"将迎"划分的,无将迎的一念正是体现了无善无恶的意向状态,也就是王畿四无说中讲的"无意之意则应圆"。这一念正是良知的表现,王畿说:"知体常寂,故曰良知,如太虚万变纷纭,隐见于太虚之中,而太虚之体,廓然无碍,其机只在一念入微取证。"㉘良知作为心之本体,"无知之知则体寂",是永远宁静而无纷扰的,一念之几正体现了良知本体的这个特质,因此他说一念之微并不是"思虑已起",而是"思虑未起",因为他所理解的思虑未起并不是无念,而是当下见在、不经拟议思忖的,所以又说正念是"无起无不起"。将迎、住著就是"起",无将迎、无执著、无固必就不是"起",而人要想认取、保有无将迎的意识状态,就要从"一念之微"认取,不使转念。只要人是按照初念去想去做,"一切运谋设法,皆是良知之妙用",按照初念继续发生的意识

㉗ 《赠思默》,《明儒学案》卷十二,第254页。
㉘ 《答梅纯甫》,《龙溪王先生全集》卷之十二。

活动再多也不会有将迎住著。

由以上可见,王畿"一念之几"的说法是把他"四无"说中的工夫进一步展开了,这个"几"并不是周敦颐所说的"几善恶",而是良知之用,他说:

> 若果信得良知及时,不论在此在彼,在好在病,在顺在逆,只从一念灵明自作主宰。自去自来,不从境上生心,时时彻头彻尾,便是无包裹。从一念生生不息,直达流行,常见天则,便是真为性命。从一念真机绵密凝翕,不以习染情识参次搀和其间,便是混沌立根。㉙

上节已经说明,混沌立根即"从无处立根基",而"不从境上生心"正是佛家主"无"的核心,这都说明,王畿的出发点和落脚点始终在"无"的一边。

在王学中,良知即体即用,"无善无恶心之体"是指良知本体,"一念之微"是良知之用,所以王畿也说:"良知者,自然之觉,微而显,隐而见,所谓几也。"㉚ 一念之几就是良知隐微之体的自然发见。

三 良知异见

王畿的良知思想的另一特点是其说是在对当时各家良知异

㉙ 《答周居安》,《龙溪王先生全集》卷之十二。
㉚ 《致知议辨》,《龙溪王先生全集》卷之六。

说的评判中展开的，这种评判不仅彰显了他自己对于良知的理解，也为我们了解当时良知说的分化和影响提供了方便。王畿指出：

> 吾人得于所见所闻，未免各以性之所近为学，又无先师许大炉冶，陶铸销镕以归于一，虽于良知宗旨不敢有违，而拟议卜度，搀和补凑，不免纷成异说。
>
> 有谓"良知落空，必须闻见以助发之"，良知必用天理，则非空知，此沿袭之说也。
>
> 有谓"良知不学而知，不须更用致知，良知当下圆成无病，不须更用消欲工夫"，此凌躐之论也。
>
> 有谓"良知主于虚寂"，而以明觉为缘境，是自窒其用也。
>
> 有谓"良知主于明觉"，而以虚寂为沉空，是自汨其体也。㉛

第一种观点是不相信良知的自足性，第二种观点夸大了当下良知的自足，第三种工夫偏于静，第四种工夫偏于动。王畿在另一个地方又指出：

> 先师首揭良知之教以觉天下，学者靡然宗之，此道似大明于世。凡在同门得于见闻之所及者，虽良知宗说不敢有违，未免各以其性之所近拟议搀和，纷成异见。

㉛ 《滁阳会语》，《龙溪王先生全集》卷之二。

第二十二章 王　畿

有谓"良知非觉照，须本于归寂而始得，如镜之照物，明体寂然而妍媸自辨，滞于照则相反眩矣"。有谓"良知无见成，由于修证而始全，如金之在矿，非火齐锻炼，则金不可得而成也"。有谓"良知是从已发立教，非未发无知之本旨"。有谓"良知本来无欲，直心以动无不是道，不待复加销欲之功"。有谓"学有主宰有流行，主宰所以立性，流行所以立命，而以良知分体用"。有谓"学贵循序，求之有本末，得之无内外，而以致知别始终"。[32]

列举了上述六派"异见"之后，王畿指出：第一派认为良知不是一种意识活动而主张在静中涵养，这是不正确的。因为"寂者心之本体，寂以照为用，守其空知而遗照，是乖其用也"[33]。如果工夫只是静坐，忽视了良知必须体现在意识活动之中，这样就顾了体而忘了用，结果不但用被妨碍，体也成为空的。第二派认为人并没有天赋的圆满自足的良知，圆满自足的良知是在长期努力的修养中才形成的，王畿指出"见入井之孺子而恻隐，见嘑蹴之食而羞恶，仁义之心本来完具，感触神应不学而能，若谓良知由修而后全，挠其体也"。[34] 他认为，良知的"良"本来指先验性，孟子讲的四端之心是每个人不学而能、当下具有的，否认了这一点就等于整个否定了良知思想。第三派认为良知只是已发，而不是《中庸》讲的未发。学问应当寻求

---

[32] 《抚州拟岘台会语》，《龙溪王先生全集》卷之一。
[33] 同上。
[34] 同上。

未发,未发时无思无虑的本心比已发时知是知非的良知更重要。王畿则认为,传统的已发未发区分并不必要,没有什么思虑未发的中,良知就是未发之中。如果把良知当作已发,在良知前去求未发,那就必然流于空寂。第四种观点认为,既然良知本体并没有欲望,那就应当任心而行,不要从事什么去私欲的工夫,这种观点与第二种主张修证的观点正相反,王畿认为,良知虽然是每人固有的,四端是每个人当下现成具备的,但并不等于说人的良知完满地、现成地、没有阻碍地得到表现,如果是那样,就不需要"致"良知了。致良知就是使良知得以完满地表现致极,因此致良知的过程需要克除阻碍、蒙蔽良知表现的私欲。说良知是全,是指良知本体是每人所完全地具有的。说致良知需要去除私欲是指良知的表现因受私欲蒙蔽而不完全。认识良知非修证始全,才能肯定良知本体普遍内在性,同时以销欲工夫去除蒙蔽良知的习染,才能使良知充分、完全地体现出来。第五派认为心之主宰谓之性,心之流行谓之命,性是先天的善的,命作为心的作用过程(流行)夹杂有气质的影响,所以不能只讲现成良知,还要注意对气质的影响"随时运化,以致其用"。运化是运化气质,致用是扩充良知之用,第五派这个观点是既肯定修证,也肯定心体。这一派还认为,一般人的良知和四端还不是道德理性的最终形态,正如矿石要经过冶炼才能成为金属,常人的良知良能需经过锻炼的工夫才能真正成为意识活动的可靠主宰。王畿不赞成这一派的讲法,他认为常人的良知与圣人的良知,正如门隙中射进的阳光和照临四宇的阳光不能说不是同样的阳光,在性质上是相同的,只是正如阳

第二十二章 王　畿

光可能被云气遮掩一样，常人的良知之光为他自己的习气所蔽而未能显露全部的光辉。王畿认为，这一派把为学分为两种方法，一种是立其体，一种是致其用，立体以养其主宰，致用是随事精察，这就把工夫割裂了，与朱子学二元的工夫论没什么区别，所以他主张"主宰即流行之体，流行即主宰之用，体用一原，不可得而分，分则离矣"㉟。王畿所概括的这些良知问题上的"异见"，分别来自他的同门、友人聂豹、罗洪先、王艮、刘邦采等。

　　王畿所批评的良知异见，就良知的问题来说，大体上是两个方面的思想。一个方面的意见是反对率任现成良知，认为率任现成良知会走向以情欲为良知的弊病，无论聂豹的归寂说、罗洪先的修证说、刘邦采的运化说，都是以不同方式解决这个问题的，都认为现成意识中的良知不足以作为道德实践的终极标准和依据，必须经过多种不同方式的长期修养。另一个方面则夸大良知的现成的完满性，认为主张现成良知与主张克除私欲是对立的，认为只要依从现成良知，不必区分良知与情欲。王畿本人是赞成良知现成的，这是他与第一方面意见的不同之处，但他又与第二方面过分强调良知现成的意见不同，不赞成取消销欲工夫。由于他注重本体的圆成，主张先天之学，所以反对第一方面的意见；而他也肯定适用于中根以下人的后天之学，所以不赞成第二方面的意见。他说："本来真头面，固不待修证而后全，若徒任作用为率性，倚情识为通微，不能随时翕

㉟　《抚州拟岘台会语》，《龙溪王先生全集》卷之一。

聚以为之主,倏忽变化将至于荡无所归,致知之功不如是之疏也。"㊱这两方面可以说都未正确理解"本体"和"工夫",他强调:"世间熏天塞地无非欲海,学者举心动念无非欲根,而往往假托现成良知,腾播无动无静之说,以成其放逸无忌惮之私。"㊲又说:"须信本心自有天则,方为主宰;须信种种嗜欲皆是本心变化之迹,时时敌应,不过其则,方为锻炼。若不信得这些子,只在二见上凑泊支持,下苦工时便是有安排,讨见成时便成无忌惮。"㊳王畿虽然强调良知本体现成,主张从一念真几取证,但他明确反对以现成良知为借口,放纵私欲,无所忌惮,他认为这对一般学者和中根以下的人是非常重要的。

总的说来,王畿坚持了王阳明的良知学和致良知教,但在他的体系中并不是没有矛盾,他自视为利根之人,为学一主先天顿悟之学,这种学问"时时从天机运转,变化云为,自见天则,不须防检,不须穷索,何尝照管得,又何尝不照管得"㊴,而对钝根之人就强调后天渐修之功,"时时敌应,不过其则,方为锻炼"。特别是王门中自然派的发展,以情识为良知,使得王畿在"现成"的问题上有所警觉,使他后来在本体-工夫之间的平衡方面有所注意。他说:"圣人自然无欲,是即本体便是工夫。学者寡欲以至于无,是做工夫求复本体。故虽生知安行,兼修之功未尝废困勉。虽困知勉行,所性之体未尝不生而安也。

㊱ 《书同心册卷》,《龙溪王先生全集》卷之五。
㊲ 《松原晤语》,《龙溪王先生全集》卷之二。
㊳ 《答赵尚莘》,《龙溪王先生全集》卷之九。
㊴ 《过丰城答问》,《龙溪王先生全集》卷之四。

第二十二章　王　畿

舍工夫而谈本体,谓之虚见,虚则罔矣。外本体而论工夫,谓之二法,二则支矣。"⑩良知本体人人具有,如同一面明镜,但人为气习所蔽,如使明镜被尘埃所蒙蔽,工夫就是擦去灰尘,恢复明镜本体。在人的道德实践上,工夫代表在意念上为善去恶的不懈努力,因而,工夫作为恢复本体的手段,预设了本体已经受到了蒙蔽,故这个实践方式适于为气习所蔽的常人。只有圣人本体无蒙蔽,故圣人体认本体,就是圣人的工夫,圣人没有不道德的欲念,所以不需以意念矫治为工夫,但圣人并不否认工夫。王畿虽讲见在良知,他讲的良知与本能情欲有明确界限;他肯定良知"自见天则",并没有否定良知自身具有规范意义;他虽主张不需放检,但主要是对上根而言,所以他的良知说并不会引导到自然人性论或快乐主义。

四　格物与致知

王畿的《大学首章讲义》,继承了王阳明的《大学问》,他提出了他关于"格物"的解释,他说:

> 物者,事也。良知之感应谓之物。物即"物有本末"之物,不诚则无物矣。格者,天然之格式,所谓天则也。致知在格物者,正感正应,顺其天则之自然,而我无容心焉,是之谓格物。⑪

---

⑩ 《答季彭山龙镜书》,《龙溪王先生全集》卷之九。
⑪ 《大学首章讲义》,《龙溪王先生全集》卷之八。

他又说:

> 良知是天然之则,物是伦物所应感之迹。如有父子之物,斯有慈孝之则;有视听之物,斯有聪明之则。应感迹上循其天则之自然,而后物得其理,是之谓格物,非即以物为理也。㊷

良知是提供道德法则的主体,物是良知活动的对象。对应于父子之物,良知呈现为慈孝之则;对应于君臣之物,则呈现为忠敬之则。因而可以认为"物"是使良知得以呈现的外部事物,这里的物显然主要是指人伦关系,而这些人伦关系的规范和准则却是主体提供和决定的。王畿认为,格的意义就是"规范",作为动词,其意义即规范伦物。规范的实践当然是依赖于一些准则去规范,由于良知自身提供了这些准则,所以"致知"与"格物"对王畿来说并无差别,都是指顺应良知的准则去实践,这样,君臣父子诸人伦关系各得其理,得到规范,这就是格物。

在这个过程中,"正感正应"是指对外部事物要自然地顺着良知去应,不要安排计度。"物得其理"即人顺应良知以应外感的过程,使伦物(事)具有了道德的秩序,如良知遇父便知当孝,行其孝亲之良知,则父子之物格。因此,是"格"的实践使事物及关系具有了道德的意义与条理。格的过程即规范人伦

㊷ 《新安斗山书院会语》,《龙溪王先生全集》卷之七。

第二十二章 王　畿

关系的过程，物即人伦关系。王畿这个关于"格"的思想是王阳明"正"的解释的进一步发展。无疑，他们都努力把格物解释为纯粹道德实践，摆脱朱子学格物论的知性色彩。[43]

王畿很强调"知""识"之辨。知即良知，识指一般的意识活动，特别指执著事物分别的意识，即佛家所谓了别识。王畿说："良知与知识所争只一字，皆不能外于知也。良知无知而无不知，是学问大头脑，良知如明镜之照物，妍媸黑白自然能分别，未尝有纤毫影子留于镜体之中。识则未免在影子上起分别之心，有所凝滞拣择，失却明镜自然之照。"[44] 知是能分别而无凝滞；识是分别计较，在境上生心。这个"知""识"之辨显然有佛教的影响，王畿说："予旧曾以持话头公案质于先师（阳明），谓此是古人不得已权法，释迦主持世教无此法门，只教人在般若心上留心。般若所谓智慧也。嗣后传教将此事作道理知解理会，渐成义学。"[45] 这说明"知"相当于般若心、智慧；识即道理、知解，亦即一般所谓知识。此外，这个"知""识"之辨也与宋代理学中德性之知与见闻之知的区别有一脉相承的关系。

王畿认为，智慧（知）与知识（识）虽然同属知觉形态，但二者不同，"人心莫不有知，古今圣愚所同具，直心以动，自见天则，德性之知也。泥于意识，始乖始离。夫心本寂然，意

---

[43] 王畿在答吴悟斋论格物书中特别反对朱子格天地人物鬼神之理的说法，见《龙溪王先生全集》卷之十。
[44] 《答吴悟斋》，《龙溪王先生全集》卷之十。
[45] 《答五台陆子问》，《龙溪王先生全集》卷之六。

则其应感之迹。知本混然，识则其分别之影。万欲起于意，万缘生于识，意胜则心劣，识显则知隐，故圣学之要，莫先于绝意去识。绝意非无意也，去识非无识也。意统于心，心为之主，则意为诚意，非意象之纷纭矣。识根于知，知为之主，则识为默识，非识神之恍惚矣"[46]。所以，在很大程度上，知即清净心，识则是了别心，知是无所住而生其心，识则凝滞拣择有执著。知-识与心-意类似，它们的区别都是兼有伦理的与存在的两种意义，既是德性良知，又是清净本心。知-识与性-情也有类似之处，王畿说："夫意者心之用，情者性之倪，识者知之辨。心本粹然，意则有善有恶。性本寂然，情则有真有伪。知本浑然，识则有区有别。"[47] 心（体）、性、知（良）都是体，意、情、识都是用，识的特点在于它不仅有伦理的、生存的含义，还有认识的意义，识倾向于多学多闻，追求识解，与良知的反求是对立的。所以"知""识"之辨有着明确的为学工夫的内容。"知""识"之辨是整个心学传统中的一个重要组成部分。

五 论神、气、息

王畿有过比较丰富的调息实践，他多次谈到调息与养心的关系。在王门中，王阳明、陆澄和王畿都很注意调息的问题，他们都是从心学的立场上对待调息。

王畿首先区分了儒家与道家在这个问题上的不同看法，众

---

[46] 《意识解》，《龙溪王先生全集》卷之八。
[47] 《答王敬所》，《龙溪王先生全集》卷之十一。

第二十二章　王　畿

所周知，道家（教）是很强调炼气调息的，王畿说："盖吾儒致知以神为主，养生家以气为主。戒慎恐惧是存神功夫，神住则气自住，当下还虚，便是无为作用。以气为主，从气机动处会，气结神凝，神气含育，终是有作之法。"[48]他认为儒家重神不重气，神即心的功能，身体内的气受意识的引导，这比道家养气为主要高明。他又说：

> 自今言之，乾属心，坤属身，心是神，身是气。身心两事，即火即药。元神元气，谓之药物；神气往来，谓之火候。神专一则自能直遂，性宗也。气翕聚则自能发散，命宗也。真息者，动静之机，性命合一之宗也。一切药物，老嫩浮沉，火候文武进退，皆于真息中求之。"大生"云者，神之驭气也。"广生"云者，气之摄神也。天地四时日月有所不能违焉，不求养生而所养在其中，是之谓至德，尽万卷丹经，有能出此者乎？[49]

王畿认为，由于气受神的引导，所以儒家虽不以养气为目的，但在养心存神的过程中，神的收敛过程无形中也带来气的摄聚，以神为主是性学，以气为主是命学。他提出，"真息"是性命合一之学，药物火候都包含在"真息"中。那么，什么是"真息"呢？

王畿提出，真息就是良知，他说：

---

[48] 《三山丽泽录》，《龙溪王先生全集》卷之一。
[49] 《东游会语》，《龙溪王先生全集》卷之四。

千古圣学存乎真息，良知便是真息灵机。知得致良知则真息自调，性命自复，原非两事。若只以调息为事，未免着在气上理会，与圣学戒慎不睹恐惧不闻致中和工夫终隔一层。(50)

养生一路入，精神稍敛，气机偶定，未可以此便为得手，如此行持，只是安乐法，胸中渣滓澄汰未净，未见有宇泰收功之期。(51)

从养生出发，调息只能定气、收神，并不能使人彻悟本体，也不能代替意念为善去恶工夫，只有从存心出发，致极良知，在致良知的过程中自然息调气顺。故养生兼不得养德，养德却兼得养气。

然而王畿又认为，如果不是把调息炼气作为终极目的，调息也可以作为圣学入门的方式之一，特别是静坐收心的一种方式。他说："调息之术亦是古人立教权法……从静中收摄精神，心息相依，以渐而入，亦以补小学一段工夫也。"(52) 这个说法与阳明以静坐补小学工夫的思想是一致的。心息相依是指意识由集中于息的出入而收敛，息的出入也自然地顺适于意识的沉定，他还说：

---

(50) 《留都会记》，《龙溪王先生全集》卷之四。

(51) 同上。

(52) 《答楚侗耿子问》，《龙溪王先生全集》卷之四。

第二十二章 王　畿

欲习静坐，以调息为入门，使心有所寄，神气相守，亦权法也。调息与数息不同，数为有意，调为无意，委心虚无，不沉不乱，息调则心定，心定则息愈调。真息往来，而呼吸之机自能夺天地之造化。含煦停育，心息相依，是谓息息归根，命之蒂也。一念微明，常惺常寂，范围三教之宗。吾儒谓之燕息，佛氏谓之反息，老氏谓之踵息。造化阖辟之玄枢也。以此征学，亦以此卫生，了此便是彻上彻下之道。㉝

王畿区分了数息、调息和真息。数息虽然能使心意集中，气不散乱，但数息是有意识地去数，所以虽然能静，但不能使心达到虚无之境。调息并不有意识地去数呼吸的次数，而是以一种无心无意的意识状态使气沉而不乱，达到调节呼吸顺畅的目的。所以调息的过程是心与息互相作用影响的过程。真息是从一念真几入手，这一念是常惺常寂的，惺指它能明察分别，寂指它定静而安，也就是良知。致良知可以自然地导致息的调节，在这种状态下息的调运，比起数息和一般调息来是一个更高的阶段，这种知息合一的修养过程，既可培壅德性，又可养身卫生，所以是"性命合一之宗"。

㉝　《调息法》，《龙溪王先生全集》卷之十五。

第二十三章　王　艮

　　王艮（1483—1541），字汝止，号心斋，泰州安丰场人。曾从王阳明问学，阳明死后，归泰州授徒讲学。他和他的门人及再传门人史称为"泰州学派"，是明中后期一个有影响的学派。他的主要著作为《心斋王先生全集》。

　　王艮出身于灶户，家境贫苦，七岁入乡塾读书，十一岁时因家贫无法继续学业，随家参加制盐生产的劳动。后从父往来于山东经商，家境渐渐富裕。王艮也曾学医，所以，作灶丁、经商贾、学医道，他的这种经历在嘉靖以前的理学家中是绝无仅有的，是非常特殊的。

　　少年读书及青年往来山东孔庙，使平民出身的王艮一直把任道成圣作为自己的终生理想。他经商时常随身携《论语》《大学》《孝经》，有疑问即请教别人，久而久之，他对这些经典的熟悉达到了"信口谈解"的程度。他还"闭关静思""默

第二十三章 王 艮

坐体道",如此累年,终于,在一天夜里,"梦天堕压身,万人奔号求救",他"举臂起之,视其日月星辰失次,复手整之"。醒来,"觉而汗溢如雨,心体洞彻"①,这一年是正德六年,王艮当时二十七岁。他在梦中举臂支起塌落的上天,只手整复了星辰的次序,这个梦及其醒后的反应明显地属于神秘体验,而更值得注意的是,体验中暴露了他潜藏心底的那种整顿乾坤、拯救万民的救主意识。从此以后,他认为自己已经悟道,于是"按礼经制五常冠、深衣、大带、笏板"②,俨然以自己为一个古圣人。他以尧舜孔子自任,表现出一种认真、荒诞的自大狂妄。

正德末年,王阳明巡抚江西,讲致知格物之学。当时有人告诉王艮,说他的学问与王阳明所讲很接近。王艮听后即赴江西,戴上他那纸糊的五常冠,穿上仿古的深衣,手执上面写着"非礼勿视非礼勿听非礼勿言非礼勿动"的笏板,一路上围观者不断。王艮与王阳明相见,往复致辩:

> 始入,先生据上坐。辩难久之,稍心折,移其坐于侧。论毕,乃叹曰:"简易直截,艮不及也。"下拜自称弟子。退而绎所闻,间有不合,悔曰:"吾轻易矣。"明日入见,且告之悔。阳明曰:"善哉!子之不轻信从也。"先生复上坐,辩难久之,始大服,遂为弟子如初。阳明谓门人曰:"向者吾擒宸濠,一无所动,今却为斯人动矣。"阳明归越,

---

① 《泰州学案一》,《明儒学案》卷三十二,第709页。
② 同上。

先生从之。③

王阳明出身仕宦之家，少即豪迈不羁，及长善于诗文，精通典籍，又曾出入二氏，交友于天下名士，是一个见多识广的学者，王艮入江西时，阳明已生擒叛乱的朱宸濠，立下盖世奇功，并建立成熟的致良知学说。而王艮自恃虽狂，但毕竟只是一介来自穷乡的自学之士，他之折服于阳明是必然的。王艮本名银，阳明取《周易》之《艮》卦义为其更名曰王艮，并字以汝止，都是告诫王艮要注意收敛，不要意气太高，行事太奇。

一 现成自在

王艮之子王襞谈到王艮从学阳明时指出："见阳明翁而学犹纯粹，觉往持循之过力也，契良知之传，工夫易简，不犯做手，而乐夫天然率性之妙，当处受用。"④ 王艮的《年谱》也记载他曾对同门欧阳德说，师门讲"致良知"，他近来讲"良知致"，又说他"以日用见在指点良知"⑤，这都是说，在王艮看来，良知学说的优点在于"天然率性之妙"，即良知是"现在"的，即现成的。每个人都现成地具有良知，人只要率循此个良知自然而行，这就是成圣成贤的工夫。在他看来，"致良知"的说法带有一种十分用力、努力的色彩，有孟子所说的"助"的毛病。

---

③ 《泰州学案一》，《明儒学案》卷三十二，第 709—710 页。
④ 《上昭阳太师李石翁书》，《王东崖先生遗集》卷一。
⑤ 《年谱》五十一岁，《心斋王先生全集》。

第二十三章 王　艮

而他所提的"良知致"则主张因任良知之自然，不必十分用力，也就是"不犯做手"。

由于王艮的良知说崇尚自然，因而他反对程朱派理学的庄敬持养：

> 问："庄敬持养工夫"。曰："道一而已矣。中也，良知也，性也，一也。识得此理，则现现成成，自自在在。即此不失，便是庄敬；即此常存，便是持养，真不须防检。不识此理，庄敬未免着意，才着意，便是私心。"⑥

王艮发挥了程颢"不须防检"的思想，反对持敬，认为人只要认识到良知现现成成、自自在在，常存不失，这就是圣学工夫。

为了使这种崇尚自然的工夫为人理解，他还提出了"百姓日用即道"。什么是"百姓日用即道"呢？前边说过，王艮的《年谱》说他"以日用现在指点良知"，这个"日用"就是"百姓日用"，"现在"则指现成良知，是说王艮以人们在日常生活中表现出来的现成良知来指点人们。而所谓在日用生活中表现出来的现成良知，并不是指良知的"至善"的知是知非的伦理性格，而正是指良知具有的因任自然、不假安排的自由特质，这就叫自自在在。所以《年谱》说：

> 先生言百姓日用是道，初闻多不信。先生指童仆之往

---

⑥ 《泰州学案一》，《明儒学案》卷三十二，第716页。

来、视听、持行、泛应动作处,不假安排,俱自顺帝之则,至无而有,至近而神。⑦

"至无而有、至近而神"与王畿"意动于物,非自然之流行,著于有矣""无物之物则用神"⑧ 是一致的,无表示自然、无滞,神表示自如、自在。其实,早在嘉靖初王艮随王阳明在会稽讲学时即已"多指百姓日用,以发明良知之学"⑨。如果从来源上说,王艮这个思想也来源于王阳明,据邹德涵《聚所先生语录》:

> 往年有一友问心斋先生云:"如何是无思而无不通?"先生呼其仆,即应;命之取茶,即捧茶至。其友复问,先生曰:"才此仆未尝先有期我呼他的心,我一呼之便应,这便是无思无不通。"是友曰:"如此则满天下都是圣人了。"先生曰:"却是。日用而不知,有时懒困著了,或作诈不应,便不是此时的心。阳明先生一日与门人讲大公顺应,不悟。忽同门人游田间,见耕者之妻送饭,其夫受之食,食毕与之持去,先生曰:'这便是大公顺应。'门人疑之,先生曰:'他却是日用不知的,若有事恼起来,便失这心体。'"⑩

---

⑦ 《年谱》四十六岁,《心斋王先生全集》卷二。
⑧ 见《天泉证道纪》,《心斋王先生全集》卷一。
⑨ 《年谱》四十二岁,《心斋王先生全集》卷二。
⑩ 《江右学案一·聚所先生语录》,《明儒学案》卷十六,第354页。

第二十三章 王　艮

这一段具体地说明了什么是"百姓日用即是道",什么是"就日用现在指点良知"。正如日常生活童子捧茶、农夫用饭一样,只要是不假思索、自自然然,而又不逆于理,这就是"道"。所以"道"并不是什么神秘高远的东西,道就是我们体现于生活中的精神、态度。后来他的儿子王襞进一步强调"以不犯做手为妙诀者也","饥食渴饮,夏葛冬裘,至道无余蕴矣",即发展了其父的思想,心斋门人如徐樾等也都是如此。[11] 由于王艮思想的这个特点,所以当时胡瀚指出"汝止以自然为宗",并提醒王艮"自然而不本于龙惕,则为放旷"[12],王艮的这种自然工夫,因不主张庄敬防检,不主张有所戒慎恐惧,很容易流入放旷。

二　学　乐

王艮这种注重"不假安排""现成自然"的思想是与他对"乐"的看法相联系的。他把"乐"当作为学的目的与最终境界。虽然王阳明也说过"乐是心之本体"[13],但王艮更夸大了"乐"在为学的意义。他认为,乐而自然,自然而乐,这是圣人之学的本质特征:"天下之学,惟有圣人之学好学,不费些子气力,有无边快乐。若费些子气力,便不是圣人之学,便不乐。"[14]"好学"即容易、不费力,不费力亦即自然,王艮曾作

---

[11] 参看《泰州学案一·布政徐波石先生樾》,《明儒学案》卷三十二,第722、725页。
[12] 《浙中王门学案五·教谕胡今山先生瀚》,《明儒学案》卷十五,第330页。
[13] 《与黄勉之二》,《阳明全书》卷五,第110页。
[14] 《泰州学案一》,《明儒学案》卷三十二,第714页。

《乐学歌》：

> 人心本自乐，自将私欲缚。私欲一萌时，良知还自觉。一觉便消除，人心依旧乐。乐是乐此学，学是学此乐。不乐不是学，不学不是乐。乐便然后学，学便然后乐。乐是学，学是乐。呜呼！天下之乐，何如此学；天下之学，何如此乐？⑮

王艮认为，心之本体的根本特质是"乐"，是私欲蒙蔽了乐的本体，于是才会有忧惧忿懥。人有良知，私欲发萌时，只要良知自觉，私欲就会消除，人心就会自然恢复到本然之乐。因此，所谓为学，就是以良知去私欲来求得此乐。乐就是在良知实践中当下受用，没有乐的学问不是真正的学问，不由良知之学而得的乐不是真乐。乐既是学的出发点，也是学的过程和归宿。他还说："人心本无事，有事心不乐。有'事行'无事，多事亦不错。"⑯ "人心本无事"也就是王阳明所说无善无恶心之体之意。"有事心不乐"的"有事"指心有所累，心有所著，心有所系。"有事行无事"是指人应以无事之心行各种具体之事。只要做到这一点，那么即使行再多的事，也不碍不累心之乐，所以说"多事亦不错"。能以无事之心行其有事，也就是禅宗所说"运水搬柴无非妙道"，自然"百姓日用无不是道"了。

由王艮的现成自在的自然说可知，"百姓日用即道"在王艮

---

⑮ 《乐学歌》，《明儒学案》卷三十二，第718页。
⑯ 《示学者》，《泰州学案一》，《明儒学案》卷三十二，第718页。

第二十三章　王　艮

本人并不是一个代表平民意识的异端思想，王艮的这一思想进一步发展了王阳明哲学的某些方面，并针对平民听众而采取一种易于指点的方式而已。"百姓日用即道"主要有两个含义：即一个是百姓日用而指示道无不在，黄宗羲说"先生（王艮）于眉睫之间，省觉人最多，谓'百姓日用即道'，虽童仆往来动作处，指其不假安排者以示之"[17]；另一个是说明道无所不在，百姓日用中也有道的体现，只是常人日用而不知。

王艮的这些思想后来由他的儿子王襞进一步加以发展了。王襞说："窃以舜之事亲，孔之曲当，一皆出于自心之妙用耳。与饥来吃饭，倦来眠，同一妙用也。"[18] 强调心境自然。又说："才提起一个学字，却似便要起几层意思，不知原无一物，原自现成，顺明觉自然之应而已。"[19] 在他看来，宋儒以来的一般为学方法，规矩太严，用工太苦，克念忍欲，心灵受到很大束缚。心体原无一物，良知本自现成，人只要顺其明觉自然。正如饥来吃饭困来即眠，不假安排思索，不拟议，自然自在。他甚至说："若立意要在天地间出头，做件好事，亦是为此心之障。"[20] 认为人心要空，不要有障，如此才能达到"圆神之效"。而圆神就是指内心的自如无滞。

这种明觉自然的圆神妙用也就是乐，王襞区分了两种乐："有所倚之乐"与"无所倚之乐"。他说：

---

[17]　《泰州学案一》，《明儒学案》卷三十二，第710页。
[18]　同上书，第722页。
[19]　同上书，第721页。
[20]　同上书，第722页。

> 有有所倚而后乐者，乐以人者也，一失其所倚，则慊然若不足也。无所倚而自乐者，乐以天者也。舒惨欣戚，荣悴得丧，无适而不可也。㉑

有所倚之乐是依赖于对象或对于对象发生的乐，如审美愉悦。无所倚之乐则是一种精神境界，无论有无对象或对象如何变化，人始终能保持一种和乐洒脱的襟怀。

这样，我们又回到"孔颜乐处"的老问题上，乐有没有对象？乐的对象是什么？王襞对此的回答是：

> "既无所倚，则乐者果何物乎？道乎？心乎？"曰："无物故乐，有物则否矣。且乐即道，乐即心也，而曰所乐者道，所乐者心，是床上之床也。"㉒

与宋儒一样，王襞坚持乐只是心之境界，这个境界本身即是道。因而说道是乐的对象，或说乐是由作为对象的道所引起的，都是不正确的。王襞继承了其父王艮的思想，把乐作为为学的终极止境。

三　淮南格物——安身

在王阳明的弟子中，王艮提出了一种有异于师门的格物说，

㉑ 《泰州学案一》，《明儒学案》卷三十二，第723页。
㉒ 同上。

第二十三章 王　艮

人称"淮南格物说"。在王艮看来,格物首先要了解何谓物,他认为,"身与天下国家一物也,惟一物而有本末之谓"㉓。这是说,万物都是物;或从万物一体的观点看,万物为一体,万物为一物;但《大学》本来说过"物有本末",因而只有在万物中区别出本与末,才能把握"格物"的意旨。在王艮看来,《大学》中说"一是以修身为本",可见"身"是本,他说"是故身也者,天地万物之本也;天地万物末也"㉔。"格"的意义是什么呢?他说:"格,絜度也。絜度于本末之间,而知本乱而末治者否矣,此格物也。"㉕ 絜度即衡量,王艮认为,格就是以"本"为标准去衡量"末",他说:"吾身是个矩,天下国家是个方,絜矩则知方之不正,由矩之不正也。是以只去正矩,却不在方上求,矩正则方正矣,方正则成格矣,故曰物格。"㉖ 这就是说,身是本,身是絜矩量度所根据的"矩"。以身为本,要求人把注意力转移到正身,身正则家国天下也就容易正了。在他对格的理解中,仍然有阳明学强调的"正"的含义,即兼有正与絜度两义,因为絜度本身也有以某标准取正的意义。

如果王艮重视"身"的说法仅仅是《大学》及传统儒家修身为本、正己正物以至齐家治国平天下的老调,他的格物说就没有什么新意了。然而,他的格物说所以受到同时及后来学者的注意,正是由于他在修身为本之外,提出了爱身、安身、保

㉓　《泰州学案一·心斋语录》,《明儒学案》卷三十二,第712页。
㉔　同上书,第711页。
㉕　同上书,第712页。
㉖　同上。

身、尊身的思想,这些思想,不仅与朱子、阳明的格物说不同,与整个儒家传统的发展也显示出重要的差异。

王艮反对把《大学》的"止至善"归结为明明德,他认为"止至善者,安身也。安身者,立天下之大本也","知身之为本,是以明明德而亲民也。身未安,本不立也,本乱而末治者,否矣"。㉗ 由于王艮把身看成万物之本,所以他提倡"尊身",他说:"身与道原是一件,至尊者此道,至尊者此身。尊身不尊道,不谓之尊身;尊道不尊身,不谓之尊道。"㉘ 在传统儒学中,只能说重视"修身",而不能说"尊身",因为修身的说法中包含着身是需要修的。而王艮把身与道相提并论,公开提出尊身,这也是宋代以来的理学发展中从未有过的。

王艮所说的安身与王阳明不同,王阳明认为视听言动和躯体行为合于义理就是安身,王艮则说:"不知安身,便去干天下国家事,是之谓失本也。就此失脚,将或烹身割股,饿死结缨,且执以为是矣,不知身不能保,又何以保天下国家哉?"㉙ 按照这个思想,古代所谓忠臣义士,舍生取义,都不是保身安身。王艮明确表示出,安身保身的"身"都是指个体血肉之躯的生命存在。把爱护人的感性生命置于与珍重道德原则相等的地位,这的确显示了一种新的思想方向。王艮的语录记载他和弟子的问答:

> 有疑安身之说者,曰:"夷、齐虽不安其身,然而安其

㉗ 《泰州学案一》,《明儒学案》卷三十二,第711页。
㉘ 《答问补遗》,《心斋王先生全集》卷三。
㉙ 同上。

第二十三章 王 艮

心矣。"曰："安其身而安其心者，上也。不安其身而安其心者，次之。不安其身又不安其心，斯为下矣。危其身于天地万物者，谓之失本。洁其身于天地万物者，为之遗末。"㉚

伯夷、叔齐拒食周粟，饿死在首阳山，历代儒者都表彰其节操。从孟子的观点来看，生命虽是人之所欲，但所欲有贵于生者，这就是道德理想，因而人为了道德理想而牺牲生命是高尚的。但在王艮看来，生命之身是最根本的，没有生命之身其他都无从谈起，因而夷、齐都并不可取。他还说："人有困于贫而冻馁其身者，则亦失其本而非学也。"㉛ 一个人的为学，首先需要努力建立一个保障其生命存在的物质生活条件，不懂得这一点也就不懂得真正的为学。从这样一个立场上，为了满足保障、发展生命活动需要的各种行为，从治生（包括经商、务农、做工）到避世都具有重要意义。由于王艮的安身说强调珍爱感性生命并对传统上舍生取义的夷、齐等有所批评，所以站在道德理想主义立场的黄宗羲批评王艮的这种思想为临难苟免开了一隙。

王艮还提出"明哲保身"，他说：

> 明哲者，良知也。明哲保身者，良知良能也。知保身者，则必爱身；能爱身，则不敢不爱人；能爱人，则人必

㉚ 《泰州学案一》，《明儒学案》卷三十二，第713页。
㉛ 同上书，第715页。

爱我；人爱我，则吾身保矣。㉜

王艮这种以感性生命为本位的思想，在价值观上有什么意义呢？在王艮的这个思想中，保身是良知的基本意义，这样一来，良知就与人的生命冲动没有本质区别了。同时，王艮认为，从良知的保身意识中可以引出"爱人"的伦理。王艮运用了一种类似墨子的论证方法，就是说，爱人并不是一个绝对价值，我之所以去爱人，是因为爱人可以是使人爱我的手段。由于爱人并不是一个绝对的道德命令，也不是谋求达到社会和谐的要求，而是达到爱身保身的手段，这种伦理观，至少在论证的逻辑上，与传统儒家伦理不同。

由于这种理论预设了一种人己相互感应的理论，即我爱人则人亦爱我，我利己害人则人亦报我，因而明哲保身的伦理学虽然其终极目的落脚在"保身"，却并不就由此而引出私己的个人主义。另一方面，从这个理论还可以引申出，由于人己之间的感应之道，人可以由对方的反应了解自己："故爱人者人恒爱之，信人者人恒信之，此感应之道也。于此观之，人不爱我，非特人之不仁，己之不仁可知矣。人不信我，非特人之不信，己之不信可知矣。"㉝ 在这种人-我相互感应的关系中，他人的不道德行为可以看作是由自己道德上的不完满所感发的，从这样的思想出发来"絜矩"，达到"反己"，仍可以引向对自我的修养。这为淮南格物的解释"只去正矩，却不在方上求"提供

㉜ 《泰州学案一》，《明儒学案》卷三十二，第715页。
㉝ 《勉仁方书壁示诸生》，《王心斋先生遗集》卷一。

第二十三章　王　艮

了一种相互感应性的理论基础。

就一般的道德规范和道德修养来说，王艮并没有否定儒家伦理，只是，由于他出身于平民小生产者，又以小生产者为说教对象，因而一方面融入了平民的保护自我和珍生爱身的伦理观念，另一方面在传统儒家伦理的阐释上，采取了类似墨子的方法，使价值目标上自觉不自觉地加入了功利的意义。从而，使他的伦理观中突出了个体感性生命生活在人生和价值中的意义。毫无疑问，王艮的这些思想更接近于"世俗儒家伦理"的性质，因而，从文化的角度来看，王艮的这些思想不应被视为理学的"异端"，而是作为精英文化的理学价值体系向民间文化扩散过程中发展出来的一种形态，其意义应当在"世俗儒家伦理"的意义上来肯定。㉞

四　万物一体

嘉靖初年，王艮曾向王阳明请问孔子车制，他想仿照孔子车制作车，像孔子一样乘车周游天下，王阳明对此"笑而不答"。王艮回家后自制一小蒲车，招摇四方，随处讲学，在车上写着"天下一个，万物一体"。他还作《鳅鳝赋》，发明万物一体的思想：

> 道人闲行于市，偶见肆前育鳝一缸，覆压缠绕，奄奄

㉞　王艮的"明哲保身论"的提出，亦有政治环境的压力使然，侯外庐主编《中国思想史》第四卷（下）已指出这一点。

然若死之状。忽见一鳅,从中而出,或上或下,或左或右,或前或后,周流不息,变动不居,若神龙然。其鳝因鳅,得以转身通气而有生意。是转鳝之身、通鳝之气、存鳝之生者,皆鳅之功也。虽然,亦鳅之乐也,非专为悯此鳝而然,亦非为望此鳝之报而然,自率其性而已耳。于是道人有感,喟然叹曰:"吾与同类并育于天地之间,得非若鳅鳝之同育于此缸乎,吾闻大丈夫以天地万物为一体,为天地立心,为生民立命,几不在兹乎?"遂思整车束装,慨然有周流四方之志。少顷,忽见风云雷雨交作,其鳅乘势跃入天河,投入大海,悠然而逝,纵横自在,快乐无边。回视樊笼之鳝,思将有以救之,奋身化龙、复作雷雨,倾满鳝缸,于是缠绕覆压者,皆欣欣然而有生意。俟其苏醒精神,同归于长江大海矣。道人欣然就车而行。[35]

王艮的万物一体的思想与宋儒有所不同,程颢所说的浑然与物同体虽然以医家手足麻痹为喻,主张息息相通,但程颢的万物一体之仁更多的是一种境界,而不是把天地万物为一体作为基础引出伦理原则或社会关怀。王艮的万物一体观继承了王阳明万物一体说中的"拯救"意识,即由万物一体出发,承担起拯救陷入苦难的大众的责任。然而王艮与王阳明又有所不同,王阳明的拯救主要的仍然是一种诉诸道德手段的传统儒家方式,而王艮更多地吸收了古典儒家视民如伤、博施济众的人道主义。

---

[35] 《鳅鳝赋》,《王心斋先生遗集》卷二。

第二十三章 王 艮

在他看来，人民就像缸里的鳝一样，在重重压迫之下奄奄若死，而他作为视天地万物为一体的仁者，就必须承担起解救人民苦难的责任，要像鳅一样，不仅使人民得以转身、通气，而且根本上从樊笼中解放出来，走向自由的生活，所以他说：

> 夫仁者以天地万物为一体，一物不获其所，即己之不获其所也，务使获所而后已。是故今人君子、比屋可封，天地位而万物育，此予之志也。㊱
>
> 观其（孔子）汲汲皇皇，周流天下，其仁可知矣。文王小心翼翼，视民如伤，望道而未之见，其仁可知矣。尧、舜兢兢业业、允执厥中，以四海困穷为己责，其仁可知矣。观夫尧舜文王孔子之学，其同可知矣。其位分虽有上下之殊，然其为天地立心，为民立命，则一也。㊲

所以，王艮的万物一体说是要从中引出拯救民众的责任，引向视民如伤、以四海穷困为己责、为生民立命。王艮的社会政治理想还十分抽象，但他的这种基于万物一体的强烈的社会使命感责任感在理学家中是十分突出的。㊳

比起其他理学家的讲学先生，王艮明显地更少书卷气，而处处表现出"狂"者的态度，他要学做孔子周流天下，化神龙

㊱ 《勉仁方书壁示诸生》，《王心斋先生遗集》卷一。
㊲ 同上。
㊳ 王艮所说的分位虽殊而为生民立命则一，显然是反驳王阳明在江西时对他的批评。亦显示出二人的不同。

以救万鳝,宣称"大丈夫存不忍人之心,而以天地万物依于己,故出则必为帝者师,处则必为天下万世师"[39],处处反映出强烈的自信,甚至某种自大狂。但他把修道、立教、救民的自任仍立基在"立身为天下法",并未背离儒家的原则。王艮要救世,但他并不力求通过积极参与政治社会活动,他的信条是"以道济天下",只要能讲明此学此道,帝王公卿必来取法,进而天下大明此学,达到天下大治。因此,他特别重视"尊道",反对"以道徇人",那种不珍重自己的理想,放弃自己信奉的原则而追从他人或屈服于其他压力之事,被他批评为"以道从人,妾妇之道也"。他的这一思想也是多数思想家共同认同的原则,所以后人评论他这一思想时,认为"圣人复起,不易斯言"[40]。

---

[39] 《语录》,《王心斋先生遗集》卷一。
[40] 《泰州学案》心斋学案按语,《明儒学案》卷三十二,第711页。

第二十四章　罗汝芳

罗汝芳（1515—1588），字惟德，号近溪，江西南城人。嘉靖三十二年（1553）进士，曾知太湖县，后历任刑部主事、知宁国府、东昌府、云南副使、参政。万历五年（1577）张居正为了打击他的讲学活动，使人弹劾他，遂被旨令致仕，但他仍然四处奔走讲学，万历十六年（1588）卒，年七十四岁。

罗汝芳十五岁时有志于道学，曾读薛瑄《读书录》有得，即就静坐息念下工夫，闭关于临田寺，置水镜于几上，对之默坐，求使心与水镜一样湛然静止。但由于静坐不得法，"久之而病心火"，即生理心理上发生的一种失调，后读王阳明《传习录》才转好。二十六岁时偶过一寺，见有张榜称能救心火者，访之，乃颜山农聚人讲学。颜山农本是阳明门人徐樾的弟子，后又从学王艮，罗汝芳听其讲学良久，喜曰："此真能救我心火。"次日五鼓，即往纳拜称弟子，由此大悟体仁之学。三十四岁时，听说从他学习举业的弟子胡宗正深于易学，于是北面师之，三月而后得其传。四十六岁时患重病，梦中恍惚遇见泰山丈人对他说："君自有生以来，触而气每不动，倦而目辄不瞑，扰攘而意自不分，梦寐而境悉不忘，此皆心之痼疾也。"① 罗汝芳愕然说：这是我用功的心得，怎么是病呢？丈人说："人之心体出自天常，随物感通，原无定执。君以夙生操持强力太甚，一念耿光，遂成结习。不悟天体渐失，岂惟心病，而身亦随之矣。"② 罗汝芳听了这番话，大惊而醒，"流汗如雨，从此执念渐消，血脉循轨"③。从罗汝芳的证学经历可以看到，在一个长期曲折的过程之后，他的身心始得妥帖安宁。

罗汝芳与同时道士、僧人有许多往来，他的口才很好，指点人的方法也很机敏，时人说"龙溪（王畿）笔胜舌，近溪舌胜笔"，二溪是王门后学中的佼佼者。罗汝芳的著作为《近溪子文集》。

一　赤子之心

孟子主张人皆有四端之心（恻隐、羞恶、辞让、是非），又说"大人者不失赤子之心"④，认为人应该保有自己与生俱来的良心。罗汝芳特别重视"赤子之心"的思想，并以此为基础，

---

① 《明儒学案》卷三十四，第761页。
② 同上。
③ 同上。
④ 《孟子·离娄下》。

第二十四章 罗汝芳

形成了他自己的讲学宗旨。

罗汝芳说:

> ……圣希天,夫天则莫之为而为,莫之致而至者也。圣则不思而得,不勉而中者也。欲求希圣希天,不寻思自己有甚东西可与他打得对同,不差毫发,却如何希得他? 天初生我,只是个赤子。赤子之心,浑然天理,细看其知不必虑,能不必学,果然与莫之为而为,莫之致而至的体段,浑然打得对同过。然则圣人之为圣人,只是把自己不虑不学的见在,对同莫为莫致的源头,久久便自然成个不思不勉而从容中道的圣人也。⑤

他认为,儒家的理想是周敦颐讲的希圣希天,而希圣希天首先要了解自己身上有什么东西与圣、天相同。他认为,天的特点是莫之为而为、莫之致而至,圣的特点是不思而得、不勉而中。他又认为,小孩子生下来的心(赤子之心),其良知与良能(如耳目能知觉,手足能运动,口知吸吮)正是一种自然具有而莫为莫致的,正是不学不虑、当下流行的。罗汝芳认为,所谓学圣人就是把自己不思不虑、当下见在的良知良能与天命联系起来,对应起来。

罗汝芳认为,人的现成意识虽然与赤子之心不完全相同,但赤子之心具有的良知良能并没有丧失,因为成人之心是由赤子之心发展而来的。他与他的学生曾有问答:

---

⑤ 《泰州学案三》,《明儒学案》卷三十四,第764页。

（罗）"初生既是赤子，难说今日此身不是赤子长成。此时我问子答，是知能之良否？"曰："然。"曰："即此问答，用学虑否？"曰："不用。"曰："如此则宗旨确有矣。"曰："若只是我问你答，随口应声，个个皆然，时时如是，虽至白首，终同凡夫，安望有道可得耶？"曰："其端只在能自信从，其机则始于善自学悟。"⑥

罗汝芳认为，赤子之心不仅不虑而知，不学而能，而且是"无所不知，无所不能"，就是说，罗汝芳并不赞成"致知"的说法。在他看来，如果致是指扩充，那就意味着见在的良知是不充分的，是有所不知、有所不能的。这样的见在良知就不是"良"知，也不是"良"能了。所以他说："诸君知红紫之皆春，则知赤子之皆知能矣。盖天之春见于草木之间，而人之性见于视听之际。今试抱赤子而弄之，人从左呼，则目即盼左，人从右呼，则目即盼右。其耳盖无时无处而不听，其目盖无时无处而不盼，其听其盼盖无时无处而不转展，则岂非无时无处而无所不知能也哉？"⑦孟子讲的赤子之心本来是指爱父母的心，具有确定的伦理意义，而在罗汝芳的讲法中，他所强调的只是赤子之心的不思而知、不虑而能的当下直觉与本能，因而他讲的赤子的无所不知不能，既非伦理的良心，也不是认知的知识，只是指人的知觉作用而言。他的这些说法我们在以下关于当下即是、顺适自然的思想中可以

---

⑥ 《泰州学案三》，《明儒学案》卷三十四，第763页。
⑦ 同上书，第795—796页。

看得更清楚。

二 当下即是

罗汝芳讲学继承了王艮以来指百姓日用以明道的传统，而特别强调"当下"。他不赞成前人说的种种工夫，认为本体和工夫都要从"当下"见得。当下就是指每个人当下（既非过去又非未来）的意识-心理状态，人的当下的意识状态就是心之本体的表现，他和他的学生曾就杂念纷生的问题讨论：

> "所云杂念忿怒，皆是说前日后日事也。工夫紧要，只论目前。今且说此时相对，中心念头，果是何如？"曰："若论此时，则恭敬安和，只在专志听教，一毫杂念也不生。"曰："吾子既已见得此时心体，有如是好处，却果信得透彻否？"大众忻然起曰："据此时心体，的确可以为圣贤，而无难事世。"⑧

罗汝芳所说的"当下""目前"不仅指人的意识活动的任一片刻，而且特指与他应对讲问的特定的"当下"，罗汝芳是利用他与门人讲论而门人恭听的这一特定当下，以及像后面所说的童子捧茶等某些特定的当下来指点人的心体。如一学生向他诉说读书未明，他说："子许多书未明，却才如何吃了茶，吃了饭，

---

⑧ 《泰州学案三》，《明儒学案》卷三十四，第767页。

今又如何在此立谈了许久时候耶?"⑨ 另一学生问他如何求未发之中时,他说:

"子不知如何为喜怒哀乐,又如何知得去观其气象也耶?我且诘子,此时对面相讲,有喜怒也无?有哀乐也无?"曰:"俱无。"曰:"既谓俱无,便是喜怒哀乐未发也。此未发之中,是吾人本性常体。若人识得此个常体,中中平平,无起无作,则物至而知,知而喜怒哀乐出焉,自然与预先有物横其中者,天渊不侔矣,岂不中节而和哉?"⑩

这也是说我们所追求的境界,无论是意念专一或未发之中,都不是远而不及或隐而无迹的东西,就在我们当下的意识状态之中,我们当下的意识状态就是我们性体。又一个学生问如何求理时,他说:

(罗)"汝要求此理亲切,却舍了此时而言平日,便不亲切;舍了此时问答,而言事物,当然又不亲切。"曰:"此时问答,如何是理之亲切处?"曰:"汝把问答与理看作两件,却求理于问答之外,故不亲切。不晓我在言说之时,汝耳凝然听着,汝心炯然想着,则汝之耳,汝之心,何等条理明白也。言未透彻,则默然不答,言才透彻,便随众欣然,如是则汝之心,汝之口,又何等条理明白也。"曰:

---

⑨ 《泰州学案三》,《明儒学案》卷三十四,第772页。
⑩ 同上书,第783页。

第二十四章　罗汝芳

"果是亲切。"⑪

罗汝芳与门人的这些对话表明,他总是力图用对方与自己谈话时的意识状态指示本心,把这种专心不杂、不预期、无喜怒的意识状态说成是人本有的良知良能,主张能时时处处保持这种状态就是圣人。有个人主张要在日用之间使言动事为做到"停当"(即恰当),即全意规范自己的言行合于道德准则,以求其当。罗汝芳认为这样的工夫是不自然的,他说:"而子早作而夜寐,嬉笑而偃息,无往莫非此体,岂待言动事为,方思量得个停当?又岂直待言动事为停当,方始说道与古先贤哲不殊?"⑫这也是说人在日常生活中常常是自然停当的,并不需要有意识地去规范意识活动。他所理解的"停当"显然不是纯粹伦理的,更多的是指意识在日常生活中的超道德的自然反应,所以他所强调的并不是意识活动中的伦理性质,而是意识活动具有的自然或不自然的状态,是意识反应的自然性。所谓当下即是,是说意识里不中不和的都是与过去或未来有关,在当下的意识中是没有不中不和的。

在这一点上他进一步发挥了王艮即百姓日用即道的说法:

> 问:"吾侪或言观心,或言行己,或言博学,或言守静,先生皆未见许,然则谁人方可以言道耶?"曰:"此捧茶童子却是道也。"一友率尔曰:"岂童子亦能戒慎恐惧

---

⑪ 《泰州学案三》,《明儒学案》卷三十四,第772—773页。
⑫ 同上书,第776页。

耶?"罗子曰:"茶房到此,几层厅事?"众曰:"三层。"曰:"童子过许多门限阶级,不曾打破一个茶瓯。"其友省悟曰:"如此童子果知戒惧,只是日用不知。"罗子难之曰:"他若不是知,如何会捧茶,捧茶又会戒惧?"其友语塞。徐为解曰:"知有两样,童子日用捧茶是一个知,此则不虑而知,其知属之天也。觉得是知能捧茶,又是一个知,此则以虑而知,其知属之人也。……人能以觉悟之窍,而妙合不虑之良,使浑然为一方,是睿以通微,神明不测也。"⑬

语录载另一段问答:

问:"因戒慎恐惧,不免为吾心宁静之累。"罗子曰:"戒慎恐惧,姑置之。今且请言子心之宁静作何状?"其生谩应以"天命本然,原是太虚无物"。罗子谓:"此说汝原来事,与今时心体不切。"……诸士子沉默半晌,适郡邑命执事供茶,循序周旋,略无差僭。罗子目以告生曰:"谛观群胥,此际供事,心则宁静否?"诸士忻然起曰:"群胥进退恭肃,内固不出而外亦不入,虽欲不谓其心宁静,不可得也。"曰:"如是宁静正与戒惧相合,而又何相妨耶?"曰:"戒慎恐惧相似,用功之意,或不应如是现成也。"曰:"诸生可言适才童冠歌诗之时,与吏胥进茶之时,全不戒慎耶?其戒慎又全不用功耶?"⑭

---

⑬ 《泰州学案三》,《明儒学案》卷三十四,第773页。
⑭ 同上书,第784页。

第二十四章　罗汝芳

这就叫作"平常即是",也叫"当下即是工夫",有人请问洒脱工夫,他说你在讲会与众人随时起卧,这不就是洒脱么?有人请问明心,他说你现在喝茶时举杯就口,而不放到鼻子上,饮毕置于盘中而不放到盘外,这些自然明白,不用安排,还求明什么呢!他在大讲会上对众人说,你们听讲时晓得坐立,晓得问答,晓得思量,肃然专一,这就是不思不虑的明觉啊!

　　以上讲学的例子表明,在罗汝芳看来,前辈理学追求的中和、宁静、戒慎恐惧等,都是人心本有的,也是人在日常生活中自然地体现着的。正像童子为主人端茶一样,他端茶时无喜无怒、不偏不倚、不动不乱,见在明白、见在恐惧、见在自然、见在停当、自然防检、自然中和、自然宁静、自然专一。能把这样的意识状态贯穿于人的生命实践的全过程,并有所自觉,这就是圣人之学。从本体-工夫的方面看,罗汝芳强调这些特定的当下的意识状态本身就是中和恐惧的本体,人不需要其他特别的修养工夫去戒慎恐惧,重要的是在自己的生活中发现自己没有自觉到的中和戒惧,使自觉与不自觉合而为一。从良知的方面来看,罗汝芳认为百姓日用中的这种道,不是"不知",而是不思而知、不虑而能,就是说,他所了解的良知就是以上所说童子端茶、大众听讲当下的知觉状态,对良知的这种了解是王学中王艮以下泰州学派的一个主要特点。这些思想与佛教"作用是性"的思想相通,也与禅宗"平常心是道"的教法相通,因为罗汝芳也是强调人的当下知觉就是明通的性体的体现,人就是要把童子端茶的这种平常心保持在意识的全过程。

三　顺适自然

罗汝芳的思想与王畿、王艮有继承的关联。如王畿也曾说过："赤子之心，纯一无伪，无智巧无技能，神气自足，智慧自生，才能自长，非有所加也。大人通达万变，惟不失此而已。"⑮ 又说："赤子喜便喜，啼便啼，行便行，坐便坐，转处未尝留情，曾有机巧否？曾有伎俩否？我公具如此道根，未能超凡入圣，只是信此未及。"⑯ 罗汝芳的赤子之心说与王畿是一致的。他的当下指点，又正是继承了王艮以童仆捧茶说百姓日用即是道。泰州学派崇尚自然，提倡不犯做手，如饮食穿衣，运任顺适，这在罗汝芳思想上也表现得很明显。

根据罗汝芳对当下即是的强调，他很注重工夫的"自然"，他说：

> 不追心之既往，不逆心之将来，任他宽洪活泼，真是水流物生，充天机之自然。⑰
>
> 于是一切醒转，更不去此等去处计较寻觅，却得本心浑沌，只不合分别，便自无间断，真是坦然荡荡，而悠然

---

⑮《书累语简端录》，《龙溪王先生全集》卷之三。
⑯《与沈凤峰》，《龙溪王先生全集》卷之十。
⑰《泰州学案三》，《明儒学案》卷三十四，第772页。

第二十四章 罗汝芳

顺适也。[18]

我今与汝终日语默动静，出入起居，虽是人意周旋，却自自然然，莫非天机活泼也。[19]

他认为顺其自然就是善，不顺其自然就是恶，主张工夫越平易越到神圣处，过去的事情就让它过去，不要执迫不舍。未来的事情到时再说，不必预期谋算。良心是浑沌的，不是计较的；是顺畅的，不是凝滞的。人的意识在一定的场景下自然做出一定的反应，这就是天机自然。他认为孔颜之乐就是这种妥帖安定、了无滞碍的生动活泼之境。人要达到这样的境界，就要信得当下，运任平常：

若果然有大襟期，有大气力，有大识见，就此安心乐意而居天下之广居，明目张胆而行天下之大道。工夫难到凑泊，即以不屑凑泊为工夫，胸次茫无畔岸，便以不依畔岸为胸次，解缆放船，顺风张棹，则巨浸汪洋，纵横任我，岂不一大快事也哉！[20]

这都是说，人不要强制自己去符合什么规范，实行什么工夫，达到什么状态。你觉得难做到戒慎，就以不去戒慎为工夫；你觉得心无所寄，就顺其无所寄之心。全体放下，顺适自然，这

---

[18] 《泰州学案三》，《明儒学案》卷三十四，第770页。
[19] 同上书，第787页。
[20] 同上书，第766页。

样的人才能获得真正自由自在的人生境界。

四 天明与光景

由于罗汝芳透彻地理解了"平常心"的意义,所以他特别反对包括神秘体验在内的种种追求内心特殊体验的方法。他在日用中指点当下时也指出这一点:

> 童子捧茶方至,罗子指而谓一友曰:"君自视与童子何如?"曰:"信得更无两样。"顷此复问曰:"不知君此时何所用功?"曰:"此时觉心中光明,无有沾滞。"……曰:"童子见在,请君问他,心中有此光景否?若无此光景,则分明与君两样。……我的心,也无个中,也无个外。所谓用功也,不在心中,也不在心外。只说童子献茶来时,随众起而受之,从容啜毕,童子来接时,随众付而与之。君必以心相求,则此无非是心;以工夫相求,则此无非是工夫。"[21]

自宋代理学观喜怒哀乐未发以来,理学家不少人都用功于体验心体,一般地,这种体验表现为静默中产生的一种对于内心状态的感受,如湛然、光明、廓然、洞然等。罗汝芳不赞成这种体验,他认为这些体验中呈现的心像只是"光景",并不是心之本体。特别的体验不是平常心,他指出:

---

[21] 《泰州学案三》,《明儒学案》卷三十四,第774—775页。

第二十四章 罗汝芳

> 天地生人,原是一团灵物,万感万应而莫究根原,浑浑沦沦而初无名色,只一心字,亦是强立。后人不省,缘此起个念头,就会生个识见,露个光景,便谓吾心实有如是本体,本体实有如是朗照,实有如是澄湛,实有如是自在宽舒。不知此段光景,原从妄起,必随妄灭。及来应事接物,还是用着天生灵妙浑沦的心。㉒

他认为,什么光明、湛然等特别景象,都不是真正的心体,童子端茶的当下心中绝没有这些特别景象。心之本体并不是什么特殊的神秘的意识状态,心体就是我们与生俱来的灵妙的知觉作用,也叫作"天明",他说:

> 一友每常用工,闭目观心。罗子问之曰:"君今相对,见得心中何如?"曰:"炯炯然也。但常恐不能保守,奈何?"曰:"且莫论保守,只恐或未是耳。"曰:"此处更无虚假,安得不是?且大家俱在此坐,而中炯炯,至此未之有改也。"罗子谓:"天性之知,原不容昧,但能尽心求之,明觉通透,其机自显而无蔽矣。故圣贤之学,本之赤子之心以为根源,又征诸庶人之心,以为日用。若坐下心中炯炯,却赤子原未带来,而与大众亦不一般也。……今在生前能以天明为明,则言动条畅、意气舒展;比至殁身,不为神者无几。若今不以天明为明,只沉滞襟膈,留恋景光,

---

㉒ 《泰州学案三》,《明儒学案》卷三十四,第768页。

幽阴既久，殁不为鬼者亦无几矣。"㉓

着力捕捉、体验内心呈现的特别状态与景象（光明、寂然），在罗汝芳看来，只是追求虚幻的假象，并不是真实的心体呈现，这种工夫只是"留恋景光"。如果用力太过，这种工夫的结果就是沉滞胸膈、身心俱病，正如他自己早年曾经历的那样。真实的心体只是赤子之心与大众日用平常心，这个心本来是明明白白、灵妙通透，故称为"天明"。而体验到内心光明感并不是真正的明，只有在人的日用生活中发见的灵觉才是"天明"，这个天明也叫"精神"。

当一个门人说要常常照管持守一个道理时，他说：

> 我今观汝，且把此等物事放下一边，待到半夜五更，自在醒觉时节，必然思想要去如何学问，又必思想要去如何照管持守我的学问。当此之际，轻轻快快转个念头，以自审问，说道"学问此时虽不现前，而要求学问的心肠，则即现前也。照管持守工夫，虽未得力，而要去照管持守一段精神，却甚得力也"。当此之际，又轻轻快快转个念头，以自庆喜，说道"我何不把现前的思想的心肠，来做个学问，把此段紧切的精神，来当个工夫"。则但要时便无不得，随处去更无不有。㉔

这是认为，不管持守的方法对与不对，要求持守的这个"心

㉓ 《泰州学案三》，《明儒学案》卷三十四，第 771 页。
㉔ 同上书，第 769 页。

肠""精神"就是"天明",因此,应当注重的不是恰当与否的持守意识,而是所以为意识,人应当从意识由以出发的意向着手。他又说:

> 今人恳切用工者,往往要心地明白,意思快活。才得明白快活时,俄顷之间,倏尔变幻,极其苦恼,不能自胜。若能于变幻之时,急急回头,细看前时明白者,今固恍惚矣;前时快活者,今固冷落矣。然其能俄顷变明白而为恍惚,变快活而为冷落,至神至速,此却是个什么东西?此个东西,即时时在我,又何愁其不能变恍惚而为明白,变冷落而为快活也![25]

这都表明,罗汝芳主张的为学,既不注重意念及意念的为善去恶,也不注重作为是非之心的良知及致良知,他更为注意的是比现实活动着的意念更为根本的心理范畴"精神"。这个"精神"是意念所以产生者,又是意念活动的主宰者,这个"心肠"并不是抽象的主体性或自由意志,而是赤子带来、当下即是的一种天赋的知觉能力。

五 格物与孝慈

罗汝芳也曾努力究索格物之说,苦思三年,一夕忽悟"格"

---

[25] 《泰州学案三》,《明儒学案》卷三十四,第770页。

字与《大学》本旨，他对《大学》的理解与前后理学家有所不同，他说：

> 尝苦格物之论不一，错综者久之，一日而释然，谓"《大学》之道，必在先知，能先知之，则尽《大学》一书，无非是此物事。尽《大学》一书物事，无非是此本末始终。尽《大学》一书之本末始终，无非是古圣六经之嘉言善行。格之为义，是即所谓法程，而吾侪学为大人之妙术也"。㉕

罗汝芳认为，《大学》不过是圣贤格言的选编，以帮助人依照这些格言学为大人，格表示标准，格物的格字应当在格言的格字之意义下来理解。

罗汝芳认为，六经的嘉言善行，归结起来就是"孝弟慈"，这是化民成俗的要法，也是希圣希天的途径。"孝弟慈"是罗汝芳晚年讲学的宗旨，他认为《周易》的"生生"原理是孝弟的宇宙论根据，亲亲之情是天地生生之道的体现，孔子讲亲亲，孟子讲孝弟，都是从宇宙到人类社会生生不已的现象出发，这也是《大学》《中庸》的基本精神。

罗汝芳把孝弟慈作为根本原则，是他自己为学过程经历了一个长期求索后得出的。他在晚年回想到，父母兄弟与他之间的亲情，基于良知，不学不虑，互亲互爱，做起来并不难。而

㉕ 《泰州学案三》，《明儒学案》卷三十四，第761页。近溪又谓"《大学》在《礼记》中，本是一篇文字，初则概而举之，继则详而实之，总是慎选至善之格言，明定至大之学术耳"。

第二十四章 罗汝芳

后来读诸家之书,理会各种为学之方,做得十分辛苦,却收获甚微。于是他决定谋求寻找一种新的方法,他省悟到,只有那些孝慈的良知才是可真正受用而易简的学问之方,"从此一切经书,皆必归会孔、孟;孔、孟之言,皆必归会孝弟。以之而学,学果不厌;以之而教,教果不倦;以之而仁,仁果万物一体"㉗,人按照孝弟慈的良知去学去行,就易简顺适,不按照这个良知去学去行,就勉强劳苦。

罗汝芳从他自己的经历意识到,他的一家人都有孝弟慈的良知,他由此推广,认为"由一家之孝弟慈而观之一国,一国之中,未尝有一人而不孝弟慈者;由一国之孝弟慈而观之天下,天下之大,亦未尝有一人而不孝弟慈者"㉘。罗汝芳得出天下未有一人不孝弟慈的结论,与程颢仁者以天地万物为一体的境界不同,是与他对孝弟慈的理解有关,他说:

> 又由缙绅士大夫以推之群黎百姓,缙绅士大夫固是要立身行道,以显亲扬名,光大门户,而尽此孝弟慈矣,而群黎百姓,虽职业之高下不同,而供养父母,抚育子孙,其求尽此孝弟慈,未尝有不同者也。……又时乘闲暇,纵步街衢,肆览大众车马之交驰,负荷之杂沓,其间人数何啻亿兆之多,品级亦将千百其异,然自东徂西,自朝及暮,人人有个归著,以安其生,步步有个防检,以全其命,窥觑其中,总是父母妻子之念固结维系,所以勤谨生涯,保

㉗ 《泰州学案三》,《明儒学案》卷三十四,第790页。
㉘ 同上书,第782页。

护躯体,而自有不能已者。㉙

这就表明,罗汝芳对"孝弟慈"的理解不仅限于儒家经典中冬温夏清的方式,服从长上的要求等,而是容纳了从供养父母、抚养子孙,到安生全命、勤谨生涯、保护躯体,以至光大门户、显亲扬名等一系列价值,这些价值可以说都是体现了家族伦理的原则和规范。因而,罗汝芳以"孝弟慈"为根本原理的思想,不仅强调了传统儒学的伦理优先立场在全部为学中的地位,而且,正如王艮一样,他在孝弟慈的家族伦理解释下,肯定了为家庭而追求财富、功名等功利性价值,以及保护自我,勤勉从业等伦理规范,换言之,在孝弟慈的方式下,世俗儒家伦理得到了充分的肯定。由于对孝弟慈的理解充分容纳了世俗儒家的家族主义伦理,使得他的"天下未有一人而不孝弟慈"的立论可以获得较高程度的普遍性。

从罗汝芳的思想来看,他对佛家的思想及体验了解较深,吸收了不少禅宗的思想;另一方面,作为泰州学派的一员,又努力把儒家伦理从精英自律伦理向世俗家族伦理扩展、转化。这两方面当然对于儒家伦理都有补充的意义,但历史也表明,这两种对儒家伦理的转化即加强对"自然"的追求和扩张世俗性价值对儒家伦理在伦理学意义上的纯粹道德性也都具有减蚀作用。如何使儒家在维护固有的道德性同时,扩展其生存的向度,并与世俗价值建立起一种合理的关联,仍然值得研究。

㉙ 《泰州学案三》,《明儒学案》卷三十四,第782—783页。

第二十五章 刘宗周

刘宗周（1578—1645），字起东，号念台，浙江山阴人，因讲学于山阴县城北之蕺山，学者称他为蕺山先生。万历二十九年（1601）进士，后授行人司行人，在万历朝曾任礼部主事、光禄寺丞、尚宝少卿、太仆少卿、右通政，万历末年被革职为民。崇祯时起为顺天府尹，又任工部左侍郎，因指论弊政，又被革职为民。后起吏部左侍郎、左都御史，因直节敢谏，再被革职。李自成入京，明室南渡，刘宗周起复原官，浙江失守后，他看到明王朝的灭亡已无可挽回，绝食二十日而死。

刘宗周少时从外祖父章颖学，进士后师从许孚远，明末时公推他为海内大儒，学问气节为世所重。他的门人黄宗羲说他对阳明学的态度有三次变化："始而疑，中而信，终而辩难不遗余力。"① 他早年不喜欢王阳明之学，受顾宪成、高攀龙等人的影响，崇尚朱子学。中年之后信从阳明之说，而至晚年提出了他自己的以慎独诚意为宗旨的思想。他的思想基本上仍属于王学一系的心学。尽管他成熟的学问宗旨与阳明致良知说有所不同，但他对慎独诚意的理解仍是继承了王门中向诚意发展的一派（如王栋），他的思想与王学在明末发展的走向是一致的，他的基本思想并未超出心学的范围，但对明中以来心学的发展作了一定程度的批判总结。

刘宗周是一个典型的正直的士大夫学者，平生尚忠信、严操守、重气节，他一生"通籍四十五年，在仕仅六年有半，实立朝者四年"②，真正做官只有四年多，这是因为他敢于直言抗谏，指陈时弊，与阉党进行不妥协的斗争。崇祯皇帝虽然几次被他激怒，但也不得不承认刘宗周"清执敢言，廷臣莫及"。他的著作编辑为《刘子全书》。

一　意念之辨

在理学的心性论中，朱熹曾提出意为心之所发，即以意为意识活动中的现实意念。王阳明也说"身之主宰便是心，心之所发便是意"，又说"意之本体便是知"，在阳明学说中，意亦指人的意念，良知则被规定为意念的本体，即本然的、未受人欲干扰的道德理性。

---

① 《行状》，《刘子全书》卷三十九。
② 《年谱》，《刘子全书》卷四十。

第二十五章 刘宗周

刘宗周反对把意看作"心之所发",而强调意是"心之所存",认为身之主宰是心,而心之主宰是意。因此,在刘宗周的学说中,意是一个比心更重要、更基本的范畴,也是他的心性论中的一个根本范畴,把意看成"已发"的或作用层次的概念,这是刘宗周所反对的。

刘宗周认为,《大学》本文以好恶讲诚意,他认为这个好恶不是指已发的对于某一具体对象的好恶,而是人的一种内在的好恶的意向,这个意向并不等于已发的意念,而是决定意念的、内心深层的一种本质的倾向。所以他说意不是心之所发,而是心之所存。

刘宗周认为,这个内在的、本质的意向是好善恶恶的:

> 然则好恶者,正指心之所存言也,此心之存主,原有善而无恶,何以见其必有善而无恶也?以好必于善,恶必于恶,……必于此而必不于彼,正见其存主之诚处。故好恶相反而相成,虽两用而止一几,所谓几者动之微,吉之先见者。盖此之好恶,原不到作用上看,虽能好能恶,民好民恶,总向此中流出,而但就意言,则只指其必于此,必不于彼者,非七情之好恶也。意字看得清,则几字才分晓,几字看得清,则独字才分晓。③

他又说:

> 心所向曰意,正是盘针之必向南也。只向南,非起身

---

③ 《蕺山学案·答叶廷秀问》,《明儒学案》卷六十二,第1550页。

至南也。凡言向者,皆指定向而言,离定字,便无向字可下,可知意为心之主宰矣。④

> 心体只是一个光明藏,谓之明德,就光明藏中讨出个子午,见此一点光明,原不是荡而无归者。愚独以意字当之。⑤

这都是说,他所理解的心之本体是指意识主体的一种原始的意向,正如指南针的指南属性是一种"向",这种向并不是向南转或向南进行的旅程那样,所以它不是已发;意,正如指南针固有的对南指向一样,是人心的内在意向,因而它是决定心的方向的主宰。不论意念是否产生,这种意向始终存在,所以"意无存发"⑥,"意无起灭"。他在与人论心意之辨时强调:"意者心之所以为心也,止言心,则心只是径寸虚体耳,著个意字,方见下了定盘针。"⑦ 他坚持他所说的,意不是心的德行,而是心的本体。朱子、阳明讲的已发之心对于他来说只是意之用。由于意不是已发,所以说意无存发;意不是念,故说念有起灭而意无起灭。他说"意渊然在中,动而未尝动,所以静而未尝静也",认为意"不属动念""为心之主宰"。⑧ 刘宗周的这些说法,都是强调意与念的区别,他认为从前的思想家把意都当成了念,实际上意不是念,不是心。他说:"今人鲜不以念为意

---

④ 《蕺山学案·商疑答史孝复》,《明儒学案》卷六十二,第1554—1555页。
⑤ 同上书,第1554页。
⑥ 《蕺山学案·答董标问心意十则》,《明儒学案》卷六十二,第1552页。
⑦ 同上。
⑧ 同上书,第1553页。

第二十五章　刘宗周

者，道之所以常不明也。"⑨ 由于刘宗周把"意"看作心理结构中最根本的范畴，他又常把这个意称为"意根"。

刘宗周之所以提出以意为心体，把意置于良知之上，把诚意置于致良知之上，一方面是由于他看到王门后学以意念为良知、任心而行的弊病，认为这是由于从已发之心（即知是知非之心）上看良知造成的。因为，如果良知与意念都是已发，两者就可能被混淆。而且，如果按王阳明的讲法，良知是指一念为善则知好之、一念为恶则知恶之，意念就成为先在于良知的，良知就不是根本的了。所以他认为，良知的"良"不仅是一个先验性的观念，而且在心理结构上必须具有终极、原初、原始的意义。另一方面，从意识和心理体验的经验来看，我们的意念的发生和活动实际上常常根源于我们具有的深层的心理意向，正如观看球赛，如果不是由于参赛某方和我们相关，而使我们在意向上希望它赢，我们在观赛时就不会出现意念活动的紧张、激动、愤怒等意念和情绪。从未发已发的观点看，正如阳明指出的，不能笼统地说思虑未发就是中，这与病症之人不发作时病根仍在一样，人的思维念虑即使未曾发作，意向有所向，这就是静而未静；而意向偏倚，思虑未发仍不是中。修养的工夫必须从这个意根做起，使这个意根不偏不倚而止于至善，也只有这样，意念层次的活动的道德化才能充分实现。

刘宗周认为，《易》中说的"几"也就是他所讲的意。几作为意，不是指发动的初始状态，而是制约整体的内在深微的意

---

⑨ 《蕺山学案·答董标问心意十则》，《明儒学案》卷六十二，第1552页。

向。换句话说，这个几是"微几"而不是"发几"，所以他说"微之为言几也，几即意也"⑩。在他看来，周敦颐所说的几者动之微，并不是指初动时的状态，而是指动的根据，动是显，几是微。他认为，如果几是动之初，则几前有静，几后有动，把整个过程割裂为无关的三截。只有把几理解为深微的意向，而这一意向始终存在并主宰过程，才是一贯之道。

二 独 体

刘宗周认为，上节所说的作为心之主宰的"意"，也就是《大学》《中庸》所说慎独的"独"。朱子把独解释为独知，指人所不知的自己的内心活动。因而在朱学中，独是个已发的范畴。刘宗周则认为，独既是心体，也是性体。独知时是独，思虑未起时也是独，他说："朱子于独字下补一知字，可为扩前圣所未发，然专以属之动念边事，何耶？岂静中无知乎？使知有间于动静，则不得谓之知矣。"⑪他不赞成仅把独作为已发独知来看待。

《大学》论诚意时说："所谓诚其意者，毋自欺也。如恶恶臭，如好好色。"刘宗周说："如恶恶臭、如好好色，盖言独体之好恶也。"⑫又说："其言意也，则曰好好色，恶恶臭。好恶者，此心最初之机，即四者（忿懥、恐惧、好乐、忧患）之所

---

⑩ 《蕺山学案·商疑答史孝复》，《明儒学案》卷六十二，第1554页。
⑪ 同上书，第1525页。
⑫ 同上书，第1530页。

第二十五章 刘宗周

自来，故意蕴于心，非心之所发也。"⑬ 从这里可以看出，刘宗周所说的"独体"即独的本然之体，就是指意。照刘宗周看，这个"独"就知善知恶而言表现为阳明说的良知；就好善恶恶而言，就是他所强调的作为心之主宰的意。他又说："又就意中指出最初之机，则仅有知善知恶之知而已，此即意之不可欺者也。故知藏于意，非意之所起也。又就知中指出最初之机，则仅有体物不遗之物而已，此所谓独也。"⑭ 刘宗周的这些看法是要把良知与意统一起来，以意释知。在他看来，"知善知恶"这个规定有可能被理解为预设了善恶之念而良知知之，这样的良知就成了后于善恶之念的东西，不成其为"良知"了。所以，必须把"好善恶恶"的意向设定为根本。这个意向不是有了对象或意念才有的，而是本来就有的，正如水本来就有向下的"意向"，指南针本来就有向南的意向。而且，刘宗周认为，在好善恶恶的"意"中已经包含了知善知恶的"知"（良知），因而良知即是意，"知善知恶之知，即是好善恶恶之意"⑮，"即知即意"⑯。由于刘宗周思想中对"意"作了新的理解，因而他认为意就是"独"，就是明代心学所津津乐道的"性体"，也就是陈白沙所说的"端倪"。

---

⑬ 《蕺山学案》，《明儒学案》卷六十二，第 1517 页。
⑭ 同上。
⑮ 同上书，第 1521 页。
⑯ 同上书，第 1532 页。

三 诚意与慎独

意与独表征心之体,诚与慎是指工夫。刘宗周突出意在心理结构中的作用,所以他特别强调诚意、慎独的工夫。

刘宗周认为,周敦颐的主静之说就是慎独的一个方法,后来南宋罗从彦、李侗静中体验未发,也是见"独中真消息"的一种方法。在他看来,宋儒求未发之中实际上就是"延平姑即中以求独体,而和在其中,此慎独真方便门也"[17]。但刘宗周也指出,这并不意味着慎独只是静时工夫,或专求之于思虑未起的未发工夫。他指出,朱子把慎独解释为已发的工夫,是有见于偏于枯静之弊而发。但朱子把慎独完全看作已发工夫是由于朱子把独理解为已发之知,这是刘宗周不赞成的。刘宗周认为"意"无所谓未发已发,无论动时静时,"意"都处于内心的决定、主宰的地位。因为意是无间于动静的,独与知也是无间于动静的,从而慎独、诚意是贯通于整个动静过程中的,是不因动静变化而变化的。

刘宗周把慎独作为为学的根本工夫,他说:"而端倪在好恶之地,性光呈露,善必好,恶必恶,彼此两关,乃呈至善,故谓之如好好色,如恶恶臭。此时浑然天体用事,不着人力丝毫,于此寻个下手工夫,惟有慎之一法,乃得还他本位,曰独。"[18]他认为陈白沙所说的端倪应指好善恶恶之意,这个意也就是独。

---

[17] 《蕺山学案》,《明儒学案》卷六十二,第1522页。
[18] 同上书,第1533页。

第二十五章 刘宗周

这个独是用工夫下手处,但工夫又不能用力,只有"慎独"的方法才能保定这个原初的意向。他说"独之外,别无本体;慎独之外,别无功夫"[19],"大学之道,一言以蔽之,曰慎独而已矣"[20]。慎独的方法也就是诚意,所以他又说:"然则致知工夫,不是另一项,仍只就诚意中看出。如离却意根一步,亦更无致知可言。"[21] 意是好善恶恶的本始意向,诚意就是保此意向不受影响。由于在刘宗周的思想中意是比良知更基本的范畴,所以他认为诚意是最根本的工夫。他说:"良知原有依据处,即是意,故提起诚意而用致知工夫,庶几所知不至荡而无归也。"[22] 诚意是统帅,致知是辅助诚意的方法,没有诚意的主宰,所致的知可能只是没有定向的知觉、意念,有诚意作为主导,致知才能有保证地在至善的方向上发挥作用。

从心学的发展来看,从陆九渊的明心,到王阳明的致知,再到刘蕺山的诚意,呈现为一个发展的过程。陆九渊强调"本心",把孟子的思想进一步集中为心即理的原则,但意识结构与意识现象十分复杂,笼统的"发明本心"不能深入工夫实践。王阳明有见于陆九渊工夫的"粗",单提良知宗旨,既把心学的立场进一步明朗化、纯粹化,也使工夫实践有明白的入手处,但阳明学中的良知与意念在发生学上的关系不明朗,加上如果良知只是意念活动的监察者、评价者,这样的良知就还不能从

---

[19] 《蕺山学案·天命章说》,《明儒学案》卷六十二,第 1580 页。
[20] 《蕺山学案·慎独》,《明儒学案》卷六十二,第 1588 页。
[21] 《蕺山学案》,《明儒学案》卷六十二,第 1531 页。
[22] 《蕺山学案·商疑答史孝复》,《明儒学案》卷六十二,第 1556 页。

根本上解决道德自觉的问题。刘宗周以"定盘针"为喻，以"意"为心理结构的基始意向，认为意是决定念虑活动的根源，也是真正的未发之中，只有使人的意向始终止于至善，意念活动才能恒归于善，才能找到最终驾驭、决定意念活动的主宰。

心—知—意的这种发展，不仅使心学的工夫更深入到意识深层里去，也使得《大学》中与心学有关的三个条目"正心""致知""诚意"都得到了充分的发展，在结构上更为周全，同时，从陆象山到刘蕺山，也表明心学的道德体验在实践中逐步深入和完善。

四　四德与七情

意或独体又称"中体"，指意就是《中庸》所说喜怒哀乐未发之"中"。刘宗周评论李侗时说："未发时有何气象可观，只是查检自己病痛到极微密处，方知时虽未发，而倚著之私，隐隐已伏；才有倚著，便易横决。若于此处查考分明，如贯虱车轮，更无躲闪，则中体恍然在此，而已发之后，不待言矣。"㉓他认为，如果意是未发之中，这个未发就不是一个时位的概念，因而静中体验未发，根本上说并不是要在静默中获得神秘体验，而是体验意念未发时的内在意向，而整个学问工夫也不止于静，还要从意念已发处体察意向是否有倚著之私。

刘宗周对《中庸》的"喜怒哀乐"与《礼记·乐记》的

㉓　《蕺山学案·语录》，《明儒学案》卷六十二，第1515页。

第二十五章 刘宗周

"喜怒哀惧爱恶欲"作了区分。传统上宋儒认为《易》讲的"寂然不动"与"感而遂通"可以与《中庸》讲的"未发"与"已发"相对应,以寂指未发、感指已发。刘宗周却认为:"心有寂感,当其寂然不动之时,喜怒哀乐未始沦于无;及其感而遂通之际,喜怒哀乐未始滞于有。"㉔ 认为心"寂"的状态下,喜怒哀乐并没有消失。

为什么这么说呢?刘宗周说:

> 喜怒哀乐,虽错综其文,实以气序而言。至赜而为七情,曰喜怒哀惧爱恶欲,是性情之变,离乎天而出乎人者,故纷然错出而不齐。所为感于物而动,性之欲也。七者合而言之,皆欲也。君子存理遏欲之功,正用之于此。若喜怒哀乐四者,其发与未发,更无人力可施也。㉕

在他看来,"喜怒哀乐"这"四者"不是欲,而"喜怒哀惧爱恶欲"这"七者"是对外物的反应,属于欲。七者是人的修养用功之地,而对四者则无法用功。这表明在他的理解中七情是属于现实的意识活动,而四者则是人力无法改变的自然的、必然的东西,具有本体的意义。他进一步指出,喜怒哀乐四者并不只是描述情感活动现象的范畴,从本源上说,这四者是表征气化运动秩序的范畴,"维天于穆,一气流行,自喜而乐,自乐而

㉔ 《蕺山学案·语录》,《明儒学案》卷六十二,第 1518 页。
㉕ 同上书,第 1519 页。

怒，自怒而哀，自哀而复喜"㉖。他把喜怒哀乐等同于宋儒常用的元亨利贞，作为表征一切像四季流行运动一样的气化循环过程的范畴，认为每一气化过程的循环可以分为四个不同的阶段，在每一阶段上都有自己特殊的运动表现，这四者交替循环，体现了宇宙有秩序的变易过程。刘宗周认为人心也属于气，因而心的总体活动过程也是喜怒哀乐四者永久交替循环的过程。从而，即使在意识的不活跃的状态即寂然不动的状态中，正如生命没有停止一样，心并没有死亡，其总体过程并没有停止，四气仍在交替循环，所以说"当其寂然不动之时，喜怒哀乐未始沦于无"。感而遂通即意识明显活动时，四气依然交替表现，故说："寂然不动之中，四气实相为循环，而感而遂通之际，四气又迭以时出。"㉗ 刘宗周这个思想实际上是发展了朱熹"心体流行"的观念，而把心体流行进一步解释为气的流行，又把一气流行分为四个阶段的循环更迭，这样一种理解，本质上是把心的过程看作气的流行过程。

由于心的过程被理解为气的过程，他就把原来作为气之流行的规定（元亨利贞）同时作为心的过程的规定。或者说，由于这两个过程是统一的，他就把心的过程的规定同时作为气之流行的普遍规定。他从这样的观点认为，四者之情是四气正常交替的表现，七者之情是四气正常交替发生变异所产生的。由于四者之情是心气流行的正常条理与规定，无过不及，所以这四者也就是道德原则，他说："《中庸》言喜怒哀乐，专指四德

㉖ 《蕺山学案·语录》，《明儒学案》卷六十二，第1522页。
㉗ 同上。

第二十五章 刘宗周

而言，非以七情言也。喜，仁之德也；怒，义之德也；乐，礼之德也；哀，智之德也；而其所谓中，即信之德也。"㉘ 喜怒哀乐就天道而言即元亨利贞，故称为四气；就人道来说即仁义礼智，故称四德。根据这种思想，性情之正与德行之理本质上是宇宙实体气的运行的正常秩序与条理。作为欲的七情，则是由于外感引发的变异，如在外感的作用下，正常的怒变而为忿懥等。刘宗周说："又有逐感而见者，如喜也而溢为好，乐也而溢为乐，怒也而积为忿懥。一哀也而分为恐为惧，为忧为患。"㉙

由于刘宗周持上述看法，他反对宋儒"未发为性，已发为情"的说法，他认为："心体本无动静，性体亦无动静，以'未发为性，已发为情'，尤属后人附会。喜怒哀乐，人心之全体。自其所存者，谓之未发；自其形之外者，谓之已发。寂然之时，亦有未发已发；感通之时，亦有未发已发。中外一机，中和一理也。若徒以七情言，如笑啼怒骂之类，毕竟有喜时，有不喜时，有怒时，有不怒时，以是分配性情，势不得不以断灭者为性种，而以纷然杂出者为情缘，分明有动有静矣。"㉚ 由于刘宗周认为人心始终是喜怒哀乐四气交替循环的过程，因此主张心体、性体都无动静之分。从这样的观点来看，已发只是指表情和动作态度，未发则指喜怒哀乐本然的循环。静时人仍有表情和气象，故寂然时也有已发，动时本然的循环并没有间断，故感通时仍有未发。

㉘ 《蕺山学案·语录》，《明儒学案》卷六十二，第1523页。
㉙ 同上书，第1522页。
㉚ 同上书，第1533页。

五 义理之性即气质之本性

刘宗周对理气的看法受到罗钦顺、王廷相以来明代气学思想的影响较大,他主张气是第一性的,理是第二性的,反对各种理在气先、道在器上的思想,他说:

> 盈天地间一气而已矣。有气斯有数,有数斯有象,有象斯有名,有名斯有物,有物斯有性,有性斯有道,故道其后起也。而求道者,辄求之未始有气之先,以为道生气,则道亦何物也,而遂能生气乎?[31]

> 吾溯之未始有气之先,亦无往而非气也。当其屈也,自无而之有,有而未始有;及其伸也,自有而之无,无而未始无也。[32]

他还说:"理即是气之理,断然不在气先,不在气外。"[33]这些清楚地表明刘宗周认为有气而后有理(道),理不在气之先,理不能生气,所谓理只是气的理,离开了气也就无所谓理,"离气无理"[34]。

刘宗周的理气论不仅是他对本体论、宇宙论的一种理解,

---

[31] 《蕺山学案·语录》,《明儒学案》卷六十二,第1520页。
[32] 同上。
[33] 同上书,第1521页。
[34] 同上书,第1529页。

第二十五章 刘宗周

对于他来说,更重要的是以这种理气论来说明关于心性的关系。所以他强调,知道了理即气之理、理不在气之先,才能知道"道心即人心之本心,义理之性,即气质之本性"㉟。也就是说,他认为,道心与人心、义理之性与气质之性的关系和理与气的关系是相同的。

刘宗周说:"凡言性者,皆指气质而言也,或曰'有气质之性,有义理之性',亦非也。盈天地间,止有气质之性,更无义理之性。如曰'气质之理',即是,岂可曰'义理之理'乎?"㊱由于理是气之理,因而性是指气质的性。天地之间流行的气是"气","气质"是指气积聚为一定形体的存在,即积聚为形质的气。而气质的理,就叫作性。因而性是指一定气质的性、一定气质的理。刘宗周认为"气质之性"这句话是可通的,因为"气质之性"就是指"气质的性"。而性本来就是气质的性,并没有什么独立于气质或气质之外的性。在这个意义上,只有"气质之性"这句话是可说的,其他的说法如"义理之性"就不可通了。正如理是气之理,没有独立于气的理;性是气质的性,没有独立于气质的性。他认为,人或物只有一个性,而没有两个性,这个性就是气质之性,即人或物这一特定形质的性。气质之性就是一种类的属性,每一类事物都有其特定的气质,因而每类气质的属性便各不相同。

从理是气之理、性是气之性出发,刘宗周反对宋儒提出的人既有气质之性又有义理之性的说法,并认为气的不同造成了

㉟ 《蕺山学案·语录》,《明儒学案》卷六十二,第1521页。
㊱ 同上书,第1525页。

性的差别，所谓人性就是人类特定气质决定的性，没有第二个性。宋儒认为人之心如水，义理之性如水之清，气质之性造成了水之浊，刘宗周则认为，人心如水，气质之性即如水之清，水的浊是由习造成的。他说：

> 要而论之，气质之性即义理之性，义理之性即天命之性，善则俱善。子思曰"喜怒哀乐之未发谓之中。"非气质之粹然者乎？其有不善者，不过只是乐而淫，哀而伤，其间差之毫厘，与差之寻丈，同是一个过不及，则皆自善而流者也。惟是既有过不及之分数，则积此以往，容有十百千万，倍蓰而无算者，此则习之为害，而非其性之罪也。㊲

在刘宗周看来，喜怒哀乐四气的正常流转，正是气质纯粹无杂的表现，未发之中即是指四气的有序运行，并不是气外的其他东西，四气的有序运行就是四德。因而，喜怒哀乐就是气质的性，就是仁义礼智，从而也就是义理之性。而气质之性归根到底又是宇宙一气流行的条理，因而气质之性也就是天命之性。如果说天命之性、义理之性是善的，那么气质之性也是善的。他还指出：

> 若既有气质之性，又有义理之性，将使学者任气质而遗义理，则"可以为善，可以为不善"之说信矣！又或遗

㊲ 《蕺山学案·答门人》，《明儒学案》卷六十二，第1556页。

气质而求义理，则"无善无不善"之说信矣！又或衡气质义理而并重，则"有性善有性不善"之说信矣！……须知性只是气质之性，而义理者气质之本然，乃所以为性也。㊳

如果气质之性不即是义理之性，则气质本身就不是必然善的，从而任气质在理论上就是可能为善可能为不善。如果导致气质义理性二元论，那就意味性中有善有不善。这些都是刘宗周反对的。他认为性并不是一种独立的实体，性就是一定气质的特性，义理不过是指气的运行的本然状态而已。他认为"一性也，自理而言，则曰仁义礼智；自气而言，则曰喜怒哀乐"㊴，也是强调性、理只是指气的有条理的运行。

六 道心即人心之本心

与气质之性的问题相联系的是道心人心的问题，正如刘宗周所说，理即气之理，"知此，则知道心即人心之本心，义理之性，即气质之本性"。根据理气相即的观点，他指出：

> 人心惟危，道心惟微，道心即在人心中看出，始见得心性一而二，二而一。㊵
> 心只有人心，而道心者，人之所以为心也；性只有气

㊳ 《蕺山学案·说》，《明儒学案》卷六十二，第1581页。
㊴ 《蕺山学案·语录》，《明儒学案》卷六十二，第1517页。
㊵ 同上书，第1516页。

质之性,而义理之性者,气质之所以为性也。[41]

心则是个浑然之体,就中指出端倪来,曰意,即惟微之体也。人心惟危,心也;而道心者,心之所以为心也。非以人欲为人心,天理为道心也。正心之心,人心也;而意者,心之所以为心也。[42]

刘宗周反对把"人心"等同于人欲以及把"道心"等同于天理,他认为人只有一个心,这就是《尚书》中说的"人心"或《大学》中说的"正心"的心,正如人只有一个性即气质之性一样。在他看来,心是一个属于气的概念,而道心则是一个性的概念,所以他把道心说成"心之所以为心",把二者说成是心性的关系。由于刘宗周理解的性并不像朱熹那样是气之中的一种实体(从刘宗周关于喜怒哀乐的理论来看,他认为理或性可以说就是气的正常流转的性质或状态),因而他认为道心作为所以为心,作为本心,也可以说由"意"上来体会。在朱熹学说中十分强调性与心不在同一层次上,而在刘宗周思想中摒弃了那种内在实体说,在同一层次上来认识心性的区别与关联。

刘宗周还认为:"人心道心,只是一心,气质义理,只是一性。识得心一性一,则工夫亦可一。静存之外,更无动察;主敬之外,更无穷理。其究也,工夫与本体亦一,此慎独之说也。"[43] 这表明,刘宗周有意识地在理、气、心、性、本体、工

---

[41] 《蕺山学案·会语》,《明儒学案》卷六十二,第1543页。
[42] 《蕺山学案·来学问答》,《明儒学案》卷六十二,第1554页。
[43] 《蕺山学案·说》,《明儒学案》卷六十二,第1581页。

夫诸方面坚持一元论的方法原则。就他的道心说来看，从他用理即气之理来论证道心人心的关系来说，以心属气，以道心属性；而就他以意和道心皆为"惟微"、为心之所以为心来看，又以道心与意为同一的。可以认为，刘宗周思想中心与性一而二，二而一，意既是中体（未发之中），又是微体（道心惟微）；既是心体（独），又是性体（莫见莫显），因为他所理解的性就是心的一种本然的条理或状态。

七 心性一物，即情即性

刘宗周思想中一个很重要的观点就是心性关系与理气关系是相同的，他说："有心而后有性，有气而后有道，有事而后有理。故性者心之性，道者气之道，理者事之理也。"㊹ 他更明确强调"人心一气而已矣"㊺。从明中期以来，理学心学都把心当作属于气的一个范畴，认为心与性的关系就是气与理的关系，这在刘宗周更为明显，他还说：

> 性者心之理也。心以气言；而性其条理也。离心无性，离气无理。虽谓气即性，性即气，犹二之也。㊻
> 夫性因心而名者也。……心之所同然者理也。生而有此理之谓性，非性为心之理也。如谓心但一物而已，得性

㊹ 《蕺山学案·会语》，《明儒学案》卷六十二，第1541页。
㊺ 同上书，第1527页。
㊻ 《蕺山学案·来学问答》，《明儒学案》卷六十二，第1560页。

之理以贮之而后灵，则心之与性，断然不能为一物矣。㊼

刘宗周认为，既然心即气、性即理，心性之间的关系就可以由理气的关系直接推出。本体论上离气无理，故心性论上离心无性，但这种离心无性，与宋儒讲性是与气不离不杂的实体的观点不同。正如罗钦顺讲理气一物，刘宗周主张心性一物，在他看来，理只是气的未发生变异的本然流转及其有序更迭，性只是心的本然流行和正常条理。所以他认为孟子说"恻隐之心，仁也"是正确的，因为孟子"以心言性"，并没有把心性分为二物。他认为《中庸》即喜怒哀乐言天命之性也是正确的，因为这也是"以心之气言性"㊽。当然，刘宗周并不是认为气就是性，而是说人之心气流行运转，喜怒哀乐迭相循环，此种正常表现就是仁义礼智，就是性，因而需在气上认性，不能离气言性。

根据这样的立场，他提出了他对性与情的看法。朱熹的性情论认为仁是性，是心中之理，是未发；发而为恻隐，恻隐之心属情。刘宗周反对以未发为性、已发为情，他还认为："孟子言这恻隐心就是仁，何善如之？仁义礼智，皆生而有之，所谓性也。乃所以为善也，指情言性，非因情见性也；即心言性，非离心言善也。后之解者曰：'因所发之情，而见所存之性；因所情之善，而见所性之善。'岂不毫厘而千里乎？"㊾ 对于刘宗

㊼ 《蕺山学案·原》，《明儒学案》卷六十二，第1563页。
㊽ 同上书，第1563页。
㊾ 《蕺山学案·语录》，《明儒学案》卷六十二，第1536页。

第二十五章 刘宗周

周来说,性情之别并不是内在的本质与外在的现象的区别。恻隐之心既是情,也是性。恻隐之心就是仁,而不是什么"仁之已发","指情言性,即心言性",都是强调不要把性理解为与心、情不同层次的隐微实体。当然"指情言性"并不是泛指一切情为性,而是就恻隐等四端而言。刘宗周还说:

> 即情即性也,并未尝以已发为情,与性字对也。乃若其情者,恻隐羞恶辞让是非之心是也。孟子言这恻隐心就是仁,非因恻隐之发而见所存之仁也。[50]

> 心以气言,而性其条理也。离心无性,离气无理。……恻隐羞恶辞让是非,皆指一气流行之机,呈于有知有觉之顷,其理有如此,而非于所知觉之外,另有四端名色也。[51]

> 盈天地间一气而已矣。气聚而有形,形载而有质,质具而有体,体列而有官,官呈而性著焉,于是有仁义礼智之名。仁非他也,即恻隐之心是;义非他也,即羞恶之心是;礼非他也,即辞让之心是;智非他也,即是非之心是也。是孟子明以心言性也。……至《中庸》则直以喜怒哀乐,逗出中和之名,言天命之性,即此而在也,此非有异指也。恻隐之心,喜之变也;羞恶之心,怒之变也;辞让之心,乐之变也;是非之心,哀之变也,是子思子又明以

---

[50] 《蕺山学案·来学问答》,《明儒学案》卷六十二,第 1555 页。
[51] 同上书,第 1560 页。

心之气言性也。(52)

所谓即心即性，即情即性，是把性直截地理解为合于心气流行的正当意识与情感。人只有一个性，这个性从理的方面看，即从人道的合理性来说是仁义礼智；而从气的方面看，就是喜怒哀乐的有序迭运。正如理是气之条理，性也是心之条理，性就是心气流行之机，是呈现为知觉的东西，是知觉自身的秩序、规范和条理。

八　格物穷理

在格物穷理的问题上，刘宗周从他以慎独诚意为宗旨的立场上进行解释。在他看来，既然慎独之外别无工夫，那么格物与慎独就不能是两种不同的工夫，格物就应纳到慎独中来理解。刘宗周主张本体为一、工夫为一，这个工夫的一就是一于慎独。他说："慎独之功，只向本心呈露时，随处体认去。"(53) 这个本心呈露是指意与独，"随处体认"的说法表明湛若水的"随处体认天理"说对他也有一定的影响。(54) 这些决定了他对格物穷理的解释具有心学的色彩，故当学生问他"格物当主何说"时，他回答说："毕竟只有慎独二字。"(55)

(52) 《蕺山学案·原》，《明儒学案》卷六十二，第1563页。

(53) 《蕺山学案·证学杂解》，《明儒学案》卷六十二，第1566页。

(54) 宗周之师为许孚远，孚远曾学于甘泉门人唐枢，故宗周之体认说，亦其来有自。

(55) 《蕺山学案·会语》，《明儒学案》卷六十二，第1539页。

第二十五章 刘宗周

刘宗周肯定王阳明"天下无心外之理、无心外之学"的思想,[56] 他对朱子学的格物穷理说也提出了批评:

> 后之学者,每于道理三分之:推一分于在天,以为天命之性;推一分于万物,以为在物之理;又推一分于古今典籍,以为耳目之用神。反而求之吾心,如赤贫之子,一无所有,乃日夕乞哀于三者。[57]

刘宗周反对把理看成外在于心的、由心去求的对象,因而他认为朱熹的格物穷理说是"支离"。他还认为:"后儒格物之说,当以淮南为正,曰:'格知身之为本,而家国天下之为末。'予请申曰:'格知诚意之为本,而正修齐治平之为末'。"[58] 就是说,格物的主要对象是身,是意,这是格物之本,格致诚意虽然不排斥修齐治平,但修齐治平属于末。他认为朱子之学不懂得本末的这个道理,故"其学也支"。象山之学虽对立本之学有所见,但"其失也粗"。而阳明心学把心体说成无善无恶,"其失也玄"。他主张,上等资质的人可学朱子之学,因为他们心地清明,不会因为穷具体事物之理而失本;下等资质的人则必须先认识到"道在吾心,不假外求",以心学的工夫立其大,否则就会失本逐末。从这些方面看,刘宗周对格物的看法是明显地站在心学的立场上的。

---

[56] 《蕺山学案·语录》,《明儒学案》卷六十二,第 1528 页。
[57] 同上。
[58] 同上书,第 1532 页。

刘宗周提出："理之不物于物，为至善之体，而统于吾心者也。虽不物于物，而不能不显于物。"㊾ 他认为理不限于在物，人心能统天下之理。同时，理虽统于一心，但也显现在物上。然而，格物必须立本统末，所以格物不是遍格天下之物，"格物即格其自身之物"，刘宗周是从把格物首先作为身心修养这个角度肯定淮南格物说的。而就格物的具体含义而言，他是以慎独为格物的内容，他说："隐微之地，是名曰独。……致知在格物，格此而已。独者物之本，而慎独者，格物之始事也。"㊿ 朱子把大学之道归结为"格物"，阳明把大学之道归结为"致知"，刘宗周则把大学之道归结为"慎独"（诚意），他的这种思想，比起朱熹来，明显地属于心学的范围；比起王阳明，正如前面讨论诚意慎独时已指出的，道德与心性修养的工夫更为细致与深入。

从明代心学的传统来看，刘宗周的思想与泰州学派提供的思想材料有密切的关系。刘宗周肯定王艮的"淮南格物说"，表明他对王艮思想是很熟悉的。他的思想尤与王艮门人王栋十分接近。王栋曾提出："自身之主宰而言，谓之心，自心之主宰而言，谓之意。心则虚灵而善应，意有定向而中涵。自心虚灵之中，确然有主者，名之曰意耳"[51]，他还说"诚意工夫在慎独，

---

[49] 《蕺山学案·大学杂绎》，《明儒学案》卷六十二，第1587页。
[50] 同上书，第1588页。
[51] 《泰州学案一·教谕王一菴先生栋》，《明儒学案》卷三十二，第734页。

第二十五章 刘宗周

独即意之别名,慎即诚之用力者耳"㊷。这些思想显然是刘宗周心意之辨和诚意慎独说的先导。王栋还说:"未发已发,不以时言。且人心之灵,原无不发之时,当其发也,必有寂然不动者以为之主,乃意也。此吾所以以意为心之主宰,心为身之主宰也。"㊸ 王栋与刘宗周之间有明显的继承关系。甚至,刘宗周所强调的"意"与罗汝芳所说的作为所以为念的"精神"也有一定联系。

刘宗周正直不阿,在任何情况下都敢于指陈时弊,三次被革职为民,最后为了坚守理想和节操,以死殉节,同时他又是一个极为严肃地进行自我修养的理学家。他的人格体现了儒学包括宋明理学在内的道义担当的传统,也体现了照杀一切假道学的宋明理学作为道德理想主义的真精神。他的思想吸收了气学的世界观,深化了心学的修养工夫理论,对朱子学亦多肯定,虽然他在总体上,从理学史的意义来看仍属于心学系统,但也在相当程度上具有了综合性的特质。

㊷ 《泰州学案一•教谕王一菴先生栋》,《明儒学案》卷三十二,第736页。
㊸ 同上书,第744页。黄宗羲亦云一菴与蕺山所论若合符节。

附 李 滉

李滉,字景浩,号退溪,朝鲜李朝著名的理学思想家,生于燕山君七年(1501,明孝宗弘治十四年),卒于宣祖三年(1570,明穆宗隆庆四年)。李滉生七月丧父,幼从叔父问学。早年曾任弘文馆修撰、成钧馆司成,明宗初任丹阳、丰基郡守,中岁卜居退溪之上,因以自号,学者都称他为退溪先生。此后虽曾受任成钧馆大司成、工曹判书、弘文馆大提学、艺文馆大提学、知中枢府事等职,但始终一意归退,以恬退名节。他晚年筑舍于陶山之麓,潜心味道,优游山水,自号陶翁。

发源于中国大陆的程朱"理学"于高丽后期已传入朝鲜半岛,李朝建国后朝鲜理学逐步发展起来。李退溪曾说:"吾东方理学以郑圃隐(梦周)为祖,而以金寒暄(宏弼)、赵静庵(光

附 李 滉

祖）为首，但此三先生表述无征，今不可考其学之深浅。"① 朝鲜位于中国之东，故其学者以东方自称。"理学"在丽末鲜初已在东方奠定了基础，但当时"程朱之书稍稍东来"②，学者尚少，亦无以发明。明朝崇奉朱学，颁四书、五经、《性理大全》，李朝受此影响，亦"设科取士以通《四书》《五经》者得与其选，由是士之诵习，无非孔孟程朱之言"③。在理学普及的基础上，16世纪中叶后，与明初心学运动兴起相对照，李朝则陆续出现了一大批以朱学为主的理学家，形成了李朝时代罕见的学术繁荣，并开始了朝鲜理学自身的学派发展。李退溪是这一时期理学发展中的划时代的代表。

当李退溪时，阳明学盛行于中国大陆，朱子学作为明王朝正统哲学面临危机，退溪以继承、捍卫程朱道统为己任，一生学问"以朱子为宗"④，"一以朱子为的"⑤。他一方面批评阳明心学，认为"今者中原人举皆为顿超之说"⑥；一方面又极力抨击罗钦顺等的主气学说。所以他的弟子说他因"中原道学之失传，流而为白沙之禅、会阳明之颇僻，则亦皆披根拔本，极言竭论以斥其非"⑦，又"以整庵之学自谓辟异端而阳非阴助、左遮右拦，实程朱之罪人"⑧。他死后，门人称他"其学得朱子嫡

---

① 《退溪言行录》卷一。
② 同上书，卷五。
③ 同上。
④ 同上书，卷一。
⑤ 同上书，卷六。
⑥ 《答李刚而》，《李退溪文集》卷二十一。
⑦ 《言行通录》卷一。
⑧ 《退溪言行录》卷五。

统",为"海东朱子",可以由此看出他作为朱学思想家的特点。

李退溪的思想发展大体可分为两个阶段。早年以《心经》（真德秀著）为宗，注重心地的实践工夫。南宋真德秀采摭古先圣贤论心格言，汇编成《心经》，其书以十六字心传为首，以朱子尊德性铭为终。后来明人程敏政又以程朱诸说为之附注，著成《心经附注》。退溪"少时游学汉中，始见此书（《心经》）于逆旅而求得之。虽中以病废，而有晚悟难成之叹，然其初感发兴起于此事者，此书之力也，故平生遵信此书亦不在四子、《近思录》之下矣"⑨。他自己说"吾得《心经》，而后知心学之渊源，心法之精微"⑩，他晚年居陶山，仍鸡鸣即起诵读《心经》。宋明儒者亦常统称心性修养之学为心学，与相对于程朱的陆王心学不同。

退溪较晚才看到《朱子大全》，五十岁筑寒栖庵于退溪，始专意于朱子之学，此后他自己的思想也渐形成，所以门人说他"晚年专意朱书，平生得力处大致皆自此书中发也"⑪。

李退溪的主要著作有《朱子书节要》《启蒙传疑》《宋季元明理学通录》等，其思想主要保存在论学书札、杂著，及《天命图说》《圣学十图》等。中国人民大学出版社出版的《退溪书节要》选录了他的重要思想材料。

---

⑨ 《心经后论》。
⑩ 《退溪言行录》卷一。
⑪ 同上书，卷二。

附 李 滉

一 理自动静，理有体用

朱子在建立哲学体系的时候，利用了周敦颐的《太极图说》作为重要的思想资料基础，但是由于朱子以理解释太极，于是在利用《太极图说》"太极动而生阳""静而生阴"的思想材料时出现了一些新的问题，如理自身是否会动静？理自身是否能产生出阴阳二气？按照朱子的基本思想，理自身是不会动静的。至于理能否生气，尽管朱子有一些复杂的说法，但最终还是确认理是"无造作"的，而否定理自身产生气的看法。

李退溪明确肯定理自身能动静。他的门人曾向他提出，朱子所谓"太极之有动静是天命之流行"是否指另有一个主宰者使太极有动静，退溪回答说：

> 太极之有动静，太极自动静也。天命之流行，天命之自流行也。岂复有使之者欤？[12]

在他看来，太极自身有动有静，而且太极自身的动静并没有另外的主宰者使然。他指出：

> 延平答朱子曰："复见天地之心，此便是动而生阳之理。"按朱子尝曰，"理有动静，故气有动静，若理无动静，

---

[12] 《答李达李天机》，《李退溪文集》卷十三。

气何自而有动静乎?"盖理动则气随而生,气动则理随而显。濂溪云"太极动而生阳",是言理动而气生也;《易》言"复见天地之心",是言气动而理显,故可见也。二者皆属造化而非二致。[13]

李退溪不仅明确肯定理能自动自静,而且认定"理动"是"气生"的根源和根据。

朱子哲学在理气动静的问题上有两个基本命题,一是"理有动静,故气有动静",二是"太极犹人,动静犹马"。由于前者的含义较复杂,所以后来的人们习惯于从"太极犹人,动静犹马;马所以载人,人所以乘马。马之一出一入,人亦与之一出一入"这样形象的说法去理解朱子的看法。把太极动静比喻为人马,是强调理自身不会运动,乘载在气上随气之动而有动静。朱子这个比喻的缺点是,他虽然否认理自身能运动,但未能表示出理是气之动静的所以根据,不能表现出理作为所以动因对于气的能动的作用,现在人马之喻中只成了被动地附于运动物体上的乘客而已。明前期的儒者曹端、薛瑄对朱子之说提出修正,都是为了凸显太极作为"所以能动静者"的性格。因而,李退溪坚持理(太极)自能动静是与明代朱学从肯定理能动静来强调理对于气的支配作用的倾向是一致的。而且,李退溪不仅克服了薛瑄由于同时主张理如日光、气如飞鸟而实质上在某些方面回到人马之喻的缺陷,他在把理的动静与气的动静

---

[13] 《郑子中别纸》,《李退溪文集》卷二十五。

附 李 滉

联结在一起的时候,同时把理的"动"与气的"生"联系起来,进而提出了"理动则气随而生,气动则理随而显"的命题。在这里,"理动气生"是强调理的动静是气之所以产生的根源;"气动理显"是指气的运行及其秩序显示出理的存在和作用。

李退溪进一步讨论了理生气的问题:

> (李公浩问:)"太极动而生阳,静而生阴",朱子曰"理无情意、无造作",既无情意造作,则恐亦不能生阴阳。若曰能生,则是当初本无气,到那太极生出阴阳,然后其气方有否?勉斋曰"生阳生阴犹曰阳生阴生",亦莫不是恶其造作太甚否?(退溪答:)朱子尝曰"理有动静,故气有动静,若理无动静,气何自而有动静乎"?知此则无此疑矣。盖无情意云云,本然之体;能发能生,至妙之用也。勉斋说亦不必如此可也。何者?理自有用,故自然而生阴生阳也。⑭

李公浩的问题很有见地,因为在周敦颐的《太极图说》里太极本来是可以产生阴阳的,而朱熹以太极为理,又认定理无情意、无造作,这样,按朱子哲学中的逻辑,理就不能生气,也就不能再说"太极动而生阳"。退溪在回答中指出,可不可以说理能生气,取决于如何解释,他认为,朱子所说的"无情意、无造作",是指理的本然之体,即理自身并不是一个可以分化或产生

---

⑭ 《答李公浩问目》,《李退溪文集》卷三十九。

出阴阳二气的实体;"能发能生,至妙之用也",是说理自身虽然并不像母生子那样生阴阳,但阴阳的产生却是理的作用和表现(用)。因而,如果从阴阳的产生是理的作用使然、是理的体现或表现这个意义上说,那就仍然可以说"理能生气"。

李退溪这一从理的本体与妙用两方面解说"太极动而生阳"的方法,使"理学"在利用《太极图说》时发生的问题得到了一种解决。在朱子哲学,既然太极是形而上的无造作之理,势必得出太极自身不能产生阴阳的结论,但如何从这样的立场上诠释"太极动而生阳",从朱子到黄榦(勉斋)并未真正解决。李退溪曾持的"理动则气随而生"的说法实际上也就是李公浩所引黄榦"太极动而阳生"的思想,指太极虽自身不产生出阴阳,但太极的动静是导致阴阳产生的根源与动因。退溪晚年则在理动气生思想的基础上进而提出理有体用说,这就能够在不必把"太极动而生阳"改为"太极动而阳生"的情况下来说明朱学的立场。他对周敦颐和朱子的这种调和是他对朱子学的一个发展,体现了他对理的认识的进一步深化,也表现出他在"理学"的表述方面达到了较高的造诣。

理有体用说是退溪理学思想的一个有特色的表现,正如他在把理有体用说用于物格理到问题时指出的,如果仅仅强调理的本体的无造作,而不能同时从理的妙用方面说明理是所以能生者,那就"殆若认理为死物"[15],这与曹端批评"理为死理而不足为万化之源"及薛瑄批评"使太极无动静则为枯寂无用之

---

[15] 《答奇明彦别纸》,《李退溪文集》卷十八。

附　李　滉

物"的基本立场是一致的。

二　四端理之发，七情气之发

朱子心性论对于性情关系的基本看法是"情根于性，性发为情"[16]，以性为情的内在根据，情是性的外发表现。《孟子》曾把恻隐、羞恶、辞让、是非之心称为"四端"。朱子的解释是："恻隐、羞恶、辞让、是非，情也。仁、义、礼、智，性也。"[17]《中庸》说"喜怒哀乐未发谓之中，发而皆中节谓之和"，朱子解释说："喜怒哀乐，情也，其未发，则性也。"[18] 朱子哲学中的"情"有两种用法，一指四端（《孟子集注》说），一指七情（《中庸章句》说）。四端是道德情感，纯善无恶；七情则泛指一切情感活动，有善有恶。朱子以"四端"发于仁义礼智之性，这合于"性发为情，情根于性"的基本原则。而如果说喜怒哀乐等"七情"有善恶邪正，那就碰到一个问题，即七情中发而不善的情感是否也是发于仁义礼智的本性？如果说不善之情也是发于全善之性，这显然是有矛盾的。而且朱子从未肯定七情中不善者不是发于本性，这是朱子学中没有解决的一个问题。

朱子哲学曾提出，人是由理气共同构成的，气构成人之形体，理则为人之本性。李退溪根据这一看法，提出了四端七情

---

[16]《答张敬夫》，《朱子文集》卷三十二。
[17]《孟子集注》卷三。
[18]《中庸章句》第一章。

分理气说，主张道德情感（四端）发自人的本性（理），而一般生理情感（七情）发自人的形体（气）。"四端发于理，七情发于气"这一命题的提出，使朱子学性情论的矛盾得到了一种解决。

在这个问题上李退溪曾与奇大升（高峰）反复论辩，成为李朝性理学史的一大事件。奇大升反对"四端是理之发，七情是气之发"的提法，他认为七情泛指人的一切情感，四端只是七情中发而中节的一部分，因而四端作为部分应与作为全体的七情共同发自同一根源，即皆发于仁义礼智之性。奇大升这个说法以朱子《中庸章句》说为据，并可在朱子学体系内找到较多支持，但无法解决朱子心性论自身的矛盾。在李退溪，以为"七情"有两种用法，一种同于奇说，即"以混沦言之"，在这个意义上，四端包容在七情之内；一种则以七情与四端相对而言，以七情为四端以外的其他情感，包括反映人的生理需要的各种情感以及非道德情感等。退溪正是在后一种用法的意义上，认为七情不是发于性，而是发于气。

退溪的说法虽在朱子哲学中所能找到的根据较少，但显然力图在朱子基础上有所发展，使朱子学体系更加完备。李退溪认为，四七分理气，并不是说四端仅仅是理，七情仅仅是气，四端与七情都是兼乎理气的。他说"二者皆不外乎理气"[19]，"四端非无气"，"七情外无理"[20]，认为四端七情作为现实情感无不兼乎理气，因为心是理气之合，情也是理气之合，但二者

---

[19] 《退溪答高峰四端七情分理气辩》。
[20] 《退溪答高峰非四端七情分理气辩第二书》。

附 李 滉

"虽同是情,不无所从来之异"㉑,二者虽皆兼乎理气,但就所发的初始根源说,四端发自性理,七情发于形气。他说:

> 大抵有理发而气随之者,则可主理而言耳,非谓理外乎气,四端是也。有气发而理乘之者,则可主气而言耳,非谓气外乎理,七情是也。㉒

认为四端与七情虽然都兼乎理气,但二者的根源与构成方式不同。从性理发出而气顺随加入而成的是四端,从形气发出而理随之乘驭而成的是七情,所谓四七分理气,并不是说四端纯是理,七情纯是气,只是说四端发于理、主于理,七情发于气、主于气。退溪的这一思想,把人的情感区分为反映或适应生理需要的自然情感(七情)和反映社会价值的道德感情(四端),并认为二者形成的根据与方式不同,前者根于人的生理躯体,后者来源人的道德本性,这些思想较之以前"理学"的处理更进了一步。

表面上看来,相对于奇高峰的主张,李退溪四七分理气的思想在朱子思想材料中的根据较少,但在实质上,是对朱子处理道心人心思路的一个扩展。按照朱子思想,人的意识被区分为"道心"和"人心",道心指道德意识,人心则指感性欲念。朱子认为"人心道心,一个生于血气,一个生于义理"㉓,这也

㉑ 《退溪答高峰非四端七情分理气辩第二书》。
㉒ 同上。
㉓ 《朱子语类》卷六十二,第1487页。

就是认为道心理之发，人心气之发。李退溪四端理之发、七情气之发的思想实际上是朱子道心人心说应用于情感分析的一个完全合乎逻辑的发展。

四七理气的问题其直接意义是区分自然情感与道德情感的不同来源与根据，并不意味着理发一定为善或气发一定为恶。善恶的分别还决定于人调整自己、修养自己的努力，李退溪说：

> 四端之情理发而气随之，自纯善而无恶；必理发未遂而掩于气，然后流为不善。七者之情，气发而理乘之，亦无有不善；若气发不中而灭其理，则放而为恶也。㉔

所以，四端虽发于理而无不善，但并非一切理发者皆为善，理发的过程中如果因气的冲击而不能保持原来的方向，则流于不善。七情发于气，如果气发的过程受到理的控制与有力引导，则可以为善；如果理不能在气发的过程中及时控制引导，则流为不善。可见善恶之几的关键还在于发作过程中理气的相为胜负。这里说的理气胜负实际上就是指道德的理性与感性的情欲之间的矛盾关系，"其发也，理显而气顺则善，气掩而理隐则恶"㉕，只有在意识活动的过程中使理性能驾驭、控制、引导感性即"以理驭气"㉖，思维情感才能呈现为善。

㉔ 《圣学十图·心统性情图说》。
㉕ 《答郑子中讲目》，《李退溪文集》卷二十五。
㉖ 《答李仲久》，《李退溪文集》卷十一。

附　李　滉

李朝儒学讨论的四七问题，在中国"理学"中虽有涉及[②]，但始终没有以四端七情对举以成为讨论课题，更未深入揭示朱子性情说中的矛盾和问题。在这一点上，李朝性理学是有很大贡献的。

三　物格理到

对于《大学》开始一段文字中讨论的八个条目及其前后逻辑关系，在中国理学中争论最多的是"格物"的问题，而对于"物格而后知至，知至而后意诚，意诚而后心正……"则很少讨论，认为"物格""知至"以下不过是大学用功条目从格物、致知到治国平天下的依次完成与实现。朝鲜"理学"把格致到治平称为工夫，把物格到天下平称为功效，这是合于本文及朱子解释的。

《大学》经一章朱注格物云："格，至也。物，犹事也。穷至事物之理，欲其极处无不到也。"这里的"无不到"是指要彻底地穷究事物的道理。同章物格注："物格者，物理之极处无不到也。"这是指事物之理被彻底考究完毕。补传释物格："众物之表里精粗无不到。"这里的里、精即物理之极处，指事物最精妙深微的道理无不被穷索至尽。"物格"只是格物的被动的、完

[②] 按朱子门人黄榦（勉斋）亦曾论及此类问题，如黄榦与李方子书云："发于此身者，则如喜怒哀乐是也；发于此理者，则仁义礼智是也，若必谓兼喜怒哀乐而为道心，则理与气混然无别矣，故以喜怒哀乐为人心者，以其发于形气之和也；以仁义礼智为道心者，以其原于性命之正也。"（《勉斋黄公肃先生文集·复李公晦》）黄榦即以喜怒哀乐（七情）为发于形气之和，而以四端为发于性理之正。

成的语态，表示从结果上格物的工夫已经完成、目的已经实现。朱子《大学或问》释物格也说："物格者，事物之理各有以诣其极而无余之谓也。理之在物者既诣其极而无余，则知之在我者亦随所诣而无不尽也。"㉘ 物理极处无不到、事物之理诣其极，其主体都是人，都是指被人所穷到至极。

由于朱熹着力于格物的解释，对物格比较不注意，加上对物格的说法中主体并未明确指出，使得朝鲜理学在把"物格""无不到"转换为民族语言时发生了一系列问题，其中核心是"到"的主体的问题，是心到理的极处，还是理自到于极处。这是朝鲜理学特有的问题。

在这个问题上，李退溪与奇大升再度发生论争，奇大升把"物理之极处无不到"解释为"理自到于极处"，其说可称为理到说。退溪开始的时候反对理到说，指出所谓格物的"无不到"是指"理在事物，故就事物而穷究其理到极处"，即人穷究到物理的极处；而物格的无不到只是指"已到""已至"。他说：

> 比如有人自此历行郡邑至京师，犹格物致知之功夫也。已历郡邑、已至京师，犹物格知至之功效也。㉙

因此，至者为主，极处为宾，否则，"则已历者非人，乃郡邑也；已至者非人，乃京师也。推之以释物格，则格者非我，乃

㉘ 《大学或问》卷一。
㉙ 《俗说辩疑答郑子中》，《李退溪文集》卷二十六。

附 李 滉

物也;释极处,则到者非我,乃极处也,此不成言语,不成义理"。㉚ 退溪这些论述已经从朱学的原有立场说明了物格的意义。

奇大升不同意退溪之说,坚持理自到于极处,退溪宣祖初在都下曾与奇论及此说,彼此未合。至退溪临终前数月,奇大升找出数条他认为对他有利的材料寄给退溪,退溪仔细思量,认为"理到之言未为不可"。引起李退溪重新思考而不得不让步于奇大升的,是奇大升所引用的朱子关于《通书》的一个解说,《朱子语类》载:"充,广也;周,遍也。言其不行而至,盖随其所寓而理无不到。"㉛ 朱子这个说法本指圣人之德而言,与物格理到无关,但由于古汉语的丰富性、灵活性,使退溪在论敌把这个说法当作论据时感到为难,李退溪有见于此,并参考了朱子《大学或问》中关于"理虽散在万物,而其用之微妙实不外乎一人之心"㉜ 的说法及语录中对这个说法的补充"理必有用,何必又说是心之用"㉝,从而提出:

> 前此滉所以坚执误说者,只知守朱子理无情意无计度无造作之说,以为我可以穷到物理之极处,理岂能自至于极处,故硬把物格之格、无不到之到皆作已格已到看。……盖先生(朱子)之说见于补亡章或问中者,阐发

㉚ 《俗说辩疑答郑子中》,《李退溪文集》卷二十六。
㉛ 《朱子语类》卷九十四。
㉜ 《大学或问》卷一。
㉝ 《朱子语类》卷十八。

此意如日星之明,……其"理在万物而其用实不外乎一人之心"则疑若理不能自用,必有待于人心,似不可以自到为言,然而又曰"理必有用,何必说是心之用乎",则其用虽不外乎人心,而其所以为用之妙,实是理之发见者随人心所至而无所不到、无所不尽,但恐吾之格物有未至,不患理不能自到也。然则方其言格物也,则是我穷至物理之极处;及其言物格也,则岂不可谓物理之极处随吾所穷而无不到乎?是知无情意造作者,此理本然之体也;其随寓发见而无所不到者,此理至神之用也。向也但有见于本体之无为,而不知妙用之能显行,殆若认理为死物,其去道不亦远甚矣乎。㉞

李退溪在朱子"理必有用"说的启发下,如同处理理之生气问题一样,用理有体用的方法来解决理到问题上的困难。他并不简单地赞同奇大升的理到说,他认为,根据朱熹的思想,理是万物的本体,因而人心也是理的表现(用),从这个观点来看理到说,既然人心是理的表现,那么,理的表现的程度也正是随着人心的认识所达到的程度、境地而转移的。从而,在格物致知过程中,随着格尽物理、人心无所不到,理的表现也就完全了(无所不到)。所以,从理的本身来说,是不能自到于极处的,但从理的表现、发见(至神之用)来说,又是随着人心所至而得到表现的。这样,从理的发用和表现来说,就可以说有

㉞ 《与奇明彦别纸》,《李退溪文集》卷十八。

一个"无不到""到极处"的问题。这里的"到"即是表现。在这个意义上退溪认为"理到之言未为不可"。

物格理到的问题本来是从朱子知识论中衍生出来的，但朝鲜"理学"中对此的讨论并不具有知识论的意义，李退溪自己实际上最后是以本体论的方式去处理这一本来属于知识论的问题，从而使得这一问题成了显示退溪"理学"本体论思维的一个问题，从中可以看到李退溪处理这一类问题的方法和立场。

李退溪是朱子哲学的继承者，从理学发展的历史来看，重要的不在于李退溪复述了朱熹的哪些思想，而在于他对朱熹思想的发展。总的说来，李退溪对朱子哲学有深刻的理解，对朱子哲学的某些矛盾有深入的认识，并提出了进一步解决的积极方法，揭示出某些在朱子哲学中隐含的、未得到充分展示的逻辑环节。从东亚文化圈的观点来看，朱子学及其重心有一个东移的过程，明中期后，朱学在中国大陆再没有产生出有生命力的哲学家，虽然朱学从明中期至清代仍然维持着正统哲学的地位，作为有生命力的哲学形态在中国已日趋衰落。而与"心学"的盛行刚好对应，嘉靖后朱学在朝鲜获得进一步发展的活力。退溪哲学的出现，一方面表明朝鲜理学的完全成熟，一方面表明朱子学重心已移到朝鲜而获得新的生命，为此后在东亚进一步扩大影响准备了条件。

结束语

通过对宋明时代有代表性的二十余位理学思想家的介绍，我们叙述了宋明理学产生、发展、演变的过程，展示了宋明理学的基本人物、学术派别、概念命题与思想特色，力求揭示宋明理学发展的固有脉络与宋明理学的内在讨论，以使宋明理学按其在中国文化中的本来面目呈现给读者。

然而，这些只是适应于国学知识介绍的基本要求。为了深入了解宋明理学，则必须通过对原著的研究，才能逐步达到更深的把握。另一方面，为了了解宋明理学与现代的关联，还有更多的课题需要研究，如如何分析理学价值优先立场的合理性与非合理性，如何分析理学中对于知识的不同态度及其历史作用，如何评价理学家在政治及学术活动中的独立人格及其对近代知识分子的影响，如何了解理学家书院及其他讲学活动对于亚近代市民社会的意义，如何分析宋明理学与该时期帝国政治文化的关联及其现代影响，理学各派与现（近）代化的关联，以及如何给出宋明理学思维模式、精神境界的系统分析，等等。限于本书的性质和篇幅，这些问题无法在本书中深入探讨和分析。本书的著写希望为大学文史哲专业高年级学生及研究生提供一个适用的教本，亦可供具有高中以上文化水平的读者用以学习、了解宋明理学。

事实上，把文化的视野进一步扩大来看，则理学不仅是11世纪以后主导中国的思想体系，而且是前近代东亚各国（朝鲜、越南、日本）占主导地位或有重要影响的思想体系。因而，说理学是近世东亚文明的共同体现，是不算夸张的。从而，要展现理学体系所有的逻辑环节的展开、所有实现了的可能性，就需要把整个东亚地区的理学综合地加以考察。遗憾的是，限于篇幅与学识，本书还不能完成这一任务，只是在明代理学中设了李滉（退溪）一章，对读者了解朝鲜李朝的朱子学发展可能略有帮助。真正站在东亚文明的角度了解理学，还有待进一步的研究。

宋明理学既是中华民族伟大文化遗产的一部分，需要严肃认真地加以研究，同时，它作为仍影响现代中国人的文化传统，仍以某种方式在某一程度上参与着我们的生存。因此，我们应当对它进行有分析的继承，并积极促进它发生适应时代的转化，使得在不可抗拒的现代化的潮流和过程中，中国文化仍能如其古老经典所说"周虽旧邦，其命维新"⑤一样，保持认同，而不断丰富发展。

---

⑤ 《诗经·大雅》。

"博雅英华·陈来著作集"后记

我的学术著作,以往三联书店曾帮我汇集为"陈来学术论著集"十二卷出版,我心存感谢,自不待言。目前三联版此集的版权即将到期,北京大学出版社有意以博雅英华的系列出版我的著作集的精装版,这使我既感意外,又十分高兴。

我曾在北京大学服务三十年,其间2004年开始,学校让我关心、过问出版社的工作,因此与北大出版社结下了难得的缘分。2009年我转到清华大学后,与北大出版社仍继续合作,出版了《孔夫子与现代世界》《北京·国学·大学》《从思想世界到历史世界》等书;前两年《有无之境》和《诠释与重建》还在北大出版社出版了"博雅英华"系列的精装本,受到读者的欢迎。这次精装版著作集的出版,对我而言,体现了北大出版社对一位老朋友的情谊,这使我深感温暖。

这次北大出版社准备把《有无之境》和《诠释与重建》之

"博雅英华·陈来著作集"后记

外我的其他著作也都作为博雅英华系列出版。在北大出版社出版的著作集,与三联版相比,有一些变化:《古代宗教与伦理:儒家思想的根源》此次出版的是增订本,增多一章;《古代思想文化的世界:春秋时代的宗教、伦理与社会思想》附加了余敦康先生的评介。《朱子学的世界》是以《中国近世思想史研究》的朱子学部分为基础,增入了近年来写的朱子论文,合为一集;《现代儒家哲学研究》是《现代中国哲学的追寻》增订新编本;《近世东亚儒学研究》则是《东亚儒学九论》的增订本。其他各书如《竹帛〈五行〉与简帛研究》《朱子哲学研究》《朱子书信编年考证》(增订版)《有无之境:王阳明哲学的精神》《诠释与重建:王船山的哲学精神》《宋明理学》《宋元明哲学史教程》《传统与现代:人文主义的视界》则一仍其旧,不做改变。

衷心感谢张凤珠等出版社领导,感谢田炜等编辑朋友,使我有这个荣幸,把北京大学出版社出版的自己的著作集,献给读者。

陈来
2016年5月26日